田彤 著

转型期文化学的批判

以陈序经为个案的历史释读

中华书局

图书在版编目(CIP)数据

转型期文化学的批判:以陈序经为个案的历史释读/
田彤著. - 北京:中华书局,2006
ISBN 7 - 101 - 05283 - 5

Ⅰ.转… Ⅱ.田… Ⅲ.陈序经(1903~1967)-文
化理论-研究 Ⅳ.G0

中国版本图书馆 CIP 数据核字(2006)第 103859 号

书 名	转型期文化学的批判
	——以陈序经为个案的历史释读
著 者	田 彤
责任编辑	马 燕
出版发行	中华书局
	(北京市丰台区太平桥西里 38 号 100073)
	http://www.zhbc.com.cn
	E - mail:zhbc@ zhbc.com.cn
印 刷	北京瑞古冠中印刷厂
版 次	2006 年 12 月北京第 1 版
	2006 年 12 月北京第 1 次印刷
规 格	开本/880×1230 毫米 1/32
	印张 10½ 插页 2 字数 230 千字
印 数	1 - 2500 册
国际书号	ISBN 7 - 101 - 05283 - 5/K·2357
定 价	23.00 元

目　录

序　言

　　"西化"一词往往引起许多国人的误解甚至痛恶,过去如此,现在亦复如此。而貌似公允执中的"中体西用",则易于为旧时主流思潮所接纳,且至今仍然有较大的影响。

　　陈序经正是由于彻底摒弃"中体西用",旗帜鲜明地倡言"全盘西化",因而过去成为众矢之敌,现今在中国思想史上也很难获致公正的评价。

　　其实,最先向"中体西用"勇敢挑战,而"全盘西化"的潜台词早已呼之欲出的,应是为戊戌变法献出生命的谭嗣同。

　　谭嗣同在1895年夏天《报贝元徵书》中,明确指出"中体西用"论者的病根,乃是把体、用、道、器之间的关系弄颠倒了。他认为:道必有所丽而后见,"故道,用也;器,体也。体立而用行,器存而道不亡。……夫苟辨道之不离乎器,则天下之为器亦大矣。器既变,道安得独不变?"①他还认为道非圣人所独有,更非中国的私有,因而必以中国之道为体"则大不可"。

---

　　①　谭嗣同《报贝元徵书》,蔡尚思、方行编《谭嗣同全集》上册,中华书局1981年版,第197页。

"中体西用"论者最大的心痛是害怕"变夷",就是被西方文化同化。谭嗣同在这封信中给以开导说:"语曰:'知己知彼。'先必求己之有可重,而后可以轻人。今中国之人心风俗政治法度,无一可比数于夷狄,何尝有一毫所谓夏者! 即求比列于夷狄犹不可得,遑言变夷耶?"①

他认为改变害怕"变夷"心态的最好办法是出洋洗脑,并举曾国藩父子、丁日昌、左宗棠、沈葆桢、彭玉麟等大人物的思想变化为例:"历观近代名公,其初皆未必了了。更事既多,识力乃卓。"特别是出使之臣之认识提高更快,如郭嵩焘归国后"拟西国于唐、虞、三代之盛",薛福成起初亦怀疑此论"扬之太过",及至自己出使四国以后,"始叹斯言不诬"②。

民间也有高见卓识者,金匮有个名为裘可桴的举人也敢于对"中体西用"说不,其基本论点是:"体用者,即一物而言之也。有牛之体,则有负重之用;有马之体,则有致远之用。未闻以牛为体,以马为用者也。中西学之异也,如其种人之面目然,不可强谓似也。故中学有中学之体用,西学有西学之体用,分之则并立,合之则两亡。议者必欲合之而为一物。且一体而一用也,斯其文义违舛,固已名之不可言矣,乌望言之而可行乎?"他还很风趣地把"中体西用"比喻为"牛体马用"。

严复很赏识这位举人的高见,并且进一步发挥说:"一国之政教学术,其如具官之物体欤? 有其元首脊腹,而后有其六府四支;有其质干根荄,而后有其支叶华实。使取其辅者与所主者绝不同

---

① 谭嗣同《报贝元徵书》,蔡尚思、方行编《谭嗣同全集》上册,中华书局1981年版,第225页。
② 谭嗣同《报贝元徵书》,蔡尚思、方行编《谭嗣同全集》上册,中华书局1981年版,第228页。

物,将无异取骥之四蹄,以附牛之项领,从而责千里马固不可得,而田陇之功,又以废也。晚近世言变法者,大抵不揣其本,而欲支节为之,及其无功,辄自诧怪。不知方其造谋,其无成之理,固已具矣,尚无待及之而后知乎。"①

严复实际上是用社会肌体学的眼光来考察中西社会与文化,把它们看作两个各自具有完整的结构、机制、功能、效应的大系统。这不仅产生了观念的重大变化,而且还体现出思维方法与趋向的根本变化。可以说,他们已经初步突破了道器、体用、主辅等传统范畴的既定格局,并且为中西文化研究开辟了新思路与新境界。

我不知道陈序经是否注意到严复这些相关论述,但至少说明陈序经的"全盘西化"论并非个人的随意杜撰,实乃历史发展过程中必然产生的一种社会思潮。作为"全盘西化"主要理论支柱之一的"文化不可分论",在严复的言论中已经显示清晰的苗头。但是陈序经在中国社会变迁的新时期,面对着复古守旧的逆流与折中妥协的思潮,旗帜鲜明地高张"全盘西化"旗帜,其勇气,其坚毅,其执着,却是前人所难以比拟的。特别是陈序经为了给"全盘西化"提供更为完备而坚实的理论基础,在文化学的学科体系创建方面所做的长期苦心经营,更令人叹为观止。

由于长期经受西方殖民主义的侵略与压迫,国人大多对"西化"一词存在极其牢固的警惕乃至憎恶心结。因此,陈序经如此不顾一切地宣扬"全盘西化",而且还如此坚决彻底地与不同主张流派激烈论战,便必然会变成"全盘西化"的代言人乃至文化符号,因而也就更容易受到误解与无端伤害。就我所知,不少学者并未了

---

① 严复《与外交报主人书》,王栻编《严复集》第3册,中华书局1986年版,第558—559页、559—560页。

解陈序经"全盘西化"的具体内容,但却人云亦云地把他列为中国现代思想史上的反面人物,并且加以简单粗暴地批判。这不仅是陈序经个人的不幸,也是很长一段时间中国学人的悲哀。

就整体而论,我并不赞同"全盘西化";但就当时的历史条件而言,我却能理解陈序经苦心孤诣之所在。最重要的原因,就是中国的传统守旧势力根深蒂固,而复古倒退的逆流亦颇为强势。在走出中世纪的艰难而又曲折的漫长路程中,需要有更大的与旧文化离异的力度。陈序经呼唤的便是这种力度,亦即破旧立新的彻底性。陈序经也承认:"西洋文化不是绝对的最好的文化,不是绝对的完全的文化","西洋人对于西洋的文化也有不满意的地方"。但如果与中国、印度、非洲各种文化相比,"还是最好与完全的文化",可以成为后者"理想的文化"。这当然是以现代化为标尺来做的比较,不可与从古至今的整体比较混为一谈。而且陈序经所强调的西化,主要是指近代西方文化那些业已形成"共同的基础"、"共同的阶段"、"共同的性质"、"共同的要点"的基本要素,如民主、自由、社会主义乃至持续不断的自我完善与自我超越等等,并非胡子、眉毛一把抓,样样照搬照套。这些都说明,"全盘西化"自有其立论依据与内在序列,并非是杂乱无章的错误堆积。

近些年来有关陈序经的论著为数颇多,但大都就事论事,就人论人,或褒或贬,皆很难超越近百年体用之争的范围。本书结合陈序经本人的学术主体实践,把有关"全盘西化的争论"纳入转型期文化学建构的总体中来加以探讨,境界较高,层次亦深,故能体现新的路径与创意。

作者不畏艰难,广事搜求,尽可能阅读所有陈序经已出版的论著以及大量未经刊行的手稿,在占有资料方面也取得较大的优势。而且在使用史料时尚已注意必要的考证与鉴别,这样就使其宏观研究建立在必要的实证基础之上，读来并不觉得空泛，而确有实际心得。

本书没有停留于对陈序经"全盘西化"论的剖析与品评，而是进一步对陈序经所建构的新进化论文化学的体系与内容做了细密的梳理与整合。这样便不仅对陈序经研究有进一步的推展，而且对中国文化学这一新学科的探讨亦有所裨益。

但由于文化学本身就是一门尚未成熟定型的新生学科，其研究对象包罗万象极为广泛，而且涉及到社会学、人类学等众多相关学科，特别是陈序经与之有较深渊源的那些外国重要学术专著（未经中译者），应该尽可能逐一认真阅读，这样才有可能真正从源头上厘清陈序经学术思想的来龙去脉，并作高屋建瓴的俯瞰评析，在这方面作者表现出功力尚有不足之处。

我对陈序经未曾做过系统研究，以上所言无非是比较表层的读后感，不当之处尚祈作者与多方先进给以指正。

章开沅
2006 年盛夏于溪口剡水客舍

导　　论

一　研究缘起

近代中国处于由传统到现代的社会转型时期,遭逢着前所未有的全面的社会变革。近代意义上的学术门类在中外学人的译介中竞相崭露头角,即是这一社会变革的一个重要指征。

20 世纪 20 年代末、30 年代初,随着中国社会转型和革命运动的发展,学人们热烈追求各种理论期以解决现实问题,社会科学运动由此勃兴①。《中央日报》在原"大道"副刊基础上特辟"社会科学运动"栏目,这种具有政府性质的导向更是对该运动起到推波助澜的作用。社会科学运动使三十多年前以个体为主的迻译工作,一变而为群体行为,几乎所有的文化精英都厕身其间。"不数年间,译著之书汗牛充栋,学校设专科,各地立学会,一时青年群趋此

---

① 　杨幼炯《社会科学与出版界》,《现代评论》第 5 卷第 117 期,1927 年 3 月 5 日,第 19—20 页。

途,俨然成为一时风尚"①。1933 年,中国经济学社、统计学社为促进全国社会科学的研究及分工合作,在南京成立中国社会科学研究会,1934 年底,会员多达 402 人。黄文山、程瑞林等人 1933 年在南京创办中国社会科学社,出版《社会科学》季刊,会员有 64 人。杨幼炯等人 1935 年在上海发起成立中国社会科学会,会员多达 130 人②。文化精英大多对社会科学运动寄予无限热望,拟以此探寻"中国民族文化衰落之历史原因","求根本解决的具体方针"③,祈盼通过灌输现代社会科学的基本知识,使中国步入"现代民主的政治社会",以社会科学运动"发展中国学术",掀起"一个科学的文化运动","促进民族低落已久的文化之进步","建设适应于全体人类的永久生存之中国民族的最高生存意识"④。

随着社会科学运动的推展,西方大量的社会学、民族学、人类学等社会科学著作快速而广泛地传入中国,如爱尔武德的《文化的进化论》在其出版后仅一年的 1928 年即有汉译本出版,其理论、方法在一定程度上成为某些文化精英认识中国的理论衡器,为文化精英反思以往的文化论争及今后的走向,产生了不容低估的或隐或显的作用。中国的文化学就是在这一历史背景下萌生和发展起来的。陈序经、黄文山、孙本文、朱谦之、陈高佣等人,都在主、客观上成为文化学的引介者、中国文化学的拓荒者和不同派别的典型

---

① 陈高佣《中国文化问题研究》,商务印书馆 1937 年版,第 24 页。

② 中国第二历史档案馆《中华民国史档案资料汇编》第 5 辑第 1 编,文化(2),江苏古籍出版社 1994 年版,第 740、742、841、846 页。

③ 章渊若《新中国之建设与社会科学运动——中国社会科学会之使命》,《中央日报》1930 年 3 月 16 日,"社会科学运动"第 11 期;杨幼炯《社会科学发凡》,大东书局 1933 年版,第 64 页。

④ 杨幼炯《社会科学运动之意义》,《中央日报》1929 年 10 月 16 日,"社会科学运动",创刊号。

代表。但迄今为止，中国文化学的学术史还未引起学人应有的注意和深入研究。之所以选取陈序经为个案加以考察，是由其自身无可比拟的特性所决定的。

陈序经先生是中国近现代学术史上少有的一位中西兼通的大师级学者和教育家。

陈序经祖辈世居海南岛文昌县瑶岛。家族中颇多南洋华侨，其父陈继美也长期客居南洋经商，经营种植园。陈序经 1903 年 9 月 1 日降生在这个家道殷实的华侨家庭。4 岁入私塾启蒙，6 岁随父去新加坡读书。1912 年回国入读文昌汪洋致远小学和模范小学。1915 年随父侨居新加坡，先后在育英学校、道南学校、养正学校和华侨中学学习，成绩优异。因为其父不愿子弟接受殖民教育，1919 年送陈序经回国。1920 年陈序经考入四年制广州岭南中学，直接插入三年级学习。为了寻求更浓厚的读书氛围，他未及中学毕业，便于 1922 年考入上海沪江大学生物系。1924 年因不愿入基督教转入复旦大学社会学系。生物进化论和社会进化论很可能在这一时期开始植入陈序经的思想中，并影响了他一生的学术价值取向。1925 年他提前从复旦毕业，同年 8 月在父亲的鼓励下留学美国伊利诺斯大学，攻读政治学和社会学。1926 年获得文学硕士学位。而后专攻主权可分论，于 1928 年获得哲学博士学位。同年秋回国，受聘岭南大学社会学系。1929 年又赴德国柏林大学研究政治学、主权论和社会学。一年后到德国基尔大学的世界经济研究院研习。1931 年 6 月因病回国，仍任教岭南大学。陈序经虽任教于社会学系，但也曾应神学院院长龚约翰（J. S. Kunkle）的邀请，为神学院学生讲授过一个学期的中国文化史①。他本想按父亲愿

---

① 陈序经《有关岭大与钟荣光的几点回忆》，《广州文史资料》第 13 辑，1964 年 11 月，第 38、50 页。

望再去英、法等国继续深造,因其父猝然离世,留学计划中辍。
1934 年夏转任南开大学经济研究所研究教授、研究主任,兼南开大学商学院教授,为商学院学生讲授社会学和乡村社会学①。1938年执教于西南联大,主讲主权论、现代政治学、社会学原理、文化学和华侨问题等课程,并担任过西南联大法商学院院长、南开大学经济研究所所长。1944 年应美国国务院邀请去美讲学一年。1946年出任南开大学教务长,主持经济研究所和政治经济学院②,被张伯苓倚为左右手。1948 年 8 月,岭南大学美国基金会鉴于陈序经的教育思想、行政能力、学术地位及广泛的社会关系,聘任他为岭南大学副校长,一年后正式接任原校长李应林的职位。陈序经执掌岭南大学期间,在保证学校财政不透支的情况下,重新组建医学院,加强对文学院及其他学院的建设,建立商学院。在国民党"抢运学人"计划实施的同时,他说服大批国内外知名学者留在岭南大学,并动员联大毕业生从美国回国任教,拒绝将岭南大学迁往香港③。这一时期学校的学术气氛等许多方面均超过战前水平④。1952 年院系调整,勃勃朝气的岭南大学并入中山大学,陈序经成为历史系一名研究教授,他全力筹建东南亚研究室。1956 年被评为一级教授,出任中山大学副校长。1962 年兼任暨南大学校长。

---

① 逄锦聚、梁吉生《陈序经与南开大学》,陈传汉等《东方的觉醒——陈序经学术研讨会论文选集》,延边大学出版社 2000 年版,第 94 页。

② 西南联大北京校友会编《国立西南联合大学校史——1937 至 1946年的北大、清华、南开》,北京大学出版社 1996 年版,第 275、276、311、312、313、317 页。《陈代校长八一莅校视事》,《岭南大学校报》康乐再版号第 81 期,1948 年 9 月 10 日,第 1 版。

③ 林元《碎布集》,文化艺术出版社 1991 年版,第 44 页。

④ 李瑞明《岭南大学》,岭南(大学)筹募发展委员会 1997 年版,第116—118 页。

1964 年调任南开大学副校长。陈序经曾任广东省文教委员会委员①，第一、第二届广东省政协常委和第二、第三、第四届全国政协委员。"文革"期间，陈序经因岭南大学那段经历和"全盘西化"的尾巴，被迫接受专案审查，1967 年含冤离世，直到 1979 年才得到平反昭雪，被誉为热爱祖国的优秀教育家，一位在社会学、历史学、文化学等学科贡献卓著的学者和东南亚与华侨问题的专家。

陈序经治学严谨、思想广博、视野宏阔而又多产，其论著涉及政治学、社会学、人类学、民族学、文化学、历史学、教育学等诸多方面且每有心得。不过，在他一生的学术思想中，最有争议而又引领东西文化论争潮头的还是他在 30 年代提出的"全盘西化"论。其实，更为重要的，是"全盘西化"论背后的一套完整的文化学的理论体系。可以说，陈序经的"全盘西化"与其文化学是一个互相促动和丰富的因果之链。

陈序经的有关文化学研究不是书斋闲趣，而是充满着对现实的热切关注，这是与特定的个人和社会背景密切相关的。

陈序经的早年迁徙生活为其文化学的研究涂上了最初的底色。穷乡僻壤、繁华都市、海南渔港、南洋群岛、贫寒疍艇、新异欧美，不同的生活环境让陈序经强烈感受到各种文化之间所存在的巨大反差，使他萌生出对文化的兴趣。陈序经"自小就有一种厌恶洋人的心理"，也曾因入读洋人开办的学校仅三天就"死也不愿再读下去"。但当他来到广州后，发现想象中的广州竟远不如新加坡整洁有序，不禁感叹"像新加坡这些为洋人所统治的殖民地，尚能有条有理"，以致"不能不开始怀疑我们自己的文化"，"感到西化的

---

① 广东省公私立高等学校教职员概况表、履历表草表、中南区广东省行政人员登记表，岭南大学陈序经材料，38—4—5，第 100—102 页。38 为岭南大学全宗号，4 为目录号，5 为案卷号，广东省档案馆藏。

必要"，"出乎包括自己在内所有人的意料"，"决定要入注重英文的学校"①。这是他选择岭南中学的朴素动机。而美国汽车、洋房、电器和能歌善舞的民族，使陈序经在美国丰富的物质文化和精神文化面前，不免对传统文化黯然神伤，"觉得中国西化的必要，全盘西化的必要"②。留学前，陈序经即常阅读有关文化的著作。留学美、德后，他对东西文化问题尤为注重，并发表过《孔夫子与孙先生——欧游杂感之一》、《东西文化观》等论文。其中，他于 1931 年发表的《东西文化观》一文中，尝试借用西方社会学、人类学等基本理论，剖析中西文化的异同，明确提出了"全盘西化"论③。1931 年底完成八万余字的纲领性著作《中国文化的出路》。父亲的豁达和远见曾是他学术追求的巨大精神动力，他希望以此为礼物报答父亲教诲之恩。岂料书未出版，一场意外医疗事故夺去其父生命，陈序经因心愿未遂，抱憾终生。残酷的刺激足以成为陈序经坚守"全盘西化"论的心理转折点。这一偶发事件不仅使他感到个人精神的失落，而且也感到中国文化精神的失落。他内心积蕴已久的对中国文化清算的决心因此而弥坚。"何况我的父亲和我的母亲，都可以说是生存在我们因袭的固有的文化和目前中国的奇形怪状的文化之下的无数牺牲者中一个。所以不但是为了中国文化的前途计，我很深切的相信我由这些研究所得到的结论；就是为了个人幸

---

① 陈序经《东西文化观》第五部《全盘西化论史略》，手抄稿（对照耿云志主编《胡适遗稿及秘藏书信》第 35 卷刊载陈序经与胡适的通信稿知，南开大学图书馆藏陈序经书稿非其自己手抄，故不曰"手稿"而称"手抄稿"），南开大学图书馆藏。

② 陈序经《东西文化观》第五部《全盘西化论史略》，手抄稿，南开大学图书馆藏。

③ 陈序经《东西文化观》，《社会学刊》第 2 卷第 3 期，1931 年 4 月，该期无总页码编号。

福计,我尤相信、而且诚恳和坚定的相信这个结论。个人而尚不应该死的时候而死去了,是不可复返的;但是整个的中国的固有文化走错了路,却未必是再没有希望的"①。为深化该书所讨论的问题,他在《中国文化的出路》基础上先后写成《南北文化观》和《东西文化观》,于 1935 年和 1936 年刊登在《岭南学报》上。

陈序经的文化主张固然是文化比较的自我体认的产物,但它在某种意义上也可以说是对复古的社会趋向和学术风气的回应。初到西南联大时,陈序经曾对友人说过:"现在有一股'久矣吾不复梦见周公'的复古思潮,这是'五四运动'的逆流","提出'全盘西化论',主要是针对这股思潮的"②。

复古逆流并未因新文化而崩殂,而是与之如影相随。袁世凯复辟帝制时,曾一度通令学校习经、祀孔。1927 年初,大学院以"孔子尊王忠君,实与现代思想自由原则及本党主义大相悖谬",通电全国各教育机关废止祀孔。原本合乎时势的教育部令却引起甚嚣尘上的抵制之声,中国社会涌动着一股不可逆转的复古气息。福建、四川等地政界、地方士绅以至军界人士、中华总商会首发其端,对大学院横加指责。更有甚者,孔教总会还呈请国民政府"令饬全国学校一律添习经学,以正人心,而存国脉","恢宏固有道德,固有文化","以济科学物质文化之穷极"。在时人眼中,复古情形"较之

---

① 陈序经《〈东西文化观〉的跋》,手抄稿,南开大学图书馆藏。该跋因编排在陈序经手抄稿《南北文化观》之后,杨深在《走出东方——陈序经文化论著辑要》(中国广播电视出版社 1995 年版)一书中,将其误作为《〈南北文化观〉跋》。另可参见陈序经《我怎样研究文化学——跋〈文化论丛〉》,《社会学讯》第 3 期,1946 年 8 月 1 日,第 2—8 版。

② 林元《碎布集》,文化艺术出版社 1991 年版,第 40 页。

袁世凯当年实有过之而无不及"①。教育部对此予以反驳:"儒家
经典,除忠孝仁爱信义和平外,不尽合乎时代之要求",儒家经典在
外国学者眼中不过如地质学上的"古人遗迹","不可强令全国学校
一律肄习"。1931 年 4 月,国民政府在很大程度上出于反共目的,
批复发扬中国文化重心以奠国基案。6 月,国民政府应国民党中执
委蒋中正、戴传贤、汪兆铭、叶楚伧四人提议,以每年 8 月 27 日为孔
子诞辰"国定纪念日"。8 月,国府代表叶楚伧、行政院代表褚民谊
及立法院、司法院、考试院、监察院、内政部、教育部代表一行赴曲
阜祭孔。10 月,国民党中执委颁发《〈孔子纪念歌〉明令》。汪兆
铭、戴传贤在国民党中央党部举行的孔子诞辰纪念会上宣讲孔子
"天下为公"、"大同"思想,认为祀孔是"民族文化的自觉"。1934
年国民政府推行新生活运动,宣扬传统伦理。1936 年初,国民政府
发布训令,要求"发扬光大中国固有文化与吸收外来文化,为文化
建设之中心工作",中央设立文化委员会,主持推进全国文化运动,
"转移一般社会风气,提倡以礼义廉耻为中心,以革新国民之生活
习惯"。1937 年全面抗战前夕,地方行政长官中主张复古最力者应
该是南方何键、北方宋哲元。何键在当年国民党五届三中全会提
出一个明令读经的议案,建议学生从小学到中学十二年之间,必须
读《孝经》、《孟子》、《论语》、《大学》、《中庸》,大学生则应选读其
他经典。这一议案遭到胡适、傅斯年等人的抨击②。

　　孔学社团也借政治局势大造声势。1929 年巴黎大学中国学院
监督韩汝甲致函谭延闿、蒋介石,希望支持开办中西文化学院,维

---

　　① 李仲融《从五四启蒙运动到新启蒙运动》,李仲融等著《现阶段的文
化运动》,桂林文化供应社 1930 年版,第 4—5 页。
　　② 胡适《读经平议》,《独立评论》第 231 号,1937 年 4 月 25 日,第 13
页。

护固有道德，以中国文化济西方文化之穷。河南成立孔教支会，"以孔子经义为宗"。1935年资本家王一亭在上海发起孔子大同真义祈祷世界和平大会，湖南政府主席何键通电赞成并在长沙筹组湖南分会。南京等地孔教分会也随中国孔教总会备案而蜂起。一时间带有深厚传统色彩的学术团体也随之附骥或再度活跃。曾于五四后在上海创办《华国》月刊的章太炎，也在苏州发起国学会，出版《国学商兑》季刊，设置国学讲习会，刊行《制言》半月刊。1926年，顾实等人创办中国国学研究会，"以阐扬国粹，发达世界文化为鹄的"，主办《国学辑林》①。1929年1月，无锡国学专门学院刊行《国光》杂志，旨在扭转"曲学小生，见异思迁，自轻家丘"的世风②。1932年东方文化学会成立。由沈天铎、杨觉仁、沈公朴等人1926年发起、成立于1930年的中华国学研究会，也于1934年初以发扬固有文化为旗帜，以"国学系统化、大众化、时代化与世界化"为号召征集会员，期"创造国学系统"，光大国学，"普照寰宇"。1934年3月具有政治色彩的中国文化建设协会成立，高唱"守旧者，应守其所当守"，"革新者，应革其所当革"，出版《文化建设》月刊③。17个团体、148人联名发表《我们对于文化运动的意见》，对"弥漫各地的复古的呼声"表示强烈不满④。

广东在陈济棠的倡导下复古势力极为嚣张。1933年广东省当

---

① 《国学辑林征稿宣言》、《中国国学研究会简章》、《中国国学研究会纪事》，《国学辑林》第1期，1926年9月，"纪事"，第1页。

② 《发刊词》，《国光》第1期，1929年1月。

③ 详见中国第二历史档案馆《中华民国史档案资料汇编》第5辑第1编，文化（1）、文化（2），江苏古籍出版社1994年版，第26、27、28、521、522、523—529、530、531、534—535、543—547、557、564—579、748、765—774页。

④ 《我们对于文化运动的意见》，张静庐《中国现代出版史料》乙编，中华书局1955年版，第105—109页。

局褒扬复古祀孔,陈济棠在西南政务委员会提出尊孔议案,饬令学校读经,还沿用清代经学大家阮元创办的学海堂名号,开办学海书院,聘请张君劢、张东荪主持讲经。复古一度成为学术界的基调。中山大学社会学系主任胡体乾,发起中国文化问题演讲会,以示支持。中山大学校长邹鲁也附和读经尊孔。1935 年 1 月,胡适赴港讲学,因题目为反对读经,竟遭粤方教育当局拒绝,原定在中山大学的讲演也被禁止。在陈序经的眼里,"广东的复古思潮真是如潮如涌"①。

二十多岁的陈序经已然具有强烈的反叛意识,怎能容忍复古思潮兴风作浪。1928 年 11 月在广州《民国日报》发表《再开张的孔家店》一文,表面是抨击孔祥熙提议保护孔林、孔庙的理由,实质却是指出全盘西化的必要。在 1928 年夏到 1929 年秋短暂的任教期间,陈序经在卢观伟、陈受颐之后,登上岭南大学晨会的讲台,继续演讲东西文化问题,他们"都是主张彻底地接受西洋的文化","于是'全盘接受西洋文化'的呼声,便在这个时候刺动了一般岭南人的耳鼓"②。1933 年 12 月,陈序经应邀在协和大学和中山大学做了中国文化问题的演讲。相信当日张贴在中山大学礼堂的对联:"把世界文化迎头赶上去,把中国民族从根救起来",会对他激越的演讲平添几分勇气。1934 年 1 月其演讲稿刊登于广州《民国日报》"现代青年"栏,从而在广东引起一场文化论战。论战硝烟未散,1935 年 1 月 10 日,《文化建设》月刊第 1 卷第 4 期发表了王新命、何炳松等十教授撰写的《中国本位的文化建设宣言》,由此引发了"五四"以来的又一次中西文化的大论战。在胡适看来,这篇宣

① 陈序经《文化学概观》第 4 册,商务印书馆 1947 年版,第 135 页。
② 冯恩荣《全盘西化的意义》,《全盘西化言论续集》,岭南大学 1935 年版,第 1—2 页。

言,"无一句不可以用来替何键陈济棠""作有力的辩护的"①。陈序经在论战中发表十几篇论文和专著,坚持全盘西化论,与朋友一道对复古派、折衷派和经济史观派的诘难和批评予以辩驳。

几乎在开始探寻中国文化出路之初,陈序经即使用"文化学"这一名词。该词最早出现在西方学术界。陈序经留美时,颇喜欢阅读关于文化方面的著作,因耳濡目染,在谈话和演讲时,便经常有意或无意用到"文化学"这个名词,或是谈及这个名词所包含的意义。但在 1928 年前,他还未对文化的本身问题作过系统的研究。1928 年他把这一名词带到岭南大学,引起部分学生的极大兴趣。在有关社会学讨论会上,他还对文化学有所阐释,"指出文化学是自有其对象,自有其题材的一种学问"②。留德期间,除研究政治、哲学、主权观念之外,对于文化学有所思考,并有意搜集有关材料,而特别是德文方面的材料。1928 年以来的十年中,因兴趣和工作需要,陈序经的研究项目以主权论、工业对社会影响的调查为主。在 1931 到 1937 年这六年中,虽然经常与友人或论敌讨论东西文化问题,写了一些关于东西文化问题的文章,也曾把有关文化自身问题列入自己的研究计划,但终无暇整理。抗战全面爆发后,因资料散失及调查区域为日军占领,陈序经的主权论和社会调查工作被迫中止。他决定将研究重点转移到文化学方面。大约在 1938 年底左右,在蒙自编订出较为系统的文化论丛大纲。他还公开表示不愿在课堂上谈论所谓"中国文化问题"、"东西文化问题"等"实际问题",只愿就"文化的本身上与根本上的一些问题或原理加以讨论",只愿讲授文化学。其潜台词即不必对"全盘西化"论横加指责和纠缠,文化学理论将说明它的可靠性。

---

① 胡适《试评所谓"中国本位的文化建设"》,《独立评论》第 145 号,1935 年 4 月 7 日,第 5 页。
② 陈序经《〈东西文化观〉的跋》,手抄稿,南开大学图书馆藏。

1938 年下半年,他在西南联大首开文化学课程。《文化学概观》就是由备课教案充实而成。陈序经在动荡的年代中笔耕不辍,尤其是通过 1940 年秋至 1942 年秋两年的埋首写作,终于完成二百余万字、二十册的文化论丛。它们除《文化学概观》四册外,还包括《西洋文化观》二册、《美国文化观》一册、《东方文化观》一册、《中国文化观》一册、《中国西化观》二册、《东西文化观》六册、《南北文化观》三册①。其中,除《文化学概观》于 1947 年出版外,其他均未发表。这二十册论著之间存在密切联系。《文化学概观》系统阐述了文化学的主要概念和基本理论,其他著作都是为他的文化学体系寻找历史经验,并且尝试文化学理论的应用。陈序经还声称:"个人对于文化上的主要概念,都可以在这些册里看出来。"②"从一方面来看,这里的二十本书也可以说是由上面所说的那两本书(指《中国文化的出路》、《东西文化观》)的扩大和增益而来的"。或许可以这样理解,为了论证"全盘西化"论的合理性,促进了文化学理论的研究;而文化学理论的研究反过来为"全盘西化"论提供理论基础。他自认为提出一个文化学的大纲、概论和"一些普通与根本的原则",并实现了自己的初衷,即"从文化本身上的普通与根本的原理而谈到东方与西方的文化,再从东西两方的文化而谈到所谓南北文化"。如果仅从内容而言,陈序经并未言过其实,而他所谓文化学本身是"一个历史观"、"一个世界观"确是高论③。主张呼唤着理论,理论充实着主张。正是随着文化学理论的日益丰满,陈序经也越加坚信全盘西化论。

较之上述几位学者,陈序经有良好的传统教育的背景,也受过

---

① 岑家梧《介绍一个文化学的体系——评陈序经〈文化学概观〉》,《南风月刊》第 2 期,1948 年 11 月 8 日,第 3 页。

② 陈序经《文化学概观》第 1 册,商务印书馆 1947 年版,前言,第 1 页。

③ 陈序经《〈东西文化观〉的跋》,手抄稿,南开大学图书馆藏。

美国、德国教育的系统训练,通过对中国文化的比较,提出"全盘西化"论和陈氏文化学。他既是文化学的旗手,又是"全盘西化"的符号和领军人物。

特别需要强调的是,其文化学不仅成一家之言,而且独具实践性。他不仅详细阐发了文化学理论,而且还把文化学贯穿到自己的历史学、教育学和社会建设研究中。《暹罗与中国》、《疍民的研究》、《南洋与中国》、《越南问题》、《匈奴史稿》、《东南亚古史研究》、《泐史漫笔——西双版纳历史释补》等①著作,既是历史学研究成果,也是人类学、文化学研究成果。他已经打通历史学与文化学的界线,并常常在历史学研究中倾吐文化主张。30年代曾引发乡村建设论战,出版《乡村建设运动》一书。30年代和40年代,他也曾引起教育的中国化与现代化、大学教育方针及大学教育计划的论战,出版《大学教育论文集》。这三次论战中,陈序经不自觉地运用西方文化学理论为立论根基,并从中抽绎出自己的文化学线索,同时把自己的文化学融入论战中。也正是在陈序经的晚年作品中,我们可以发现他已经注意到自己文化学中的错误,因此,陈序经一方面虽然未明确表示抛弃文化学,但另一方面却全然抛弃了全盘西化论。如果了解陈序经学术思想的发展脉络,如果仔细研读过陈序经的著作,我们会发现陈序经从事的不同研究领域之间并非毫无关涉,而是围绕着其文化观的理论基础文化学这条主线展开的。

由此可见,陈序经的全盘西化论虽大可商榷,但他身上所体现的对学术的执着追求精神和知识分子关心国事的爱国心却是值得肯定的。以陈序经为个案,梳理其文化学的产生和实践过程,不仅可以勾勒出中国文化学的发展的主脉,深化文化学研究,而且应该会引起对中国社会科学运动的关注和思考。同时,从理论源流而言,陈序经的

---

① 据说尚有《中西交通史》(未完稿)未出版,惜未能查到。

文化学是西方人类学、社会学、民族学交融与分化的结果,对此课题的研究可以带动对中国近代社会学、人类学等学科"中国化"的考察。尤为重要的是,透过陈序经这一文化模型,我们还可以加深对近代知识分子的特性及中国近代文化史的认识,乃至引发对构建现实的科学文化学与社会发展观的思考。

中国学术史上应该有陈序经的一席之地!

二　学术史的检讨

遗憾的是,就是这样一位富有学术魅力和人格魅力的学者,一直被置于文化论争的视域中,其整体的学术成就并未得到学术界应有的重视与研究,其学术地位也得不到普遍的认同。陈序经也没有吴文藻和林惠祥先生那样幸运,有一批学生为其整理学术思想,其文化选择背后的文化学体系的本真隐而不显。

陈序经因提出全盘西化而声名大噪,成为东西文化论争史上的路碑,是近现代思想文化研究中无法绕过的人物,对陈序经的研究自然也是从评判其全盘西化论开始。

最早把陈序经作为历史人物加以研究的中国学者,可能是时在台湾的金耀基和殷海光。金耀基在1966年出版的《从传统到现代》一书中,剖析陈序经的"一致与和谐"理论,指出这一理论是建立在文化人类学之上,"的的确确有些见地",但"他的错误是把文化问题看得太单纯,而对文化程度的高低之取值标准也太浮面","以一部分的文明特质取代了中国文化特质",西化结论当然"太粗率"①。殷海光在《中国文化的展望》一书中对陈序经全盘西化理

---

① 金耀基《从传统到现代》,中国人民大学1999年版,第184,186页。

由加以批评。他认为,全盘西化的理由之一是所谓欧洲文化比我们进步,但"进步"一词并无"公认的定义",以此为评判标准有失客观。理由之二是所谓欧洲文化是世界的趋势,这一点虽"比较有力",但因此认为民族精神不在于保存文化而在于创造文化则是错误的;因而以此两点为根据的全盘西化不必要也不可能①。此后二十年间,有关陈序经的研究几近停止。

　　20 世纪 80 年代后期,相关研究开始起步,研究者主要是大陆学人。龚书铎的《"全盘西化"论的历史考察》对陈序经所谓西方文化优于中国文化、西洋文化是世界文化的趋势、文化本身是不可分的观点加以评析,肯定"全盘西化"论有反封建复古主义的一面,但也指出其观点是错误的,其主张是行不通的②。郑师渠在《"中国本位"与"全盘西化"的论争》一文中,分析了陈序经的文化不可分论与全盘西化论曾遭到各方攻击的事实,指出其错误根源即在于对西方文化采取了非理智的态度③。铁钧的《民族文化虚无主义思想演化的历史回顾》一文,通过具体比较陈序经与胡适西化观的异同,指出陈序经才是"真正积极鼓吹者","其思想基础是民族自卑感",西化论"不是什么东西方文化谁优谁劣的辨析,更不是文化发展本身性质和特点的探讨",它"岂只是民族文化虚无主义,十足的文化投降主义"④。其结论有失公允自不待言。

---

　　① 殷海光《中国文化的展望》,中国和平出版社 1988 年版,第 372—392 页。

　　② 龚书铎《"全盘西化"论的历史考察》,龚书铎《中国近代文化探索》,北京师范大学 1988 年版,第 49—55 页。

　　③ 郑师渠《"中国本位"与"全盘西化"的论争》,《史学月刊》1988 年第 3 期。

　　④ 铁钧《民族文化虚无主义思想演化的历史回顾》,龚书铎等《民族文化虚无主义评析》,中国人民大学出版社 1990 年版,68—73 页。

史微的《三十年代"全盘西化论"初探》，虽然同铁钧一样指出全盘西化论是民族虚无主义本质的反映，但其可取之处是较为全面分析了陈序经"全盘西化"论出现的历史背景，指出它是对复古派抗衡的产物，论述了"全盘西化"论包括四个内容，即文化无所不包、文化本身不可分、不同文化只有先进与落后的差异、欧美资产阶级民主制度；并且对陈序经与中国本位派的论战做出评述，肯定全盘西化有反封建、反对国民党独裁的正面作用，但也强调陈序经的生物进化论理论，在说明人类进化时"未免显得太力不从心"；进而指出："在历史观上，'全盘西化论'以西方文化社会学为武器，用浅薄的文化一元论解释复杂的文化现象，说明整个人类社会的发展，势必将纷繁的文化历史问题庸俗化和简单化"，而用"无所不包的文化说明社会发展时，等于用社会来说明社会发展，实际上什么也不能说明。文化一元论解释社会现象时，仅仅浮在社会表层，没有深入社会内部，当然回答不了'本位文化派'提出的许多驳难。"文化一元论"不但远没有唯物史观科学和深刻，也远没有唯心史观深刻和符合逻辑。理论上的浅薄，使得'全盘西化论'欲折衷而不能，在论战中常常不自觉地滑向唯心史观"①。

胡适与陈序经两人都承认"西方文化是一切其他文化发展的路标和楷模，所以世界化、现代化，也就是西化"。张岱年、程宜山在《中国文化与文化论争》一书中，即从胡适与陈序经两人都坚持这种主张立论，指出他们的理论基础是一种庸俗的单线的文化进化论②。

---

① 史微《三十年代"全盘西化论"初探》，龚书铎等《民族文化虚无主义评析》，中国人民大学出版社 1990 年版，第 81—92 页。

② 张岱年、程宜山《中国文化与文化论争》，中国人民大学出版社 1990 年版，第 353—359 页。

从数量和质量来看,近十年来,随着有关陈序经著作的整理出版,有关陈序经的研究不仅持续深入地展开,而且渐成"热点"。这些研究主要呈现出以下几个特点:

第一,注意到陈序经西化观与文化理论之间的关系。就公开发表的文字来看,杨深是这一时期较为全面、详尽评介陈序经的第一人。杨深在所编的《走出东方——陈序经文化论著辑要》的长篇"前言"中,对陈序经的文化理论做了总体上的概括,认为其文化观是以西方社会学、人类学和文化学的各种理论为基础的文化一元论:这种一元论文化观是由两个文化模式构成,即一个是空间上由共同成分组成的不可分的有机整体模式,一个是时间上从低到高发展的文化进化论加传播论模式。承认文化是一元的而不是多元的,那么文化就没有种类的差别而只有程度高低的不同。该文化一元论具体应用到中西文化问题上,就成为陈序经全盘与彻底西化的理论根据。杨深还较为全面地勾画了陈序经与复古派、折衷派和中国本位派的不可调和的论战;最终指出陈序经的"全盘西化"论,主要是近现代西方的科学技术、大工业生产、民主政治制度、人生观、社会观和哲学的复合体。他同时充分肯定了陈序经的爱国热忱①。

曹锡仁在《中西文化比较导论》中,讨论本位文化派与西化派论战问题时,指出陈序经的文化不可分论是其"全盘西化"论的前提②。刘润东的《陈序经全盘西化文化学的基础》首次指出全盘西化论是陈序经文化学的直接产物③。刘俐娜的《中国民国思想史》

①　杨深《走出东方——陈序经文化论著辑要》,中国广播电视出版社1995年版,前言,1—59页。

②　曹锡仁《中西文化比较导论》,中国青年出版社1992年版,430—431页。

③　刘润东《陈序经全盘西化文化学的基础》,《新东方》1992年第12期。

对陈序经的"一致或和谐"的理论予以概述,论述陈序经与不同派别的文化论战过程,进而指出全盘西化的核心是西方个人主义①。刘登阁等人在《西学东渐与东学西渐》一书中指出,陈序经的文化观是以西方社会学、人类学和文化学等理论为基础的文化一元论。这种一元论是由文化定义和由此引申出的两个"文化模式"构成。两个模式即一个是文化成分不可分的有机整体模式,一个是文化进化论加传播论模式。这种文化一元论具体应用到中西文化问题上,就成为全盘西化的理论根据②。董林亭在《"西化"梦的解析——陈序经文化思想研究》一文中,通过对陈序经全盘西化产生的心路历程,以及文化圈围、文化层累等概念的分析,赞扬陈序经的爱国情怀,但也指出其全盘西化论错误"就在于他从一元的文化进化论出发",因此摆脱华夏中心主义束缚后却成为西方文化中心论者③。

赵立彬在《陈序经的文化学理论与全盘西化论》中,从"陈序经建立文化学的努力"、"陈序经文化学的理论体系"、"陈序经全盘西化思想的理论基础和思想渊源"、"全盘西化论"四个部分论述陈序经的文化学理论与"全盘西化"论的关系,通过整理陈序经文化学理论的基本内容及学术渊源,揭示全盘西化的理论基础④。张太原在《试析陈序经"全盘西化"观的理论基础》一文指出,文化圈围、文化演进、一致与和谐"三位一体地为陈序经的全盘西化观服务","根据'文化圈围'理论,'全盘'西化是可能的;根据'文化演进'理论,全盘'西化'是必要的;根

---

① 刘俐娜《中国民国思想史》,人民出版社 1994 年版,第 175—178 页。

② 刘登阁、周云芳《西学东渐与东学西渐》,中国社会科学出版社 2000 年版,第 99—104 页。

③ 董林亭《"西化"梦的解析——陈序经文化思想研究》,《邯郸师专学报》2001 年第 3 期。

④ 赵立彬《陈序经的文化学理论与全盘西化论》,《中山大学学报》2000 年第 3 期。

据文化'一致与和谐'理论,'全盘西化'则是必然的了"①。他还解析
过陈序经的"一致与和谐"理论,指出从某种程度上说,陈序经正是根
据这一理论,才得出全盘西化论。"由于这一理论既有对文化认识的某
种合理性,又存在着严重的误区,那么,在此之上的'全盘西化'观也必
然具有这样的两面性"②。张太原的《论陈序经的文化概念》一文则重
在考察陈序经使用的"文化"一词的词源,指出其合理性在于从文化哲
学高度揭示了文化的时代性、整体性、工具性,缺陷则是没有看到文化
是内在于人本身的东西,忽略了文化的特殊性、传承性和非工具性③。

　　杨雅彬在《近代中国社会学》一书中论述了陈序经的文化社会学
与全盘西化论之间的关系。她介绍了陈序经对文化、社会基础、文化性
质、文化重心、文化进步、个人与社会、一致与和谐等范畴的理解,指出
它们作为陈序经文化社会学的基本概念,是他进行东西方文化比较的
标准和全盘西化论的基础④。郑朝波指出,陈序经因受到包括哲学、社
会学、经济学、历史学、政治学等西方各种学术思想的影响,"对马克思
的理论也相当精熟","虽然他对西方各种文化思想的引介也没能达到
总结的地步,因而他的文化哲学没有形成丰富的意涵,但他已从其中确
立了他的价值取向"。他从西方搬来文化、文化圈围的概念用于文化研
究,只能得出全盘西化的结论⑤。吴汉全的《陈序经文化理论概述》⑥、

　　① 张太原《试析陈序经"全盘西化"观的理论基础》,《东方的觉醒——陈序
经学术研讨会论文选集》,延边大学出版社 2000 年版,第 348—349 页。
　　② 张太原《陈序经的文化"一致与和谐"理论》,《史学月刊》2000 年第 5 期。
　　③ 张太原《论陈序经的文化概念》,《海南大学学报》2001 年第 3 期。
　　④ 杨雅彬《近代中国社会学》,中国社会科学出版社 2001 年版,第 287—317
页。
　　⑤ 郑朝波《论陈序经的文化思想》,陈传汉等《东方的觉醒——陈序经学术
研讨会论文选集》,延边大学出版社 2000 年版,第 312—326 页。
　　⑥ 吴汉全《陈序经文化理论概述》,《盐城教育学院学报》1997 年第 1 期。

李中华的《中国文化概论》①也对陈序经的文化理论及其全盘西化论有所论及。

第二,注重比较研究。赵雅博在《中国文化与现代化》一书中指出,与胡适相比,陈序经是"西化派主张最彻底,并且也最有系统的",但以中西文化对立观为基础的全盘西化行不通②。陈崧在《30 年代关于文化问题的论争》中也持这一观点③。郭建宁的《三十年代全盘西化与中国本位的文化论争探析》、张利民的《胡适与"全盘西化"论》与何卓恩的《胡适与陈序经文化观之比较》,都注重将陈序经与胡适等相关人物加以比较。郭建宁指出陈序经与胡适、张佛泉等人的西化观是不同的,他们分别是全盘西化、充分西化和根本西化,但也强调他们的缺陷在于不能正确处理"时代与民族"、"一元与多元"、"历时与共时"的相互关系④。张利民认为陈序经的西化论"多停留在字面的含义","没有给'全盘西化'论以明确的实质的说明⑤。何卓恩指出胡适与陈序经由于认识方法、个人经历不同,他们的全盘西化论是两个版本,"胡适主张过程全盘论,陈序经持目标全盘论。胡适的西化有特定模式——英美模式,陈序经的西化注重共性,英美式固然理想,德意式、苏俄式亦无不可"⑥。

第三,揭示陈序经文化观的价值取向与全盘西化论的精神实质。

---

① 李中华《中国文化概论》,华文出版社 1994 年版,第 349—350 页。

② 赵雅博《中国文化与现代化》上册,台北黎明文化事业股份有限公司 1992 年版,第 62、65、69—74 页。

③ 陈崧《30 年代关于文化问题的论争》,《历史研究》1991 年第 2 期。

④ 郭建宁《三十年代全盘西化与中国本位的文化论争探析》,《中州学刊》1996 年第 5 期。

⑤ 张利民《胡适与"全盘西化"论》,《哲学动态》1997 年第 10 期。

⑥ 何卓恩《胡适与陈序经文化观之比较》,《武汉交通科技大学学报》1999 年第 8 期。

王继平的《论近代中国的文化虚无主义》以陈序经等人为案例,分析全盘西化产生的历史背景及基本论据,指出全盘西化否定文化的民族性,混淆传统文化与文化传统的差异,盲从西方文化,是民族虚无主义的产物①。王新婷主编的《中国传统文化概论》亦持这一观点:"'全盘西化'论对于中国传统文化的内容和体系结构全力攻击,对中国传统文化的精神价值极端蔑视,全盘否定中国固有的文化"②。李毅的《"全盘西化"文化观的再认识》,认为陈序经所说的中国的出路就是,"要全面彻底照搬西方资产阶级的世界观、历史观和价值观,建立资本主义制度",这是精华与糟粕"不加分别、选择的兼收并蓄"③。干春松在《现代化与文化选择——国门开放后的文化冲突》一书中,对陈序经全盘西化两点理由予以反驳。他认为陈序经所谓的西洋文化比中国进步、西洋文化是世界文化的趋势的说法难以成立,而以此推导出的全盘西化"反映出来的非此即彼的僵化的思想方式则体现了中国近代文化发展的基本特征"④。

黄保真在《重评陈序经的"全盘西化"论》一文中的评价一语中的。他认为陈序经"文化理念的准确性,思辩逻辑的严密性,例证选择的客观性以及对文化发展的规律性所作的概括,都受到学术自身发展的局限"。陈序经强调文化的工具性、文化创造的个人本位论,"无视人类自身的生成过程和社会实践这个根本动力",文化成了"在外因推动下的个体人所创造的成果的总和";陈序经强调文化的优劣,造成文化时

①　王继平《论近代中国的文化虚无主义》,《湘潭大学学报》1997 年第 4 期。

②　王新婷《中国传统文化概论》,中国林业出版社 1997 年版,第 273 页。

③　李毅《"全盘西化"文化观的再认识》,《中国青年政治学院学报》1998 年第 2 期。

④　干春松《现代化与文化选择——国门开放后的文化冲突》,江西人民出版社 1998 年版,第 42 页。

代性的错位;而他的文化整体论不过是唯心主义的主观虚构①。

第四,主张客观、公正地评价陈序经。启良在《重评陈序经》一文中,反对给陈序经扣上所谓民族虚无主义的帽子,主张从正面加以分析和评价。他试图从 20 世纪中国思想史的角度,给陈序经一个恰当的评价:认为陈序经的全盘西化论虽有偏颇之处,但其文化主张的大旨则是应该肯定的,它体现了知识分子的爱国情怀。他还分析陈序经常使用"文化圈围"、"文化的层累"和"一致与和谐"等概念,指出"全盘西化论与马克思的世界历史理论并非相距太远"②。陈旭麓在《传统·启蒙·中国化》一文中,对陈序经的全盘西化论大加褒扬。认为全盘西化论"体现了历史创造主体的理论思考勇气和对民族文化发展前景的热忱与关注,表达了对'充分的现代化'和'充分的世界化'的文化理想与追求方向"③。

易继苍的《对陈序经全盘西化思想的评价》,既指出全盘西化思想是文化激进主义最极端、最脆弱的表现形式,但同时肯定其在特定条件下的进步意义④。寒山碧在《陈序经外张的"西化"和内敛的传统》一文中,特别提出陈序经的"全盘西化"论并非全盘否定中国的传统文化,"是有针对性的","是有目标的","其目标就是'中体西用'论,就是导致中国传统文化停滞 2000 年的专制主义"⑤。最为全面评价陈序经

① 黄保真《重评陈序经的"全盘西化"论》,陈传汉等《东方的觉醒——陈序经学术研讨会论文选集》,延边大学出版社 2000 年版,第 353—374 页。

② 启良《重评陈序经》,《浙江社会科学》1998 年第 6 期。

③ 陈旭麓《传统·启蒙·中国化》,《陈旭麓文集》第 2 卷,华东师范大学出版社 1997 年版,第 271 页。

④ 易继苍《对陈序经全盘西化思想的评价》,《贵州师范大学学报》2001 年第 2 期。

⑤ 寒山碧《陈序经外张的"西化"和内敛的传统》,陈传汉等《东方的觉醒——陈序经学术研讨会论文选集》,延边大学出版社 2000 年版,第 208 页。

全盘西化论者当推刘集林。他较系统地分析陈序经全盘西化思想的渊源、理论基础,并将其置于特定的社会文化潮流中加以评价,认为全盘西化论并不是盲从西方,更非惟新是尚,"而是在时代社会的需要下对西方文化理论的灵活借取与整合,体现了一种可贵的创造精神",同时指出其空想的倾向。既达到了"同情的了解",也实现了"学理的批判"①。以上研究有助于合理揭示陈序经文化观的价值取向及精神实质。具体地、历史地评价陈序经的呼声日益占据上风。

1999 年 12 月海南文化历史研究学会主办了首次"陈序经学术研讨会",来自法、美、新加坡和北京、天津、广东、福建等地及港、台地区的八十多位代表出席会议。这次会议在某种意义上而言,是在学术界为陈序经平反。与会代表就陈序经的教育思想、学术成就及其文化意义、历史地位进行了广泛的交流,肯定陈序经在教育思想、实践和文化学、历史学等方面的治学成就,着重评析了陈序经"全盘西化"的文化主张。他们首先客观、历史地分析了陈序经"全盘西化"论的思想基础、立场方法、目的追求,指出爱国、救国是陈序经提出"全盘西化"论的出发点和追求的大目标;其次,剖析了陈序经"全盘西化"论的实质,是要求全面、彻底的工业化和现代化,其中包括肯定刚刚出现的苏俄模式的社会主义的工业化、现代化,认为后者同样是西洋文化;第三,梳理了陈序经"全盘西化"论的所据以立论的文化学、人类学、社会学的理论体系和思维方式。第四,指出了其"全盘西化论"所遗留的问题和历史局限②。

同年,陈其津所著《我的父亲陈序经》一书由广东人民出版社出版。该书详细论述了其父亲追求进步的一生,全面梳理了其学术思想,具有重要参考价值。

---

① 刘集林《陈序经全盘西化思想成因探析》,《史学集刊》2002 年第 4 期。
② 《陈序经学术研讨会综述》,《海南师范学院学报》2000 年第 3 期。

第五,从东西方文化比较的角度,分析陈序经文化观产生的原因与过程。袁方主编的《社会学百年》一书指出,陈序经通过东西方文化的比较研究,认为东方文化是延滞落后的文化,西方文化是演进的文化,并且从地理、文化、社会三个方面寻找原因,其后又批驳反对派的意见,提出了全盘西化论,强调个人主义是西洋文化发展的主因①。

第六,注意新的研究视角。赵立彬在《崇洋心理与全盘西化思潮》中,指出全盘西化所依托的社会心理基础之一就是崇洋心理②。张太原在《浅析陈序经的高等教育思想及实践》一文,从大学教育目的、办好大学的关键、办好大学不可缺少的条件、大学教育的内容等方面,对陈序经的教育思想和实践加以总结③。余定邦对陈序经的东南史古史与渤史研究也有独到见解④。

陈家琪的《陈序经:在自由主义与马克思主义之间》,主张把陈序经的"全盘西化"论放在20世纪30年代"新启蒙"的总体背景下加以重新审视,还其应有的历史作用;并且通过分析陈序经的文化观的理论形态,认为它"更倾向于马克思主义的历史观,而且比当时的许多自命为马克思主义的理论更马克思主义化"⑤。

国外对陈序经的研究相当少。20世纪70年代末,柯尔(James H. Cole)在《国民党中国的全盘西化:以陈序经为案》(Total Westernization

---

① 袁方《社会学百年》,北京出版社1999年版,第119—128页。

② 赵立彬《崇洋心理与全盘西化思潮》,《中山大学学报》1998年第3期。

③ 张太原《浅析陈序经的高等教育思想及实践》,《辽宁师范大学学报》第24卷第3期,2001年5月。

④ 余定邦《陈序经教授对东南亚古史研究的贡献》,陈传汉等《东方的觉醒——陈序经学术研讨会论文选集》,第132—137页;《注重实地考察,善于从不同的记载中发现问题——读陈序经的〈渤史漫笔〉》,《东方振兴与西化之路》,南开大学出版社2004年版,第222—231页。

⑤ 陈家琪《陈序经:在自由主义与马克思主义之间》,陈传汉等《东方的觉醒——陈序经学术研讨会论文选集》,延边大学出版社2000年版,第45—51页。

in Kuomingtang China:The Case of Chen Hsu – Ching)一文中,介绍过陈序经的生平及其文化观。1985 年夏威夷大学萨纳拉(William Mark Zanella)的博士论文《中国对现代文化的追求:1935 年关于文化建设的论战》(Chinas Quest for a Modern Culture:The 1935 Debate on Cultural)对陈序经有过简单介绍。德国汉学家柏克(Klauss Birk)于 1991 年出版的《现代化与西化——中国三十年代中期关于"全盘西化"问题的一场论战》一书,以陈序经为主线考察西化派与中国本位文化派的交锋。柏克首先介绍中国近代不同文化派别产生的历史背景,引出全盘西化派的代表陈序经;进而介绍他的文化理论及对复古派、折衷派的立场,以及陈序经与本位文化派各自文化观点的尖锐冲突;最后分析陈序经文化观对后人的影响,并提出对现代化和西化问题的几点看法①。

　　以上归纳也许不尽全面,不乏主观色彩,但基本可以从整体上反映有关陈序经研究的路数。回顾国内外有关陈序经的研究状况,我们可以看到这样几个缺陷或盲点:

　　第一,立论的资料尚显单薄。除陈序经的《中国文化的出路》、《东西文化观》、《全盘西化言论集》、《续集》、《三集》、《文化学概观》等利用率较高外,其他有关人类学、社会学、历史学的著作的利用率极低。至于收藏在南开大学图书馆的陈序经的手抄稿,除杨深、陈其津、刘集林等人外,几乎没有人利用过。陈序经的博士论文仅有柯尔与刘集林检阅过。这是引以为憾的。实际上,陈序经的博士论文蕴含着规范他学术思想的世界观与方法论。缜密研究陈序经的博士论文,是探究陈序经吸纳西方学理的基础与关键。惟其如此,我们对陈序经的研究或能更接近真实。

-----

① 　[德]柏克(Klauss Birk)著,马川译《现代化与西化——中国三十年代中期关于"全盘西化"问题的一场论战》,1991 年德文版,1992 年中文译稿,第 11—12,2 页。

第二,陈序经本人的研究领域十分广泛,其学术体系是多学科的有机体,而研究者大多只注意其中的一个方面,特别是过于关注其文化观,没有意识到研究陈序经学术思想的任何一个方面,均需要与其他方面相互关照,尤其未能探讨陈序经文化学与其他研究领域之间的内在关联,因此远未能全面反映陈序经的学术理路。

第三,研究者多关注20世纪30年代的陈序经,缺乏发展眼光。他们笔下的陈序经的文化观是一成不变的。晚年陈序经对文化学的矛盾心态,以及彻底放弃全盘西化的事实,都被人为的截掉,因此,一些论断值得推敲。

第四,与有关文化观研究相比,对陈序经的文化学、历史学、人类学、社会学的研究显得太弱。

第五,对陈序经文化学理论的剖析虽是研究重点,但分析仍显粗浅,缺乏全面、系统、动态的考察。

第六,文化心理是文化研究中的一个重要方面,但有关研究几乎未触及陈序经的文化心理。

第七,缺乏较为宏观的比较研究,未能将陈序经的文化学理论置于中西方学术交流的背景下加以考察。

三 基本思路和方法论

法国思想史哲学家米歇尔·福柯有一句经典名言:"起源、连续性、总体化,这就是思想史的重要主题。"①它不断提醒我们把握住努力的方向。

---

① [法]米歇尔·福柯著,谢强、马月译《知识考古学》,三联书店1998年版,第175页。

陈序经的文化学理论本身是一个不断丰富和验证的过程。然而从总体来看,有关陈序经的研究,基本未能探讨和把握陈序经接受西方社会科学理论的动态过程,没能将陈序经文化学理论与其政治学、历史学、乡村建设运动理论、教育思想等诸多方面作为一个整体加以考察。因此,从文化学的角度切入,综合研究陈序经的学术系统仍然有着极为广阔的拓展空间。我们有意识地注意以下几个方面的问题:

第一,陈序经的文化学是西方社会学、人类学等学科分化的产物,有必要从中西学术交流的背景下,考察陈序经文化学的发展历程,注重陈序经自身的知识背景的动态变化,刻画出文化选择和接受是由主体本身的知识背景所决定的,强调文化"选择与接受"的互动关系,阐述陈序经的文化学本身是一个不断修正的过程。

第二,强调陈序经的文化学在一定程度上是其文化观的产物。他为了论证全盘西化论的合理性,从西方借来社会学、人类学的概念与原理,构建自己的文化学。这也可以部分说明为什么文化学的提法出现于西方,而作为一门学科却最先产生于中国。

第三,突出文化观的内在动力在于其背后的文化学,因此,仅研究陈序经是远远不够的,必须把他与同时代的孙本文、朱谦之、陈高傭等其他学者进行比较,弄清近代以来文化学发展的过程和主要流派。

第四,突出陈序经文化学在其中西文化观、社会改造观、历史观、教育观、与学术观上的体现;同时,关注其历史学、人类学研究成果对他的文化学甚至对中西文化观的影响。

第五,在以上研究基础上,全面"复原"陈序经的文化学体系。

第六,对陈序经文化学理论的评析,必须从其文化学的理论基础、话语与其内在矛盾入手,才能真正认识到其文化学更多是形式的而非逻辑的。

第七,发掘与动态描述陈序经的文化心理结构,如人格独立、学术品格独立,反映中国近代学者的特点与精神世界;同时藉此刻画其文化学中某些观点的变化,探析陈序经晚年抛弃全盘西化的理论根据。

第八,陈序经坚信全盘西化论,与陈受颐、卢观伟等人的影响与支持密切相关,但实际上他们对全盘西化的理解不尽相同。

第九,简要评述陈序经文化学体系的学术价值,并观照 20 世纪 80 年代以来有关文化学研究的概况,同时对文化学的构建提出若干粗浅的建议。

通过多层面探讨陈序经的文化学理论,势必深化对其文化学与全盘西化论的历史意义及局限性的考察,促进对其社会学、历史学、教育学的研究;同时可以勾勒出中国文化学的发展主脉,有利于我们吸收陈序经及其同时代学者有关文化学理论的积极因素,丰富今天的思考,促进科学的文化学与社会发展观的合理构建。

对历史人物及其学术思想的研究,需要感悟,需要"同情地理解",也需要在"善人"的同时能够"善出",与研究对象拉开距离加以审视。从生活的时代来看,我们与陈序经之间存在历史距离,从社会进程来看,我们与他共处于同一个社会转型时期,共处于同一个问题域中。由此可见,用什么样的方法论透视研究对象显得尤为重要。我们坚持辩证唯物主义和历史唯物主义的基本原则,借鉴解释学、社会学、人类学、文化学的理论和方法,在近现代社会转型的历史背景下,对陈序经进行全方位的比较和定位。解释学长于"放大"不同事物之间的内在联系,能在支离破碎的文本中连缀出一个解说体系,解释学因此才能成为哲学的一个分支学科。解释学有可能让我们切实走入陈序经的文化学的内在理路,达到"同情的理解"。有诠释就有过度诠释。其积极方面是成一家之言,消极方面则难免牵强附会。陈序经的文化学与相关学科之间的关系,有些十分鲜明,甚至是陈序经的直接表述,有些方面则较为潜隐,可能是陈序经有意无意间把他的文化观点羼入其他学科中,而在其他学科的研究中也有意无意地强化或修正文化学的理论和文化观点,如何把握十分不易。如果在研究中引入相关理论和方法,就有可能既忠实史实,又合乎逻辑地寻绎出事物之间的内在联系。社会学本来即是文化学的一个重要来源,人类学与历史学也是近亲,在某种意义上,它们本身即是相互交织在一起。不同学科方法的运用,能在最大程度上规避研究盲区,而不同学科之间的天然联系又能帮助我们理顺贯穿于研究对象中的学术主线,就本课题来说,可以打破"就文化论文化"的封闭而单一的理论解说模式。更重要的是,我们采取"长时段"的方法,对陈序经加以动态考察,最大限度地做到忠实于"文本"。这便是我们所说的"历史释读"。

在导论的最后,有必要对"批判"一词做出解释。使用"批判"一词,绝非故作姿态,绝无意诋毁先贤,相反,我对他们的道德文章充满深深的敬意。韦政通在谈到中国哲学的发展时曾指出:"其实批判在学术上是极艰巨的工作,也是任何时代思想走向创新必不可少的过程。批判和价值判断不同,它工作的重点在对所批判的对象做客观的了解,了解它的意义与限制,了解它推理的过程并检视其论证,了解它与外在环境的关系,和内在心智活动的历程。如果批判的对象是处理一些共同的问题,立场又不同的学派,那么批判工作往往能使一些互相对立的思想达到统一的理论。如果批判的对象是传统,那么批判的工作,必然在某种程度上,也是传统的重建。"①使用"批判"一词,旨在借用其意,通过寻绎陈序经所从事的各个研究领域之间的内在逻辑,"重建"陈序经的文化学体系,强调其学术价值,并将这一体系置于中国文化学发展的进程中加以评析。

其次,"批判"一词强调拙文是对有关陈序经研究以至中国近现代思想史研究的一个回应和一次对话。有关中国近现代文化论争的研究是思想文化史中的重要课题,有关这一方面的研究虽然已达到了相当

---

① 韦政通《中国思想传统的现代反思》,台湾桂冠图书股份有限公司 1990 年版,第 60 页。

的广度和深度,但也存在着致命的缺憾:(1)从研究视角上来看,多囿于文化论争的表面现象,而没有认识到问题的核心,即对文化论争主体的理论背景及该种理论的形成的过程——文化传播与文化接受之间的关系——不置一词,或表现出概念化的肤浅,使研究成为千人一面只见"思想"的程式,消蚀其背后的文化精髓;(2)从价值取向来看,多失之于简单的常识性评判,而根本认识不清文化选择的内在动力;(3)从方法论而言,过多地停留在就事论事的阶段,鲜有从社会学、诠释学和文化学等各学科的有机结合中,探讨文化现象、寻求文化底蕴的力作。其共性就是以思想史代替了学术史。较之社会史和经济史,这类研究显得单薄、苍白和玄虚也就不足为奇了。如何改变这种状况,是文化史研究中亟待解决的问题。

其实,这些也是有关陈序经研究中的弊病。我们的设想恰好可以在某种程度对上述缺憾有所补益:(1)陈序经文化学本身即是西方文化学的中国版,它是陈序经对西方文化学的选择与接受的产物;(2)文化学本身揭示了文化选择的内在动力,有什么样的文化理论即有什么样的文化选择;(3)鉴于陈序经文化学产生的背景、文化学的体系及其文化学向其他学科的渗透,社会学、诠释学和文化学的有关理论和方法,自然成为我们解读陈序经所必须的工具。

如果说"批判"的第一层涵义是检视陈序经学术脉络,那么第二层涵义则是检视我们自己的认识偏差。陈序经误解过他所处的时代,我们最好不要再误读陈序经。

有学者说过:"批判也是一种不超脱,是体现文化价值关怀的一种方式。"①如此说来,"批判"一词放在我们身上也是其实难副,惟以此奋蹄自勉罢了。

---

① [美]陈少明《穿越理解的双重屏障——论史华兹的思想史观》,《开放时代》2001 年 5 期。

第一章　中国近代文化学的产生

　　19世纪下半叶到20世纪上半叶是西方人类学、社会学、民族学等学科由幼稚而渐趋成熟的时期,这一时期各学科内部均基本出现文化学派渐唱主角的趋势。文化学就是在人类学、社会学等学科日益分化的条件下,吸收这些学科的概念和范畴而产生的一门新兴学科。惟其从各学科中分离出来,文化学与各学科之间有着复杂的粘连性;惟其从各学科中分离出来,作为一门独立学科的文化学并未得到世界学术界的普遍认同。从文化学的源流来看,它完全是西方学术界孵化出的"混血儿",但从文化学的确立和发展来看,它在中国还有孪生兄弟。中国学者以敏锐的眼光,跟踪和把握西方学术界中所出现的文化学派的走势,在理论上论证文化学建立的合理性和可能性,为文化学的确立鸣锣开道。

一　文化学的源流

　　了解中国近代文化学的情形,必须首先了解西方文化学产生的思想源泉,以及同一时期西方文化学的总体概况和整体趋势。

一般认为,"文化学"一词是由德国经济学家拉弗日尼·培古轩(M. V. Lavergne-Peguilhen)在 1838 年出版的《动力与生产的法则》一书中首次提出的。他在这本关于经济学著作中却提出要建立一门文化学,以确定或认识人类与民族的教化改善所信赖的法则。1843 年与1854 年,格雷姆(Gustav F. Klemm)分别出版专著《人类普通文化史》与《普通文化学》。他注意地理环境、种族对人类的性质、观念的影响,把文化进化分为野蛮、养驯、自由三个阶段,这种进化思想应该可以说是达尔文的生物进化论与摩尔根社会进化论的先声。此后,德国学者在社会学、人类学、经济学和政治学的著作中都普遍地使用文化学一词。1859 年,达尔文的《物种起源》刊行于世,引起思想界的革命,影响了学术界尤其是人类学与社会学的发展。英国人类学者马雷特(R. R. Marett)与一些学者认为人类学是达尔文的孩子,甚至认为取消了达尔文主义,也就取消了人类学。1871 年,人类学开山祖师泰勒(E. B. Tylor)受到格雷姆的启发,在出版《人类早期历史与文明发展之研究》一书后又出版《原始文化》。该书第一章即以"文化的科学"为标题,它可能是英文文献中最早把文化作为一种学科的端始。当时人们昧于自由意志的学说,以为社会学科不同于自然学科,其中没有一定的法则。泰勒则认为,科学方法同样适用于文化现象的研究。把不同文化加以系统分类,人们可以了解文化发展转变的过程。由于受到 19 世纪进化论特别是生物进化论的影响,泰勒成为文化进化论者。他认为除了无机科学与生物科学之外,还应该建立文化科学。人类要认识自己,必须认识其文化。在关于文化发生的问题上,泰勒虽然认为独立发生说最为可靠,但也不完全排除传播论学说。泰勒作为一位文化进化论者,却并没有完成对文化进化阶段的研究。拉布克(John Lubblck)、摩尔根(L. H. Morgan)特别是斯宾塞(H. Spencer)为此付出了艰辛的努力。拉布克在 1865 年、1870 年刊布《史前时代》和《文明的起源与人类原始状况》,把人类文化分为石器、新石器、铜器与铁器四个阶段。摩尔根 1871 年出版《古代社会》一书,将进化论用于古代社会研究,把社会进化分为未开化、半开化与文明等三阶段。对于后来学者研究社会与文化的进化产生很大影响。

文化学的发展离不开社会学、人类学和其他学科的滋养。从文化学的发展史来看,社会学与人类学为文化研究奠定了坚实的理论基础。早期人类学者和社会学者分别侧重于原始文化和近代文化的研究,但其后双方都逐渐把文化视为一个整体加以研究。人类学与社会学的界线无形被打破。就在培古轩出版《动力与生产的法则》的时候,孔德出版了后来被奉为经典的《实证哲学》一书,提出要建立社会学。他们两者之间也有某些共性,都认为所倡导的新学科是建立在自然科学、生物学、心理学与数学基础之上。培古轩还出版过《社会学科的原理》一书及关于社会学科与政治学的论文。孔德认为人类社会都要经过神学、哲学(形而上学)、科学(实证)三个阶段。这一进步律对文化学有着间接影响。孔德的贡献在于为社会学确立一种研究范围、观点与方法,使社会学建立坚固的基础①。

社会学先锋斯宾塞几乎与格雷姆、泰勒同时对社会文化的进化观念加以研究,他的社会进化论,尤其是其超有机体的现象的概念,对于后来研究文化的学者有较大影响,在文化学研究史上占重要地位。斯宾塞翻译过孔德的《实证哲学》,也曾与孔德晤面,一生深受孔德的影响。在达尔文刊行《物种起源》之前,斯宾塞已经发表许多关于进化论的文章。在《物种起源》出版后的 1861 年到 1896 年中,他陆续出版多卷本的《综合哲学》②,阐发进化程序和进化原理。《综合哲学》中留有

---

① 孙本文《社会学之近今趋势》,《国立中央大学社会科学季刊》,第 2 卷第 1 期,1944 年 12 月,第 1 页。

② 包括《第一原理》(1862 年)、《生理学原理》(2 卷,1872 年)、《心理学原理》(2 卷,1873 年)、《社会学研究》(1873 年)、《论理学原理》(2 卷,1893 年)、《社会学原理》(3 卷,1896 年)。

孔德的《实证哲学》的影子。其根本观念是先有天体,后有生物,先有生物,后有心理与社会现象。斯宾塞还把天文与地质、生物与心理、社会现象分别归入无机的现象、有机的现象与超有机的现象三大类。他提出超有机的现象原本是要建立社会学,但后来学者把它当作文化现象,而成为文化学的根本概念。按照斯宾塞的意见,超有机现象只存在于脊椎动物中的个体与个体之间的活动中,甚至说文化也能存在于动物之间。斯宾塞的另一个重要概念是超有机的环境,即文化现象,包括用具、语言、科学三类。他认为文化现象可以独立于地理与生物现象自成一个体系。斯宾塞的功绩在于,提出文化的范围、性质、分类、进化的观念。斯宾塞因受达尔文的影响,主要用生物学方法研究社会现象,被称为社会学的生物学派[1]。

斯宾塞的同盟军还包括德国的利柏特(J. Lippert)、法国华墨士(Worms)和俄国的罗柏地(Roberty)等人。利柏特的代表作是1886年出版的《有机的构造中的人类文化史》。他同斯宾塞一样相信超有机的现象,并且认为人类社会发展的要因一般是文化,而不是人种遗传或天才本能。罗柏地也同斯宾塞一样把现象分为无机、有机与超有机三种,但其超有机则是指思想与抽象的知识。他认为这些思想与抽象知识是文化的本质,而且只能存在于人类之中。此外,种族决定论、马尔萨斯(Malthus)的人口论也有独特的学术贡献。种族决定论认为社会的基本因素是生物遗传的种族特质。马尔萨斯以人口为社会的基本因素。他们两者都是从生物的立场观察生物因素与社会现象的关系[2]。

① 杨贤江《社会学发达的大势》,《民铎》第2卷第2号,1923年6月1日,第4页。

② 孙本文《社会学之近今趋势》,《国立中央大学社会科学季刊》,第2卷第1期,1944年12月,第2页。

19 世纪末,社会学又出现新的趋向,即用心理因素解释社会现象的心理学派。这一派中的学者如德国敦尼斯(F. Tonnios)、费尔康德(A. Vierkandt),美国罗斯(E. A. Ross)、爱尔乌德(C. A. Ellwood)与马其维(R. M. Maciver)都对文化研究做出了新的诠释①。敦尼斯在 1923 年发表的《社区与社会的大纲》中使用了"文化学"一词,提出在自然科学之外,有必要建立文化学。敦尼斯也是社会学上最先注意到心理要素的学者。他认为,形成社区的心理要素是自然意志,形成社会的心理要素则是自由意志。费尔康德的工作在于,一是从社会心理学的角度把人分为自然人与社会人;二是指出文化具有连续性;三是在 1923 年出版的《社会学》中,主张在社会学之外建立文化学。罗斯②则在此后被誉为划时代的《社会心理学》一书中,以欲望解释社会、文化发展的动力。他也相信文化传播的事实。他认为,物质文化最易传播;宗教因为信仰对象的空泛,较易传播;制度与社会组织较难传播;非物质的文化在传播过程中容易发生变化。爱尔乌德 1927 年出版《文化进化论》,强调"文化进化的心理社会说,很可以做其他各说的有机综合",指出所谓进化就是有秩序的变迁,或有秩序的发展③。他大体上采纳摩尔根的文化进化阶段说。

文化学派是社会学上出现最晚的学派,但也是一个较有生命力的学派。所谓文化社会学即是以文化解释社会,或以文化为社会学的题材。起源远在 19 世纪中叶,摩尔根等人已经注意到文化

---

① 朱谦之《文化社会学发端》,《中山学报》第 1 卷第 8 期,1943 年 1 月,第 43 页。

② 罗斯曾于 20 世纪初居留中国,1911 年出版《变化中的中国人》(公茂虹等翻译,时事出版社 2000 年版),是辛亥革命前西方观察中国的代表作。

③ [美]爱尔乌德著,钟兆麟译《文化进化论》,世界书局 1930 年版,第 111,77—78 页。

因素在社会进化中的作用。到 20 世纪 20—40 年代，这一学派在美、德较为发达，得到普遍认可和运用，但两国研究途径却相异。美国学者特别注意现代社会生活及社会变迁中的文化因素，德国学者注重一种文化现象与整个社会的关系①。美国华德（L. F. Ward）既是心理学派的先进，也是文化学派的先锋。他对文化研究影响较大的著作是 1903 年出版的《纯粹社会学》。华德也以欲望为社会与文化发展的主要动力，并指出由欲望产生的一切结果，就是人类的成绩。他主张把人类的成绩作为社会研究的对象。这一派的牟勒来挨尔（F. Müller – Lyer）则是有意识地要建立一种文化学。对他而言，社会学与文化学并无区别。他认为，研究文化的重心是找寻文化进步的定律；文化发展的程度，常可以用经济发展的指标去衡量；经济的进化的阶段，也可以当作文化的发展阶段。他还注意到文化各方面的发展不同步性。韦伯（A. Weber）曾于 1912 年做过《社会学的文化观念》的讲演，1921 年发表过论文《文化社会学原理》。他的文化社会学也可以称为历史社会学。他希望从多元的世界历史的文化中，建立一种带有普世性的解说模式，找到文化性质、形成文化性质的因素及文化发展的通则。这一解说模式构成韦伯文化社会学的基础。美国学者乌格朋（W. F. Ogburn）在 1923 出版的《社会变迁》一书中明确表明，文化变迁就是社会变迁。他在书中提出文化落后（或译为文化堕距、文化停滞）的概念，即文化中的物质因素往往比非物质因素变迁迅猛，由此形成社会失调、文化落后，他强调在社会失调时，最好的办法不是改变人性，而是改变文化。1932 年，麦多克（G. P. Murdock）

---

① 孙本文《社会学之近今趋势》，《国立中央大学社会科学季刊》，第 2 卷第 1 期，1944 年 12 月，第 7,8 页；林耀华《现代人类学的趋势》，孙本文《现代社会科学趋势》，商务印书馆 1948 年版，第 215—216 页。

发表《文化的科学》一文，建议人类学与社会学分工协作，互为补充，共同把人类的文化行为作为研究题材。此外，开西（C. M. Case）、索姆巴特（W. Sombart）、华礼士（Walls）、卫莱（Willey）和涂尔干都是这一派的活跃人物①。

对文化研究贡献最大的也许是人类学。人类学一般分为体质人类学和社会人类学两大类。体质人类学侧重研究人的生物性，又称为人体学或人体测量学；社会人类学则重人的文化性，又称为文化人类学或民族学。社会人类学因与文化发展有密切关系，其发展态势远过于体质人类学，其目的在于探求人类文化的起源、变迁、成分和功能。社会人类学研究的内容是从低级的初民文化而逐渐涉及到高级的文明人的文化。近代文化人类学的前驱巴斯堂（Adolph – Bastian），提出原始观念、民族思想、地理省区的概念，其中，地理省区开近代文化区域的概念的先河。拉蕞尔（Friedrch Ratzel）是继泰勒之后、较早注意文化研究而成绩卓著的德国学者，其代表作是1885到1887年出版的《人类学》。他以环境论著称，后世将他奉为地理学派的先导②。他认为文化本身自成一个系统，自成一个阶段，各种环境发展都要受到文化的约束。文化也有高级文化、低级文化、半开化的阶段性。他对文化进化论不大注意，对文化传播与文化发展（即不同文化间的

---

① 孙本文《现代社会学上的几种重要趋向》，《中央日报》1941年3月11日，第4版；刘叔琴《从自然的社会学进向文化的社会学》，《东方杂志》第23卷第19号，1926年10月10日，第58—67页；秦一飞《社会学之史的综述》，《新中华》第2卷第19期，1934年10月10日，第159页；吴泽霖《"文化停滞"概念的新义》，《东方杂志》第34卷第1号，1937年1月1日，第445—446页。

② 吴文藻《文化人类学》，《吴文藻人类学社会学研究文集》，民族出版社1990年版，第40、41页。

接触）则极为关注，甚至过于信重传播论，因此认为文化的本质也就有这样三重性：一是积累经验；二是具有保留经验的稳固性；三是有不断丰富经验和传播经验的能力。拉蕆尔的弟子舒尔兹（H. Schurtz）曾出版《文化古史》一书，从解释文化学的普遍原理、文化的社会方面、文化的经济方面、文化的物质方面、文化的精神方面编排文化的进程。他主张传播论，但又未全然放弃斯宾塞、泰勒的有计划的进化论，是一位从文化进化论到传播论的过渡人物。

主张文化传播论最坚决的可能是德国的格拉那（F. Graoner）。他认为，民族学或人种学的任务是寻找人类接触的事实及发展流转的遗迹。文化传播是绝对的，文化隔阻是相对的，不同文化之间存在的类似之处，都是传播的结果。他还反对文化的进化论，无视人类创造文化的能力。安格曼（B. Ankermann）、什密特（Schmidt）都支持格拉那的传播论。英国利维尔斯（W. H. R. Rivers），尤其是斯密斯（G. E. Smith）与培利（W. J. Perry）都是极端传播论者。斯密斯、培利认为，任何地方的文化的基本要素均来自于埃及，然后才逐渐传播到世界其他各地。

最早对进化论与传播论加以修正的是美国人类学中的批评派，或历史派，其领袖为波亚士（F. Boas）。他试图在传播论与进化论之间作出调和。波亚士坚信，文化是进步的，而且在文化发展的方向上有其法则，未来文化的发展方向是在预测之中。但他反对极端的进化论，认为文化发展不可能都呈一上升直线，低级与高级文化也不可能都有一定的程序与阶段；同时他对极端的传播论也大加批评，认为文化是可以传播的，但两种相似的文化也不一定源自相同的地方。波亚士还反对专从地理环境和种族差异上解释文化的差异。

自从波亚士提倡人类学后，美国文化人类学的发展达到一个学术高峰。路威（R. H. Lowie）、高登卫塞（A. A. Goldenweiser）、威士来（C. Wissler）、克娄伯（A. L. Kroeber）、萨皮尔（E. Sapir），以及一些人类学家都是显著代表。路威在 1917 的出版的《文化与人类文化学》中，指出文化是人类文化学的唯一的题材。他尤为强调，表面上互不相关的文化的各方面，在实际上却是互相信赖。文化的各个方面是互相关连的，解释文化要从文化本身去解释。高登卫塞 1922 年后出版过专著《早期文化》、《文化人类学》。他认为，文化具有持久性，文化的大部分都是世代相传。文化又是变化的，变化是由新事物所引发的，而新事物的产生，则是个人的心理作用的结果。文化也是累积的，教育是文化累积的手段，能使过去文化影响现在以至将来的文化模式①。威士莱认为，文化是唯一明显的人类现象，它是人类学研究的对象。文化没有高下、智愚等价值或等级的区分。他注意文化区域的研究，认为人类学研究的单位是部落文化。文化因为要适应环境，各部落文化因之而异，但任何社会都包括语言、物质特质、艺术、神话、科学知识、宗教、动作、家庭与社会制度、财产、政府、战争九类文化。他在 1915 年曾发表《十八条宣言》，中心主旨即宣称文化是自成范围、自成一体的超有机体。萨皮尔 1925 年发表《真与假》一文，认为人类文化发展的终极目标就是满足精神上的需要。

人类学中还有一派是产生于 20 世纪 20 年代后以英国马凌诺司基（B. Manlinowski）、美国的拉得克里夫—布郎（Radcliffe‐Brown）为代表的功能论，同派代表还有毕德黎佛士（General Pitt‐Rivers）、费尔斯（R. W. Firth）、汤乌德（R. Thurnwald）。从某种意义上看，功能论也可以说是对进化论与传播论的反动。如果说后两

---

① ［美］高登卫塞著、陆德音译《文化人类学》，［美］斯密司等著、周骏章译《文化的传播》，上海文艺出版社 1991 年版，第 285—331 页。

者的研究属于动态和历时性的,那么功能学派则属于静态、共时性的①。功能文化论承认文化的差异性,不重视文化的起因,而只关注文化是什么、怎么发生作用与怎样变迁。功能论的根据即是文化的各个要素都能"直接或间接的满足人类的需要",表现出不同的功能②。"每种文明型式,每种风俗,实物,观念或信仰,在一地方社会中,各占有其本身的相当位置,各须履行某种的生活机能,代表了工作全体上不可少的一部分"③。马凌诺斯基认为,除以功能论为基础外,传播论者与进化论者均不能建立文化史。他所谓的人类学是研究人与其文化在不同的水平线上发展的科学。他还把文化分成物质、社会、语言、精神四大主要成分④。功能论的影响也渗透到社会学之中。比如,南尼格(Znanieck)的"职位"(role)说即强调"任何有组织的社会团体,其分子之成了模式的功能与地位"⑤。

当然,其它相关学科的发展对文化学的产生不无促动作用。近代历史学者特别是所谓新史学家,对于文化学建立亦有所贡献。他们不再仅以政治史、军事史为研究重心,而是要把整个人类历史的方方面面作为研究对象,为了解文化在时间上的动态发展提供

---

① 何星亮《人类学的研究与发展》,《光明日报》2001 年 10 月 23 日,"理论周刊",第 3 版。

② [英]马凌诺斯基著,费孝通等译《文化论》,商务印书馆 1946 年版,第 10 页。

③ 吴文藻《文化人类学》,《吴文藻人类学社会学研究文集》,民族出版社 1990 年版,第 67 页。

④ 参见[美]高登卫塞著,陆德音译《社会科学史纲》,商务印书馆 1930 年版,第 74—75 页;毛起鹭《社会现象概论》,大东书局 1933 年版,第 151—154 页。

⑤ 黄时枢《二十世纪社会学》,《学原》第 1 卷第 12 期,1948 年 5 月,第 42 页。

参考。巴克尔（H. T. Buckle）作为新史学的先驱,在 19 世纪下半叶首先提出这一主张,后续核心人物是斯宾塞。他在 1860 年出版的《教育论》中,提出计划出版一种真正的文化史,以解释文化发展与互相信赖的原理。德国柏恩海姆（E. Bernheim）、拉姆普累赫特（K. Lamprecht）都是这一主张的支持者。20 世纪初,美国鲁滨逊（J. H. Robinson）主张运用社会学、人类学、经济学等学科的成果丰富史学研究。班斯（H. E. Barnes）提出新史学要探求人类过去的全部历史。新史学要在弄清以往文化的基础上,指导现实文化的改进,以及将来的文化发展计划。新史学系统叙述人类过去的整个文化,实际上也就是为文化学提供资料,促进文化学的发育。

与史学有密切关系的考古学,则把人类文化史向前推延,发掘出许多早已失去的文化遗存,为全面了解人类的文化开辟新路。

历史哲学的研究成果也为文化学所吸纳。历史哲学的目的是要从人类的文化发展史中提炼出一些通则,这些原则无疑拓宽了文化研究者的思路。哲学中也出现文化学派。杜威（T. Dewey）曾出版《哲学与文明》、《经验与自然》二书,标明哲学与文化的关系,指出所谓经验就是文化。德国斯普兰格（E. Spranger）、文德尔班（W. Windelband）、李凯尔特（H. Rickert）和狄尔泰都出版过有关文化研究的专论。

自然科学家同样关心文化研究。著名物理学家俄斯特发尔特（W. Ostwald）撰写《文化学的能力基础》,从物理学的观点探讨文化现象。他认为人类全部文化就是人类发挥能力的结果。地理学对文化研究的功用也不可忽视。由于学者们注意地理环境对人生的影响,地理学从自然地理学趋于人文地理学（或称社会地理学）,进而趋于文化地理学。地理学中的文化地理学,则是直接从地理的角度研究文化,以地理环境解释文化。人文地理学的最大功臣为德国的拉蕞尔（F. Ratzel）。他辩证地指出,不能极端地以地理去解释文化,地理固可以影响文化,文化反过来也可以影响地理。法国布隆汉(或译白吕纳 J. Brunhes)1912 年出版的《人文地理》也讨论地理与文化的关系。自拉蕴尔以后,地理学者逐渐注意文化的研究。到 20 世纪 30、40 年代,出现文化地理代替人文地理的趋势。文化区域、文化中心、文化传播等词在地理学、文化学广泛使用,政治地理、经济地理等科目,也都属于文化的范畴。

迄至 20 世纪 20、30 年代,英语世界中应用"文化的科学"一词的学者逐渐增加。1939 年,新进化论派首领怀特(Leslie A. White)从科学史和科学方法论的角度,提议用"文化学"代替"文化的科学"作为一门学科的名称。在此前后,"某些学者发觉文化学这个字很刺耳"①。当然,怀特自己的态度似乎也有些含糊。他在谈到社会转变的标志时,却又用能量的转变来作为社会转变的标志:"这些恐怕都走到了用自然科学的规律来代替社会科学的规律的偏向上去了。"②与德文、英文成果相比,法国学者较少研究文化问题。雷翁得罗尼(Leon de Rosny)与沙律培尼(E. Chalupny)的《文明(或文化)的科学》和《社会学的系统》可以作为其中的代表。沙律培尼也曾指出文化学是一门科学。然而,尽管文化学已经引起部分学者的兴趣,但到《动力与生产的法则》出版的一百年后,学者对作为一门学科的文化学的关注程度仍是有限的③。

陈序经对出现在西方的文化学派的演化历程了如指掌,他从中看到文化学终将成为一门独立学科的趋势和科学性,更看到文

---

① [美]L. A. 怀特著,沈原等译《文化的科学——人类与文明研究》,山东人民出版社 1988 年版,第 390、388 页。

② 吴文藻《新进化论试析》,《吴文藻人类学社会学研究文集》,民族出版社 1990 年版,第 333 页。

③ 未特别注明者,均详见陈序经《文化学概观》第 1 册,商务印书馆 1947 年版,第 60—158 页。

化学要成为独立学科所面临的阻力:"文化本身是有了自己的范围,有了自己的对象,是自成一个格式,是自成一个单位,所以应当自成为一门学科,应当自有其一种立场。我们相信,只有这样的去研究,只有这样的去推动,文化学才能发展。假使我们只是从别的专门学科的立场而去研究或推动文化学,则文化学只能当作这个专门学科的附庸,结果恐怕永远不会成为一个独立的学科。"①他清醒地意识到,惟有通过学理的研讨,证明文化学自身不可替代的价值,才有可能在学术界确立其独立学科的地位。

二　中国近代文化学的建立

(一)文化学建立的必要性

尽管国外社会学、人类学等学科出现了趋于文化研究的势头,文化这一概念也成为各学科中的一个基本范畴,但文化学毕竟未能真正独立于其他学科之外。20 世纪 20、30 年代以来,因为讨论东西文化问题,往往要追问到文化的根本所在,中国学者对文化的研究热情自然有所增高,而文化学一词的使用频率也随之增高。有学者开始有意识地要建立一门文化学。1930 年,陈序经在德国基尔世界经济学院图书室无意中看到培古轩的《动力与生产的法则》②,培古轩有意识地建立文化学的努力让他在十年后仍难忘怀。可能就是在此之后,陈序经开始打算建立文化学。在他看来,伦理、宗教、政治、经济等方面虽然都是文化的要素,但它们都不能对

---

① 陈序经《〈东西文化观〉的跋》,手抄稿,南开大学图书馆藏。
② 陈序经《文化学概观》第 1 册,商务印书馆 1947 年版,第 60、63 页。

文化加以合理解释。陈序经"从文化的立场",溯本追源,条分缕析各种文化观的演变,并加以批评,指出现实文化观的贫困,提出建立文化学的必要性和迫切性,同时为文化学的建立扫清观念上的障碍。他的这些思想较为集中地体现在《文化学概观》中。

1. 伦理的文化观不能解释文化

陈序经指出,所谓伦理的文化观,或伦理史观,即以道德的立场解释文化。文化的优劣高低,是以道德的优劣高低为标准。道德优高,则文化优高,道德低劣,则文化低劣。道德是文化的主体,文化的其他方面则处于附属地位。嘴上挂着"世道日衰,人心不古"的卫道先生就是持这一主张。中国自帝尧到孔孟老子庄子都是以道德为人生和文化的唯一鹄的。"我国人二千年来的思想,跳不出老子与孔子所画的圈子"[1],圣人之后的中国人解释历史或文化也是以道德为主体标准。宋儒所谓"失节事大,饿死事小",曾国藩、李鸿章、薛福成等"道""器"说的"道",以至所谓"西洋文化重在物质,中国文化偏于精神"中的"精神",无非都是伦理的文化观。辜鸿铭甚至把优美的文化等同于孔子的道德生活。他在《总理衙门论文集》和《中国牛津运动史略》中大加宣扬这种思想。

陈序经特别强调,伦理观并非中国所独有。古希腊的苏格拉底、柏拉图和亚里士多德都极力提倡道德生活,视道德为社会文化的基础、正义为国家的基础,以为国家的目的在于寻求至善。古希腊人特别是柏拉图和亚里士多德所说的"国家"是包括人类的一切生活,也即包括人类的一切文化。近代德国的唯心学派、法国的以孔德为代表的实证主义、英国的斯宾塞都以伦理解释文化。霍布

---

① 陈序经《文化学概观》第 2 册,商务印书馆 1947 年版,第 2 页。

浩斯甚至以伦理的原则、"心的相互作用"去衡量文化的发展①。
什维兹尔(Albert Schweitzer)在欧战后发表大量论著,欣赏老子、庄
子、孔子、孟子的理论,希望欧洲人努力研究这些思想,以补欧洲文
化的衰败,认为文化的真义与主要元素,是精神的、理性的,尤其是
伦理的。伦理是文化的本质、文化的核心要素与精神基础。没有
伦理基础,文化终免不了崩塌的命运。伦理的进步才是文化的进
步。劝善去恶,是伦理的任务,道德的发展是复兴文化的途径。就
文化的主体人来说,只有为伦理生活奋斗的人才是有价值的人。
什维兹尔因此留恋高扬伦理与理性的文艺复兴时期的社会生活,
极力主张理性主义,反对浪漫主义,认为浪漫主义带来的知识主
义、实用主义,遮掩了人类的才能与热情,理性大打折扣。服从情
感的盲动,必然引发欧洲大战。要想拯救人类、复兴文化,只能提
倡有计划的、重伦理的理性主义②。

　　陈序经以为伦理的文化观颇能掩人耳目,他从析清伦理与文
化的关系入手,指出伦理观的错误。首先,从文化角度来看,伦理
道德不过是文化的许多方面中的一个方面。辜鸿铭、什维兹尔都
承认文化在伦理道德之外还有其他方面。但他们两人却认为只有
伦理道德才能称为文化,而文化的其他方面则不能称为文化,这是
个很明显的矛盾和错误。其次,伦理观念、道德标准固然可以影响
到文化的其他方面,文化的其他方面同样也可以影响到伦理道德。
什维兹尔承认近代物质文化的发展,给西洋的伦理道德带来消极
影响。伦理道德既然是随着文化的变化而变化,那么就不应该存

---

　　①　松本润一郎著,李剑华译《霍布浩斯的社会学说》,《社会学刊》第 2
卷第 1 期,1930 年 10 月,该期无总页码编号。
　　②　陈序经《文化学概观》第 2 册,商务印书馆 1947 年版,第 2—7、9—10、
12、14 页。

在一个历时性和普世性的伦理道德。每个社会与每个时代,均有其独特的伦理道德。可是主张伦理的文化观之人,却往往把伦理道德视为亘古不变。辜鸿铭欲以孔子的道德去拯救世界的没落,什维兹尔欲以 18 世纪末叶的理性主义中的伦理道德,去复兴现代的文化,都是犯了同样的错误。第三,伦理的文化观忽视物质文化,否认物质文化是伦理道德的基础,而且往往视物质文化的发达为伦理道德衰败的表征①。

2. 宗教的文化观不能解释文化

繁琐、严格的宗教仪式自原始社会即开始约束人类,基督教、伊斯兰教、佛教与印度教出现后,仍在不同程度上影响或支配着人类的生活。一些学者以为文化的基础是宗教,只有了解了宗教,才能把握文化。这种观点即是所谓的宗教的文化观。孔德在《实证哲学》一书中,提出了著名的进步律。其中,他把神学时期作为人类发展历程的初始期,并且把这一时期又分为拜物教、多神教和一神教三个阶段,以此表明宗教是人类文化发展的起点和基础。从有文字记载的历史来看,神学时期远远长于哲学和实证时期。要了解文化的历史,不能不了解神学时期,不能不了解宗教。孔德认为,神学时期的文化的各方面都受到宗教的支配。自然科学的发展也毫无例外地受到宗教的影响,均以神学为起点。孔德的观点影响了许多学者。法国的涂尔干(E. Durkheim)、英国的斯宾塞都以宗教为文化的要素。法国库隆日(又译古郎士)、库朗热(Fustel de Cou-langes)与基德(B. Kidd)则是以宗教解释文化的著名代表。

库隆日继续发挥孔德神学时期的原则,并充实大量的史料加以证明。他在对古希腊、罗马的研究中曾指出,研究古代的制度与文化,不能用后代宗教推论古代宗教,首先要弄清古代的宗教信

---

① 陈序经《文化学概观》第 2 册,商务印书馆 1947 年版,第 16、17 页。

仰,这样可以避免出现以现代眼光去解释古代事物的错误,可以贴近古代事物,而不浮于表面现象。考察宗教可以了解家族制度、国家、城市及各种信条、习俗、制度、法律。如果宗教发生变化,建立在宗教之上的一切事物均随之变化。人类由部落到邦国到城市,表明宗教范围的不断扩大、性质有所改变。宗教与社会同时发生,但宗教的发展是否能够促进社会的进步则无从确定。从社会文化的立场来看,宗教的变迁就是社会文化的变迁①。

库隆日研究的对象是西洋古代的文化,他借以分析的宗教是祖先与自然神崇拜及中世纪的基督教。基德则以西洋整个文化为研究对象,他所说的宗教是指广义的宗教。基德认为文化进步不只依靠人类的自私的理智,而且得益于个人为集体牺牲自己、团体为人类牺牲本身的博爱的精神。博爱力量愈大,团体社会性愈加鲜明,团体的生存机会也会较大,而文化进步的速度也必然较快。在文化发展的进程中,宗教的作用更为明显,理智在文化上的作用更为减少。基督教推动了西方社会的发展。爱尔乌德(C. A. Ellwood)则相信一个民族的进步或没落,能在宗教进步上表现出来,或常有宗教没落的先兆。宗教的灭亡也就是文化的消亡②。涂尔干甚至认为,一切伟大的社会制度都是从宗教衍生而来③。

对于宗教的文化观,陈序经一方面承认宗教在某一社会或某个时期占有重要地位而成为整个文化的重心或基础,另一方面指

---

① ［法］古郎士著、李玄伯译《希腊罗马古代社会研究》,上海文艺出版社 1990 年版,第 3 卷第 4—5 章。

② 爱尔乌德著,钟兆麟译《文化进化论》,世界书局 1930 年版,第 135—136 页。

③ 陈序经《文化学概观》第 2 册,商务印书馆 1947 年版,第 20—23,25,31—35 页。

出并非所有社会和时代都以宗教为基础。宗教不过是文化的一方面,宗教固然可以影响文化的其他方面,文化的其他方面也可以影响到宗教。他还分别对库隆日和基德的观点加以评说。陈序经指出库隆日既然说过宗教进步是否促进社会进步无从确定,这就根本否定了他所说的宗教是文化的唯一基础的论断。何况库隆日只把这一理论用于古代和中世纪,而基德的理论则根本有悖近代史实①。

3. 政治的文化观不能解释文化

政治的文化观即以政治说明文化的发展。亚里士多德有言:"人是政治的动物。"他以为政治生活先于个人的生活,包括一切生活,高于一切生活。主权一元论出现后,国家至上的观念又有了法律的根据。主权一元论最早是由现代主权论创始人菩丹(J. Bodin)提出来的。他以为主权是最高的权力,对内统治国民与臣民,颁行法律,不受法律限制,主权是绝对的、永久的,不能让与,不能分开;对外的功用是宣战、讲和、遣使、修约。正因为国家有主权,在国际关系上才有独立自由的地位。菩丹的主权在表面上是绝对,但他在事实上也承认主权要受上帝法、自然法、国际法以至国家的根本法的限制。主权在霍布斯(Thomas Hobbes)手上成为真正至高无上的权力。主权不再受国家的根本法、国际法、自然法、上帝法的限制。此后主权一元论在卢梭等政治学者的倡导下,加之民族主义的膨胀,国家成为至高无上的团体,政治成为一切文化的重心。黑格尔甚至把国家当作上帝,当作人类发展的最高目的。文化体现国家的意志,是为国家的发展而发展。特赖什开(H. V. Treitschke)认为国家是一种权力,是一种公共的权力,目的在于维持国家的存在。国家是物质文化的保护者和改善者。精神文化的进步往往与政治

---

① 陈序经《文化学概观》第 2 册,商务印书馆 1947 年版,第 35、36 页。

发展密切相关,主要还是依赖于伟大的民族和强盛的国家。实现文化的进步是国家行政最主要的工作。

既然政治是文化的重心,社会改革者一般都以为政治是社会与文化上最重要的权力,假若能够改造政治,或能取得政权,文化也能改造,社会也会发展①。

陈序经并不否认政治在文化中的地位和作用,他所要强调的是:第一,政治固然可以影响文化的其他方面,文化的其他方面也可以影响政治。在某个时代、某个社会里,政治可能是文化的重心,但时过境迁,政治未必总是文化的重心。中世纪的文化重心就是偏于宗教方面,帝王的公共行为也要受到教皇的干涉。第二,所谓只有在国家里才能有完满的生活是一种偏见。"国家既不是人类最大的团体,也非人类最小的团体。一个国家,无论怎么大,决不能够单独生存于世界,一个国家,无论怎么样小,决不能使全体国民直接参加政治的工作。国际的关系日加密切,一个国家所信赖于别的国家的地方愈多,各种文化的团体的生活愈多,则人类对于政治的兴趣,必愈为减少。因此之故,国家既不能包括人民的整个生活,政治只是文化很多方面的一方面"。第三,"政治改革家,或是社会改良者,应当明白政治的改善,要有相当的文化基础"。辛亥革命虽然推倒满清王朝,然而却出现袁世凯的复辟闹剧。原因不外是新的文化基础尚未建立,旧的文化仍借机还魂,"结果是不但整个文化的改造,有了很多的障碍,就是政治本身的改革,也有了不少的阻力"②。

①　陈序经《文化学概观》第 2 册,商务印书馆 1947 年版,第 37—40、44、47—48、52 页。

②　陈序经《文化学概观》第 2 册,商务印书馆 1947 年版,第 53、54 页。

4. 经济的文化观不能解释文化

陈序经指出,经济的文化观即从经济的角度或经济史观解释文化。"经济史观"一词可能是由罗泽斯于 1888 年开始应用在英文文献中。伯恩斯坦(Ed. Bernstein)等人也用过这一词。法国学者一般喜欢称之为经济决定论。经济史观是以经济的观点去解释历史,历史就是过去的文化,因此,也可以把经济史观称为经济的文化观。

在陈序经看来,从广义而言,《管子》和亚里士多德的《政治学》就指出经济因素的重要性。中经 17、18 世纪学者着力于经济对社会不同方面影响的研究,到 1837 年,劳麦(G. W. von Raumer)已经对经济因素与文化各方面的关系做过较全面的研究。他以为生产方法的改变必定会影响到社会关系,但并未因此否定精神的作用,只不过认为在大多数实例中,精神作用又由经济变迁所影响,随着经济的变迁而变化。马克思早年受过青年黑格尔派的影响,但在圣西门影响下,转变为一个社会主义者,宣传无产阶级革命,此后又受到费尔巴哈唯物主义的影响。1847 年,马克思刊行《哲学的贫困》,对经济史观做了概要的研究。他指出人类随着生产力的发展逐步改变一切社会关系和社会制度。恩格斯也说过:每个历史时期,其所存在的生产与交换方式,以及由此而产生的社会组织构成社会的基础。要想解释每个时代的一切政治的、知识的历史,必须先要认识这个基础。马克思于 1859 年出版的《政治经济学批判》,对经济史观做出比较详细而系统的论述。对马克思的经济史观而言,从文化的成分来看,文化的其他成分,如法律、政治、宗教、美学、文学、哲学等都要以经济为基础;从文化的发展方向来看,文化随着经济的变化而变化。经济发展是由封建阶段进到资本阶段再到社会主义阶段,文化的发展也就分为封建文化、资本主义文化与社会主义的文化三个阶段。

　　陈序经还强调,摩尔根虽然没有受到马克思的影响,但他也侧重于从经济方面解释人类进步。还有学者从经济方面解释家庭形式、家庭和财产的起源与进化,解释图腾制度和奴隶制度,解释风俗、法律、哲学、宗教和政治,以至解释整个社会。他们都主张文化的各个方面要以经济为基础①。

　　陈序经对经济的文化观,同样抱有排斥态度。其原因在于:第一,经济不外是文化的一个方面。经济的变迁,固然可以影响到文化的其他方面,文化的其他方面的变迁也可以影响于经济。文化可以包括经济,而经济却不能包括文化。与其说经济是文化的基础,不如说文化是经济的基础。第二,一般主张经济史观的人,错误地以为生存的条件就是经济的条件。第三,在许多社会特别是在原始社会中,文化的其他方面如宗教、艺术、语言、政治等往往发展到相当的高度,而其经济生活却颇为简单。"这是由于天然物产的丰富,所以经济问题,易于解决,经济方面的进步,既赶不上文化其他的方面进步,那么经济的条件,不能解释文化,更为显明"。第四,"无论在哪一个社会里,经济的问题,若有了相当的办法,那么经济的因素,在文化上的重要性,也必减少"。陈序经还曾引用美国经济学家塞利格曼(E. R. A. Seligman)的观点:"正当的经济史观,不能包括一切的生活与进步,不能解释人类发达的一切条件。经济史观所注意的,不过是那些引起国家与民族的起伏盛衰与成败吉凶的势力。"进一步说明经济史观"是一个相对的,而非绝对的解释"②。

---

　　①　陈序经《文化学概观》第 2 册,商务印书馆 1947 年版,第 56、57、59—63、65、67—68 页。

　　②　陈序经《文化学概观》第 2 册,商务印书馆 1947 年版,第 68、69、71—72 页。

总体而论,在陈序经看来,伦理文化观、宗教文化观、政治文化观、经济文化观,不能全面解释文化发展的根本原因,就在于伦理、宗教、政治、经济等因素本身即是文化的一部分,难以对文化做出整体上的宏观概括性的说明,因此,建立文化学极为必要。

(二)文化学建立的可能性

文化是建立在地理、生物、心理、社会基础,尤其是文化基础之上的,也是在这些因素作用下而发展的,因而,只有它们才能做到从文化本身解释文化。国外人类学、社会学等学科出现转向文化学的趋向,它们都有一个共性,即其立论的依据是逐渐从地理、生物、社会基础而转向文化方面的。如果能证明文化确实是建立在地理、生物、心理、社会、文化基础之上,特别是能证明文化因素要比其他几个因素更能反映文化学发展的全貌,那么,就可以说明国外各学科发展的趋向是合理的,与之相应,文化学从其他学科分离出来也是必然趋势。因此,陈序经刻意要论证文化基础的相因性问题。

1. 文化的地理基础

20 世纪 20—30 年代,学术界曾出现一个讨论地理与文化关系的高潮,一些学者试图以地理环境解释中国古代文化灿烂与近代文化落后的缘由①。陈序经也极为关心这一问题。

所谓文化的地理基础,包括气候、江海、山岭、平原、沙漠、矿产等要素。中国古籍和古希腊的著作中,都已经注意到地理环境与文化之间的关系。此后,16 世纪的菩丹、18 世纪的孟德斯鸠、19 世

---

① 详见张九辰《中国近代对"地理与文化关系"的讨论及其影响》,《自然辩证法通讯》1999 年第 6 期;冰生《文化东西南北论》,《新中华》第 2 卷第 6 号,1934 年 3 月 25 日,第 49—51 页。

纪的拉蕤尔、20 世纪的亨廷顿（E. Huntington），在其著作中均对地理环境之于文化的影响有详细的讨论。

　　在气候方面，据一般学者意见，炎热地带多为文化发源地，温和地带多发展出高度的文化。炎热地带物产丰富，人类生活有保障，可以有更多精力用于创造文化。不过，炎热易使人疲倦，丰富物产易使人怠惰，人们因此易满足现状而不愿努力精进。相反，寒冷地带，人类缺乏生活资料，文化产生较困难，发展就更为不易。只有温带地区的人类能够不断努力创造文化。陈序经对此不尽赞同，指出气候对于文化的影响多是间接的，少有直接的影响，甚至是间接而又间接的。文化的创造或发展，"固要有适宜的气候，然而文化既是人类的产品，那么不但没有人类的地方，不会产生出文化，就是在同样的气候之下的人类，也不一定产生出同样的文化。所以，人类是否能够努力于文化的工作，却是文化的能否发展的重要因素"[1]。但是，高度文化发展于气候较为适宜的地方却也是事实。亨廷顿曾出版过专著《文明与气候》与《人文地理学原理》，研究过气候与身体健康、工作效率高低及气候跳动或循环与文化发展的相互关系，指出气候的剧烈的恶性变化会引起文化的衰退，气候对工作、健康有一定影响。陈序经对前者不完全赞同，但肯定后者。陈序经也承认物质文化与非物质文化受气候影响都很明显。如，热带地区的衣食住较为简单、流行早婚习俗、犯罪较多、人们偏于玄想。

　　在江河湖海与文化关系方面，陈序经承认较高文化主要发源于江河湖海的附近，比如，埃及文化之于尼罗河，中国文化之于黄河、长江、珠江，希腊、罗马文化之于地中海，城市多沿江河湖海而建，即使是乡村也是依河流、沼湖而兴盛，其中，海洋作用尤为重

---

[1]　陈序经《文化学概观》第 2 册，商务印书馆 1947 年版，第 78—79 页。

要,它也是文化传播的桥梁,中国近代文化的发展即是始于东南沿海。相反,内陆国家及缺乏河流的地区的文化不易发达。山地杂多地区,多为文化落后的地方,中国的贵州、瑞士都是如此,山多则交通不便,不利于文化交流和传播。平原因交通便利,文化的语言、政治等各方面更易趋于一致,中国中原即是一例。

至于矿产,陈序经也承认它对文化有很大影响。如,人类发展即是由石器时代进化到铜、铁器时代。金属开采、使用不仅导致新式工具的出现,而且引起能源、交通等相关产业的发展。矿产更是工农业发展的重要基础。许多城市的发展也是因矿产而发展起来。如,美国旧金山,云南个旧①。

不过,就总体而言,陈序经固然肯定地理对文化有密切的影响,但也强调在文化较为发达的社会,由于文化的愈益进步,人类征服自然的能力愈强,"地理要素之影响,较为薄弱"②。

2. 文化的生物基础

陈序经曾明确指出,文化不但是建筑在地理的基础上,而且是建筑在生物的基础上。惟有人类才有文化,人类与其他生物在生理上、心理上都有所不同。但是,人毕竟是生物的一种,又与生物中的高等动物有许多相同之处,因此,某些支配其他生物的原则也是支配人的原则,支配人类的许多原则根本就是生物的原则,这些原则是人类行为与思想的基础。人类行为与思想的结果即是文化,因此,人类创造的文化,也要在一定程度上受到一些生物基本

---

① 陈序经《文化学概观》第 2 册,商务印书馆 1947 年版,第 75—93 页。

② 陈序经《中国文化的出路》,商务印书馆 1934 年版,第 10 页。陈序经对地理环境与文化之间关系的论述过于零乱和琐碎,其系统性远不及同时代的某些中国学者。比如,毛起鵕曾从经济生活、政治组织、社会组织、宗教伦理四个方面,论述它们与地理环境之间的关系,并逐条分析其局限性。见毛起鵕《社会现象概论》,大东书局 1933 年版,第 84—95 页。

原则的支配①。

　　人类靠生物而生存,这是文化产生和发展的前提条件,但陈序经更想指出的是生物因素在某种程度上影响文化的特性。他引证德国学者所说的"人吃什么,就是什么"加以说明。如中国南方人吃米,北方人吃面,因食品不同也就产生文化的差异,比如,在品种上就有馒头与米糕的不同。联系到中国吃米,西洋人吃面,中西餐饮文化差别更大。除了饮食外,穿着虽有布、丝、皮革的不同,居住虽有竹楼、木屋、水泥大厦之别,交通虽有木船、轮船之异,但人类在衣、住、行都要依赖生物是无可置疑的。生物还是天然药材和家具的主要材料。所谓渔猎文化、畜牧文化、农业文化之说,也都表明文化深受生物因素的影响。工业社会也离不开生物为原料。

　　生物对于文化的社会其他方面也有很大影响。两性结合不离生物原则。宗族、氏族、种族、民族团体以血统为纽带而形成,血统关系即是生理关系,受到生物原则的支配。民族虽离不开语言、宗教、历史、风俗等等要素,但血统也是民族形成的一个要素。近代国家大致上是在共同的民族基础上形成的,民族国家、民族主义也就有了生物意义。

　　陈序经承认,文化的物质方面、社会方面有其生物基础外,文化的精神方面,同样也有其生物的基础。祖先崇拜源于血统关系,动物崇拜是对生物的喜爱和敬畏。喜爱花鸟鱼虫是对生物的审美。各地主要出产物也对当地文化各方面有影响。马来半岛的主要作物是胶树,树胶是其支柱产业,与政治、立法、教育、娱乐密切相关。顺德蚕丝闻名全国,女子因采桑抽丝经济较独立并成为家庭主要劳力,当地才有女子不愿结婚或结婚后仍居娘家的"不落家"风俗。文化的生物基础还表现在,社会的老龄化程度、两性的比例、人口数量等方面。

---

① 陈序经《文化学概观》第 2 册,商务印书馆 1947 年版,第 94 页。

老年人多于青壮年,发展文化的中坚力量过弱,文化发展当然受阻。
男女比例失调会引起社会对劳动力需求的紧张。人口数量的过量增
长而物资供给的不足也是文化的病态①。

　　不过,陈序经认为生物影响文化也是有限度的。就人种品质
来看,后来归化德国的英籍学者张伯伦(H. S. Chamberlain)等人主
张种族不平等与文化优劣论,认为文化的优劣是由于种族的遗传
所致,白种人是世界上最优秀的种族。陈序经坚决反对此说:"人
世在个人与个人之间,固有其智愚的区别,然而在种族与种族之
间,并没有优劣的不同。所以,文化的高低,并非由于种族的不
同。"②但是,他在人类体质方面承认优生学原理③。

　　3. 文化的心理基础

　　关于文化的心理基础的涵义,学者之间的争论颇多,但一般都
认为人的本能、情绪、欲望、精神、习惯、理性都是社会进化的原动
力,它们之间的差异都会对文化产生影响④。

　　陈序经承认,心理是人类区别于动物的标志。人类因有特别
的创造智力,才有机械发明、哲学思想、审美情趣;因有记忆力,人
类可以进一步发明或创造,经过不断积累,文化才有发展和进步。
语言也是人类所独有的,它是文化的要素,是人类的心理的外在表
现形式⑤。

---

　　①　陈序经《文化学概观》第 2 册,商务印书馆 1947 年版,第 94—109 页。
　　②　陈序经《文化学概观》第 2 册,商务印书馆 1947 年版,第 108 页。
　　③　中国优生学说的先驱潘光旦认为,改造文化就要改造人的品质,即实
行优生。见潘光旦《文化的生物学观》,《东方杂志》第 28 卷第 1 号,1931 年 1
月 10 日,第 99—103 页。
　　④　陈乃文《现代社会学之成立及其派别》,《公余生活》第 2 卷第 4 期,
1940 年 4 月 11 日,第 8—9 页。
　　⑤　陈序经《文化学概观》第 2 册,商务印书馆 1947 年版,第 113、114、115 页。

美国社会学者华德（L. Ward）等人认为，欲望是文化发生与发展的源泉，是人类一切行为的主要基础。欲望是天赋的冲动，大致分为三类：保持个体、延续种族、发展社会。就是因为这些欲望，人类才需要劳动、发明工具，才产生婚姻制度、血统团体。华德把保持个体、延续种族的欲望称为体质力，将发展社会的欲望称作精神力，即精神文化的原动力。他把发展社会的欲望又分为道德、审美、知识三种。道德欲望又分为个人的和民族的。知识欲望也分为三种：探求知识、发现真理、传播知识。从欲望的发展来看，人类早期偏于物质文化，后来渐趋于非物质文化，表明人类是从盲目的欲望而趋于理性化的欲望。在这个意义上说，文化的进步就是理性的发展。华德还以为模仿是社会行为的基本要素，文化的发展是有目的且无止境的[①]。

奥国拉山荷斐（G. Ratzenhofer）等人主张以兴趣解释文化的发展。其主要观点是：人类的文化不外是由各种兴趣所组成，兴趣是内在的需要，是社会的原动力，是文化的原动力。拉山荷斐把兴趣分为五类：种族或性、食物和自存或生理、个人、社会（家庭、阶级、国家）、超越的兴趣。马其维（R. M. Maciver）把兴趣分为初级兴趣、次级兴趣与教育兴趣三大类。初级与次级兴趣，又可称为文化的兴趣与文明的兴趣，或自足的文化兴趣与利用的文化兴趣。初级兴趣是一种内在的满足，文学、音乐、艺术由此而生。次级兴趣是外表的需要，可分为经济、政治与技术三方面。教育兴趣既是自足又是利用的，介于初级与次级兴趣之间。

还有些学者认为文化的基础是态度、意志、情操、理性等。关于态

---

① 陈序经《文化学概观》第 2 册，商务印书馆 1947 年版，第 115、116 页；孙本文《现代社会学上的几种重要趋向》，《中央日报》1941 年 3 月 11 日，第 4 版。

度,或认为态度是动作的趋势,或认为是未完的动作,文化则是态度的对象。关于意志,尼采声称意志即权力,以意志为文化的原动力。关于情操,有人认为宗教、文学是感情的产物,即使哲学上的浪漫主义、政治上的民族主义、革命运动、独裁政治都有感情的因素。关于理性,有人认为人能创造文化就在于有理性,哲学、科学就是理性的产物。有人以为文化的进步是理性发展的结果。陈序经认为,"所谓感情与理性,在文化上,都占了很重要的地位"①。

总体来看,用心理因素解释文化而又影响较大的学派是本能派与行为派。何为本能?所谓本能学派的学者没有共同的答案,但他们都认为文化与本能有密切的关系。夫拉德(弗洛伊德 S. Freud)以为性本能与爱本能,是一切社会与文化的基础和动力。武德渥斯(R. W. Woodworth)则将本能归纳为 110 种。

陈序经同意本能是人类的普遍性格,但对所谓本能是盲目、先天遗传,意识是辅助本能的种种说法表示不满。

行为派先驱美国心理学家华生(J. B. Watson)认为心理学是研究行为而非研究意识的科学。行为派以为意识、本能都是行为,主张以客观的事实解释客观的行为。他们认为一切行为都有刺激和反应的特点,文化的发生与发展,就是刺激与反应的结果②。陈序经颇为认同这一观点。

4. 文化的社会基础

陈序经所谓的文化的社会基础包括两方面内容:第一,植物、动物均有社会性,动物还有社会行为和家庭行为。从动物演进来看,动物愈进化,社会行为愈为发达。人类作为动物进化中的最高

---

① 陈序经《文化学概观》第 2 册,商务印书馆 1947 年版,第 122 页。

② 陈序经《文化学概观》第 2 册,商务印书馆 1947 年版,第 117、118、120、121、124—128 页。

阶段,人类的社会性也最为发达。人类虽然不同于动物,有严密复杂的社会组织和嬗变的社会行为,但人类社会毕竟是由生物社会进化而来,人类社会也可以说是自然社会的一种,文化社会与自然社会有密切关系,而人类这种自然社会,即是人类文化社会的基础。第二,文化社会的本身,也可以影响到文化的其他方面①。他着重阐述的是第二个方面。

陈序经在个案分析的基础上,总结出文化的社会基础中的普遍原则。第一,"文化是人与人间的共同生活的产物,所以文化的发生,固要依赖于社会的生活,而文化的发展,更要依赖社会的遗传"。"社会实为创造与发展文化的机构,没有社会的生活,就不易产生或发展文化。社会之所以成为文化的基础,也就是这个意思"。第二,无论从社会的范围,还是从社会的性质来看,文化往往受到这种范围或这种性质的影响。比方,一个社区或一个部落代表一个社会的范围,这个社区或是这个部落,无论大小,在这个社区或这个部落的范围之内的文化,往往是趋于同一的模式的。换句话说,一个文化的范围,往往是与一个社会的范围相符合,或是有着共同的文化因素。文化范围的改变,可以影响到社会的范围,社会的范围的改变,却往往使文化的范围随之而改变②。第三,不同民族可以有相同的文化,但这两个民族的文化所以相同,主要是由于两个民族、两种文化互相影响的结果。第四,"相同的民族,固是往往有了相同的文化,可是相同的文化,并不一定就有相同的民族"。而相同的民族,却往往产生或发展了相同的文化。因此可以说"文化不一定成为民族的基础,而民族却

①　陈序经《文化学概观》第 2 册,商务印书馆 1947 年版,第 131、132、133、134、135 页。

②　陈序经《文化学概观》第 2 册,商务印书馆 1947 年版,第 135、137 页。

往往成为文化的基础"①。

在文化的社会基础中,陈序经认为,对于文化影响最大的就是家庭和国家。"家庭对于文化的影响,是代表一种自然而然,与不知不觉的力量的影响。国家对于文化的影响,是代表一种含有意识含有权力的影响"②。家庭是社会的基础,也是文化的基础。人的性格、品性都是在家庭中养成。比如,从中国传统农业社会的家庭来看,家庭是经济生活的单位,因强调君父并称,重德治和家教,家庭也是政治的基础、法律的基础,又因标榜诗书家传、家传秘法和家学渊源,家庭成为教育的场所。家庭之外,在近代团体中,国家对文化的影响最大。近代国家主要是指民族国家。民族不仅有血统关系,还有文化上的关系。民族是文化的基础,因为有了共同的民族,才产生或发展了共同的文化。近代民族国家是以民族为国家的基础,一个民族如果能成为一个国家,不仅仅是因民族的相同而有了相同的文化,而往往是由于国家的力量或是政治的力量,进一步去强调与发展这种相同的文化。每个民族国家逐渐强调与发展其特殊因素,民族主义的文化便因此发展起来。此外,政府对物质文化、精神文化的指导和推动作用也不容低估③。

5. 文化的文化基础

通过以上论述,陈序经指出,无论哪一种文化都受了地理、生物、心理、社会四种"环境"(因素)的影响,都是这四种"环境"的产物,都以这四种"环境"为基础,"假使没有了地理的环境,没有生物的环境,文化不只缺乏了基础,而且缺乏了材料。同样,没有心理

---

① 陈序经《文化学概观》第 2 册,商务印书馆 1947 年版,第 143、144 页。

② 陈序经《文化学概观》第 2 册,商务印书馆 1947 年版,第 147 页。

③ 陈序经《文化学概观》第 2 册,商务印书馆 1947 年版,第 139—143、146 页。

的环境,没有社会的环境,文化不只缺乏了基础,而且缺乏了弹性"。各种文化之所以不同,往往就是由于各种环境的差异。因此,可以说这四种"环境""也就是文化本身的对象,文化本身的材料"①。

　　但陈序经十分强调,文化固然是上述四种"环境"的产物,但是,"环境"尤其是先天的"自然的环境",对于文化的影响又是有限度的。也就是说,"文化的发展的程度愈为优高,则所谓自然的环境,对于文化的影响的程度愈减少。无论这些环境是地理的,或是生物的,或是心理的,或是社会的"②。比如,从地理环境看,新式交通工具发明,使天堑变通途;从生物环境看,交通便利易于农作产品的流通;从心理环境看,种族之间无甚差别;从社会环境看,文化发生、发展后,社会本身也要受文化的影响。总之,"自然环境"不能用来解释文化的全部,而尤其是不能解释高度的文化③。

　　既然地理、生物、心理与社会各种"环境"均不能完满解释文化,陈序经便提出用文化学解释文化。他指出,除上述四种环境之外,"文化还有所谓文化的环境"。"文化是人类的创造品,然而同时文化也可以说是人类所创造的文化的基础"④。陈序经对此是这样解释的:"有了人类,就有文化,所以人类自生长到老死,都是在文化里生活。凡一切衣、食、住、行、动作、思想等,都受文化的影

----

① 　陈序经《文化学概观》第 3 册,商务印书馆 1947 年版,第 1、4、2 页。
② 　陈序经《文化学概观》第 3 册,商务印书馆 1947 年版,第 2 页。
③ 　陈序经《文化学概观》第 3 册,商务印书馆 1947 年版,第 2、4 页。
④ 　潘光旦也曾说过类似的话:"文化现象演化出得最迟,所以他所凭藉的因子也最多最复杂,比较最接近的是社会因子,次为心理的,再次为有机的或生物的,最疏远的是理化的因子。这种种因子都可以引来解释文化;再加上文化现象自身的解释;这种综合的解释才算比较圆满。"见潘光旦《文化的生物学观》,《东方杂志》第 28 卷第 1 号,1931 年 1 月 10 日,第 98 页。

响。所以一个人，在其一生中，用不着自己去发明种种的方式，只要自己去模仿已有的种种生活的方式，就能过活。而且，因为人类在少时，受了家庭的教育，与社会的习惯的影响，他们在不知不觉中，受了家庭与社会的流行与遗传的文化的传染，有意的或无意的，做前人所已做的东西，行前人所已行的方法，遵社会所已有的风俗、传说、与信仰。""其实，文化愈进步，文化的文化基础，愈为重要。结果，往往不但减少了自然环境的影响的势力，而且变自然环境为文化环境"。运河的开凿、山洞的打通，是变自然的地理环境为文化环境；植物的栽种、动物的饲养，是变自然的生物环境为文化环境；人类的心理与社会的自然环境，"差不多完全都受了文化的影响，而失去了本来的面目"。总之，"文化愈进步，则文化的范围愈广，文化的内容也愈为复杂，因而自然的环境的影响的力量，愈为减少。同时，文化的文化基础，愈为重要"。"文化之所以能超越地理、生物、心理、与社会的各种自然的现象，而自成为一种格式，自成为一个范围，自成为一种对象，自成为一种题材"，"文化学之所以能够成立，与需要成立，也可以说是筑在文化的基础上"①。

所谓文化的文化基础，我们认为就是文化传统、文化背景或固有文化，陈序经把它形象地称为"文化的水平线"，其意即为文化"受水平线的限制"，"在同一的文化水平线上的文化，既不会离这个水平线太低，也不会离这个水平线太高"。同时，他也强调文化是发展变化的，其原因在于文化是有"弹性"的。"弹性愈强，则其累积愈多，而进步愈快。因为有了累积，有了进步，所以文化可以从一种水平线，而变化为较高的水平线。这种变化，当然不一定骤如其来，而往往是逐渐的，而且，往往是由于文化的某一方面，受了

---

① 陈序经《文化学概观》第 3 册，商务印书馆 1947 年版，第 5、6、7 页；陈序经《文化学概观》第 1 册，商务印书馆 1947 年版，第 37 页。

外界文化的影响,或是由于内部文化的激动,于是由这方面所生的变化,而引起别方面的变化。待到文化的全部或大部分,都起了变化,而成为一种新的和谐,新的模式,那也就是变为一种新的水平线"①。

有两点必须指出,第一,在陈序经的论述逻辑中,内在地含有这样一层意蕴:地理、生物、心理与社会各种环境既能够解释文化,但毕竟均不能完满解释文化,因此,西方社会学、人类学等学科中的地理、生物、心理、社会等各派学说,虽然能够在一定程度上解释文化,但毕竟也有缺憾,只有其中的文化学派对文化的解释比较全面而系统。此后,陈序经要做的工作,就是采借各学科的概念,构筑文化学的范畴,最终把文化学从它附属的学科中剥离出来。

第二,与此同时,陈序经试图通过"精确"的学科分类,把文化学单列出来,以这种方式为文化学正名,为它在学科分类中找到一席之地。陈序经认为,现象的分类是人类研究知识的必要条件,而分类是否恰当,又与人类知识能否进步有密切关系。精确的现象分类,是人类知识进步的表征②。原有学科分类,多是分为自然科学与道德科学、自然科学与精神科学、自然科学与社会科学、无机现象与有机现象,也有分为抽象的科学、抽象具体的科学、具体科学三类,或是分为无机现象、有机现象、心理有机现象、超有机现象等。陈序经对此都不甚满意。他虽认为提尔泰(Geistes)所说的精神科学,近于自己的文化涵义,但又指出,"提尔泰既把文化的学科,如道德、宗教、艺术、与科学,而别于国家学科,同时又把文化的现象,当作精神科学的一部分,那么这个文化是狭义的。其实,道德、宗教、艺术、与科学,固是文化,社会的组织,如国家,又何尝不

---

① 陈序经《文化学概观》第 3 册,商务印书馆 1947 年版,第 7 页。
② 陈序经《文化学概观》第 1 册,商务印书馆 1947 年版,第 1 页。

是文化的现象?"①

通过对原有分类的解析和取长补短,陈序经把现象分为无机现象、有机现象、心理现象、社会现象、文化现象五大类,文化现象则包含社会现象、心理现象、有机现象与无机现象,并以这四者为基础。但也接受李凯尔特②等德国学者的分类法,把五类现象归为自然现象与文化现象二类。同时,他特别指出,"现象的分类,固有自然与文化两方面,但是科学研究的对象包含这两种现象的,也并不少"。人类学包括体质人类学与文化人类学;心理学包括自然的心理学、文化的心理学;社会学包括自然社会学与文化社会学;历史学包括自然历史学与文化历史学;地理学包括自然地理学与文化地理学。正如此,陈序经把"具体的科学"分为"纯粹的自然科学"、"自然与文化科学"、"纯粹的文化科学"(文化学)三大类。纯粹的自然科学,包括天文、地质、物理、化学、生物等;自然与文化科学包括人类、心理、社会、历史、地理等;纯粹的文化科学包括经济、政治、法律、宗教、伦理等。这种分类旨在于学科分类中给文化学一个合理的位置,同时说明经济学、政治学、宗教学、伦理学、法律学者以及其他学科,对文化的研究虽然较为注意,但也仅能注意到文化的某一方面,而非文化的全部;具有普遍意义的文化学的产生,不仅不会妨碍这些学科的发展,反而会促进这些学科的发展③。陈序经以此呼唤文化学早日诞生。

这种突出"文化"的学科分类是否科学,我们姑且不论,但其益

---

① 陈序经《文化学概观》第 1 册,商务印书馆 1947 年版,第 5 页。

② 以"价值"作为标准,将事物分为"自然科学"与"历史的文化科学"。见[德]H. 李凯尔特著、涂纪亮译《文化科学和自然科学》,商务印书馆 1996 年版,第 87—90 页。

③ 陈序经《文化学概观》第 1 册,商务印书馆 1947 年版,第 14、15、17、18 页。

处正如陶孟和所言："文化之分类,假种种科学之辅助,别其等级,得测知进化之律。"①

三　中国近代文化学流派

陈序经之外,除有学者将文化研究归类于社会科学之外②,还有部分学者特别是社会学、人类学、历史学者,在陈序经前后即认识到创建文化学的重要性,各尽所能地为文化学的建立而努力工作。1926年底,张崧年在《文明与文化》一文中说过:"要造的文化,应该怎样,怎么造法,当然应该加以考量,为此,取得已往各种文化之陈迹而研究之,或设立一种'文化学',定不会白费工夫,这亦是今日照瞩宏远的社会学者一桩特别的责任。"③陈高傭虽未构建文化学体系,但竭尽全力地为文化学的建立大造舆论。他极为关心中国文化问题,在大学讲授中国文化,时常为各杂志写些有关文化问题的论文,随着研究的深入,益加感到"对于文化应有一种专门系统的研究"与"合乎科学的系统说明"。1934年,他在《文化建设》发表《文化运动与"文化学"的建立》一文,呼吁研究文化社会学、文化人类学、文化历史与人文地理的学者们,应当群策群力创立一种"文化学"。在他看来,文化问题是关系着国家民族前途的重大课题,文化研究只有建立

---

① 陶孟和《文化之嬗变》,《大中华》第2卷第8期,1916年8月20日,第8页。

② 许仕廉将科学分为物理、生物、心理、社会科学四类,以为"社会科学,即是叙述研究文化现象的科学"。见许仕廉《科学之新分类法》,《现代评论》第3卷第66期,1927年3月13日,第6页。

③ 张崧年《文明与文化》,《东方杂志》第23卷第24号,1926年12月25日,第92页。

在一种系统的学理之上,只有弄清文化的本质,才能抓住与之相关的现实问题的核心。虽然"西洋还没有建成的文化学",但中国学者有责任当仁不让地挑起建立文化学的重担;同时,"应当用实践的精神从事实上去研究,这样的文化学才能成为一种科学,才可以使我们在文化运动中理论与实践合一"①。

陈高傭的友人黄文山,则不仅仅是建立文化学的倡导者,而且还是文化学体系的构建者。

黄文山,字凌霜,生于 1898 年,1919 年就读于北京大学哲学系,参加过新文化运动。后入美国哥伦比亚大学,随鲁滨逊(J. H. Robinson)门人桑戴克(Thorndike)学习世界文化史②。1928年获美国哥伦比亚大学文学硕士。1930 年、1931 年前后,相继执教于上海劳动大学、北京大学、北平师范大学。在上海时即认为文化研究有成为独立科学的必要与可能。到北京后,在课堂上也常有此议论。1931 年后,到中山大学开办社会学系,创设文化学课程,"当时对文化与社会的概念的不同,缺乏深刻认识"。1932 年出版《西洋知识发展史纲》,总体概述从古希腊、罗马到现代的西方文化的演进过程。1934 至 1936 年间,执教于中央大学,发表《文化学的方法论》(《中央大学社会科学丛刊》第 1 卷第 1 期)等论文多篇,对这种新学科的方法与内容加以陈述。1936 年,黄文山在《新社会科学季刊》发表《文化学的建筑线》一文,明确提出要使文化研究脱离社会学而独立成为一门专科:"我们对于东西文化应如何评价,对于西方文化应如何采择与接受,对于中国旧型之文化应如何整理,对于新兴文化怎样为之创造与计划,凡此种种问题的解决,皆有赖于一

①　陈高傭《中国文化问题研究》,商务印书馆 1937 年版,第 322、324、325、328、326 页。

②　黄文山《西洋知识发展史纲》,上海华通书局 1932 年版,序。

种客观的科学——文化学——的建立，才能给予适当的解答。所以数年来，我觉得综合人类学、文化社会学、文化史学的科学来创立'文化学'用以窥探文化现象的发生、历程机构、形态变象和法则，在学术界似有急迫的要求。"①1939 年至 1941 年间，在美国哥伦比亚及加州大学图书馆搜集文化学资料。1942 年后，转入重庆中山文化教育馆，并开始撰写《文化学体系》一书（1969 年始在台湾出版——作者识）。1947 年，复为中山大学历史研究所开设文化学体系课程。其有关文化学的代表作除《文化学的方法论》、《文化学及其在科学体系中的位置》外②，还主要包括：《文化体系与社会体系》（《广东省立法商学院学术汇刊》第 1 辑，1946 年）、《文化体系的类型》（《社会学讯》第 6 期，1947 年）、《文化学的建立》（1948年）、《文化学方法论》（《广大学报》1949 年）③等论文。曾参加创办、主编《社会学刊》、《新社会科学季刊》、《民族学研究集刊》等杂志④。

　　黄文山同陈序经一样，从文化人类学、文化社会学、文化史的路向中，提出在"综合的路向建设一般的文化学"⑤，也在理论上论

<hr />

①　黄文山《文化学的建筑线》，《新社会科学季刊》第 1 卷第 2 期，转引陈高傭《中国文化问题研究》，商务印书馆 1937 年版，第 326 页。

②　该书在《文化学的建立》一文基础上扩充而成，岭南大学西南社会经济研究所专刊乙集第壹种，1949 年出版。主要观点均与《文化学的建立》相同。

③　该文在《广大学报》复刊第 1 卷第 1 期（1949 年 3 月 3 日）封面上题为"文化学方法论"，正文标题则为"文化学的方法"。

④　黄文山《文化学的建立》，《国立中山大学法学院社会科学论丛抽印本》，1948 年 2 月 1 日，第 1 页；孙本文《当代中国社会学》，胜利出版公司 1948年版，第 246 页。

⑤　黄文山《文化学的建立》，《国立中山大学法学院社会科学论丛抽印本》，1948 年 2 月 1 日，第 34 页。

证了文化学建立的必要性和可能性。

1. 建立文化学的主要理由

第一,研究文化学的需要。任何民族的生命形式,都表现为体形、语言和文化三种显著现象。体质形式由生物条件、遗传特质及环境和自然选择所决定,对此研究即是体质人类学。研究语言的学问为语言学。至于文化现象,不仅复杂,而且历史久长,虽有学者不断加以研究,但迟至 18 世纪仍未成系统。直到 19 世纪物质科学发达,社会环境剧变,孔德、斯宾塞、穆勒(Mill)、泰勒、摩尔根、李博德(Lippert)、冯德(Wundt)、涂尔干,始对文化形式的复杂性才有所认识,不过,他们却不能正确区别"社会"与"文化"两个概念之间的差异。迨迄 20 世纪,阿尔弗雷德·韦伯和马克斯·韦伯(Alfred and Max Weber)、斯宾格勒、汤因比、索罗金、南尼格(Znanieck)、尤其是鲍亚士(Boas)、马凌诺斯基、毛尔铎(Murdock)、林顿(Linton)等人,不落窠臼,各思独创,才分清"社会"与"文化"的区别。社会学、人类学、文化哲学、历史哲学、文化史和民族心理学,也出现了加强对文化研究的共同趋势,并冀求从此获得簇新的创造与综合。"文化的概念,在一切社会科学尤其是人类科学的意识上,隐然占着领导的位置"。学者们对于过去系统社会学之空乏,文化哲学之玄虚,"乃至古典人类学和民族学家成为变相的解剖学者和文化传记者,亦往往表示不满,而企图作崭新之改造"。大体来看,这派学者承继社会学、文化哲学、文化史、文化人类学的工作,并以这些学科成果为基础,"创始了一个新概念,即认定研究文化的适当的科学,不是社会学、不是民族学,而是文化学"①。

第二,文化学能够体现人本主义。文化学是研究文化现象或

---

① 黄文山《文化学的建立》,《国立中山大学法学院社会科学论丛抽印本》,1948 年 2 月 1 日,第 2—3 页。

文化体系的科学,文化现象或文化体系的性质,是客观的、超有机的、历史的、动力的、决定的,但是离开人类生存的需要,便没有文化的产生,离开民生本体,就没有文化的存在。生存或民生是文化的重心。"文化是自成一类的现象","不能离开空间,时间而独存,尤不能离开特殊民族或集团的经验和活动之领域,而有其自己的生命"。"倘若把人本主义的系数抽去,则文化体系的价值,功能和意义,完全失掉"。文化历程虽然是超个人的,但对于文化的理解,却离不开"人本主义的系数","文化体系的构成元素,离不开价值与意义"。文化学者研究文化体系,"离不开各个体系的价值"。"基于文化的这种意义之新认识,所以我们认定研究文化的适当科学,不是史学,不是人类学,也不是社会学,而是文化学"①。

2. 文化学建立的可能性

黄文山在《文化学的建筑线》一文提出建立文化学后,国内学者颇多表示同感,而另有一些学者却仍将文化现象与社会现象混为一谈。黄文山对此极为重视,指出文化学建立之可能性就在于两种现象判然有别。从孔德开始,实证派社会学者均把文化现象看作社会现象。但自从文化人类学者如斯腾(Stern)、林顿(Linton)厘清"文化"与"社会"两概念的区别后,许多学者都逐渐认识到这一点。南尼格(Znaniecki)不但指出社会体系与文化体系截然不同,而且认为可以分别加以研究。素罗金(Sorokin)则指出"文化"与"社会"虽然为一个事物的两个方面,但仍可以将它们分开研究。黄文山明确指出"社会"与"文化"的差异:第一,"社会生活的发生,是在文化产生之先,且与文化生活截然不同"。第二,"文化生活与社会生活的分别点是语言"。第三,"社会生活是文化

---

① 黄文山《文化学的建立》,《国立中山大学法学院社会科学论丛抽印本》,1948 年 2 月 1 日,第 3、4 页。

发展与传递的必要条件"，"文化体系则具有独特的历史与因果关系"。第四，"文化是动力的，社会行为是执着的，所以文化并非永远与同样的社会行为发生有机关系"①。将"文化"从"社会"中抽绎出来，使文化学的建立成为可能。

在黄文山看来，文化学本身是学科综合的必然产物。20 世纪初期社会科学的研究倾向，似乎是趋于分化而非综合。但实际上各种社会科学仍然互相采借，互相交流，文化研究者，都知道社会科学是整体的，而非各自孤立的，"更进而求其联贯与统势"。不同科学之间的区别，不是材料的独立，而在于所用的方法不同。一种问题的分析，一个制度的研究，"往往要顾到人生活动的每一个方面。科学领域严格的界线，因此打破"。学术趋向依照辩证法的历程，由极端分化而转趋综合。在这样的研究氛围中，每种学科都注意到"人生的总体——文化"。文化的"统形观"、"总合观"的观念，于是不期然而复兴。旧式的历史哲学、系统社会学、文化哲学、古典人类学早已了解文化的这种"复什性"与"整体性"。但从近来社会科学的趋势看，"研究文化体系的实证的，归纳的，客观的，综合的一般文化学，事实上已经孕育成功"。虽然成体系的著作还未出现，但它的精神实质已为欧美学者充分了解。黄文山把自己的文化研究称为文化学体系，"自是根据世界学术思想的蜕变的历程，启导出来"②。

从文化学的发生学来看，陈序经与黄文山之间既有相同点也有相异处：

---

① 黄文山《文化学的建立》，《国立中山大学法学院社会科学论丛抽印本》，1948 年 2 月 1 日，第 7、14、16、17 页。

② 黄文山《文化学的建立》，《国立中山大学法学院社会科学论丛抽印本》，1948 年 2 月 1 日，第 5—6 页。

第一,陈序经与黄文山都重视从学术史本身演化的历程中,析离出文化学之所以能成为独立学科的必然性与合理性。但陈序经所做的工作更为精细,通过对旧有文化观的评析,对文化学基础的论证,使他能有一个较宽阔的学术视野,能较早地形成一个较全面的文化学体系。这一点是包括黄文山在内的中国近代社会学、人类学学者所不及的。

第二,陈序经与黄文山都从现象分类入手,重新划定学科分类,使文化学与其他学科之间能有一条清晰的界线,但因两人各自的学科分类的不同,两者对文化学的理解并不一样。他们都指出"文化"与"社会"虽有关系,但也有根本的差异。陈序经说过:"所谓社会,即未必就是文化,而所谓文化,也未必就是社会。""我们以为文化的现象的各方面,虽有了社会的意义,然而文化的现象,既未必就是社会的现象,社会的现象,也未必就是文化的现象。因为所谓自然社会,如动植物的社会,既非文化的现象,而物质或精神的文化,严格的说,也非社会的现象。比方,一张桌子,虽可以说是有了社会的意义,然而桌子并非社会,而是文化的物质方面。又如,一种思想,虽也可以说是有了社会的意义,然而思想也非社会,而是文化的精神方面。因为,文化除了社会方面之外,还有物质与精神各方面。从这方面看起来,文化的范围却比了社会的范围较广。至于社会,除了文化的社会方面之外,还有自然的社会现象。如上面所说的植物社会,或动物社会,以至原始人类的社会的好多动作,都非文化的社会现象。从这方面看起来,社会的范围,又比了文化的范围为广"①。从陈序经的学科分类来看,他所要表达的是可以从地理、历史、社会、心理、人类学,特别是要从伦理、宗教、

① 陈序经《文化学概观》第2册,商务印书馆1947年版,第130页;陈序经《文化学概观》第1册,商务印书馆1947年版,第12—13页。

政治、经济等各学科的研究中,进入文化学的研究。在陈序经看来,宗教、政治、经济、伦理的文化观,虽然不能全面解释文化发展,但仍然可以用来解释特定时期的文化现象。因此,他把宗教、政治、经济与伦理作为文化成分,其"文化重心"与"文化层累说"即由此产生。黄文山则简单把现象分为文化现象与社会现象,强调从文化哲学、文化史、文化人类学、文化社会学、文化科学的综合的研究进入文化学的研究①。

第三,最重要的一点是,陈序经与黄文山都承认文化是人的产物,没有人的欲求,也就没有文化,都承认文化是自成一体的。但是,黄文山在表述人与文化关系时,不用"以人为本"之类的字眼,而用"人本主义的系数"。所谓"人本主义的系数"即是"价值"和"意义"。在黄文山看来,文化学研究即是表现这一"价值"与"意义"的工具。他的身上明显打上了西方科学主义与人本主义之争的烙印。人本主义更关心人的精神世界,而科学主义实际上也就是实用主义的代名词。陈序经坚持文化不可分论,黄文山坚持文化可分论:"一种文化的各个方面之关系,只是相对决定的,而不是严格的,绝对的决定的。"②他们之间的分歧,在某种程度上,可以视为科学主义与人本主义的分歧。

构成学术流派的要素不离论证方式、研究路向和价值判断,这一切应该说在陈序经和黄文山身上均有体现,可以说他们代表了不同的文化学派别。既然有派别之分,他们在某种程度上就为处理现实问题预设了结果。当然,我们也不能否认,其文化学的分

---

① 黄文山《文化学的建立》,《国立中山大学法学院社会科学论丛抽印本》,1948 年 2 月 1 日,第 21 页。

② 黄文山《文化学方法论》,《广大学报》复刊第 1 卷第 1 期,1949 年 3 月 3 日,第 6 页。

歧,在很大程度上,也是其文化观的反映。陈序经坚执全盘西化论,黄文山与另外九位教授共同发表《中国本位的文化建设宣言》,信守本位文化观,均合于学理。

　　尚需要说明的是,虽然陈序经与黄文山的文化学体系,分别完成于 20 世纪 40 年代与 60 年代,但是他们的文化学体系基本均保留了前期的学术观点①。

---

① 参见黄文山《文化学体系》,台湾中华书局 1986 年版。

第二章 陈序经的文化学 体系及其内在贫困

任何学术思想都有其渊源。文化学是在西方学科分化与专精化的学术背景下产生的,许多学科特别是社会学、人类学为文化学体系的形成提供了思想基础,陈序经的文化学也是建立在这些学科基础之上的。他以自己认识问题的原则及价值取向,从社会学等学科中选取所需要的概念和范畴,并按照自己的思路重新加以组合,构建出文化学体系,也正由于其价值取向的限制,其文化学体系不可避免地存在重大缺陷。

一 知识背景与思想资源

严格而论,构成陈序经文化学体系的概念、范畴、基本原理,无不来自于其他相关学科。然而,陈序经并不是把所有相关学科的学理一股脑地搬来为我所用,而是有选择性地采借。因此,其文化学体系中的概念、范畴等背后,都内在地隐含着一种价值取向。从陈序经个人学术背景来看,这种价值取向在很大程度是由其知识结构和思想资源所决定。

陈序经的知识结构主要为社会学和人类学,社会学、人类学也是他自认的学业专长①。陈序经较系统地学习社会学,始于 1924 年转入复旦大学社会学系读书以后。他在复旦大学仅修业一年即提前毕业。虽然 1925 年在《复旦季刊》第 1 卷第 2 期发表过《进化程序》一文,但此时的陈序经仍只具备社会学最基本的知识,甚至还谈不上受到基本的训练。他在美国伊利诺斯大学攻读学位期间,主攻政治学,辅修社会学,受到较为严格的系统训练。在校期间,陈序经有幸得到著名社会学家海斯(Edward C. Hayes)教授的亲炙,三年来差不多天天与海斯见面,感情融洽,不仅聆听到教授的大量讲座,而且他的博士论文《现代主权论》(Recent Theories of Sovereignty),也是在教授的指导下完成的②。

海斯(E. C. Hayes,1868—1929),生于美国缅因州鲁意斯东城,毕业于贝兹大学(Bates College),也曾就读于柯柏神学院(Cobb Divinity School)、柏林大学。1902 年获芝加哥大学博士学位。1902 年到 1907 年间,任迈阿密(Miami)大学社会学、经济学教授。1907 年 9 月,任伊利诺斯大学社会学系主任、社会学教授。1921 年当选美国社会学会第 11 届会长。他还是理评柯脱社会学丛书的总编辑。海斯热心并愿意参与慈善事业,曾任伊利诺斯州公共幸福部的委员。主要著作为《社会学的建设方面》(1907 年)、《社会学研究绪论》(Introduction to the Study of Sociology,1915 年)、《社会学与

---

① 广东省公私立高等学校教职员概况表、履历表草表、中南区广东省行政人员登记表,岭南大学陈序经材料,38—4—5,第 100—102 页。38 为岭南大学全宗号,4 为目录号,5 为案卷号,广东省档案馆藏,第 100—101 页。

② Su Ching Chen, *Recent Theories of Sovereignty*, Preface, Canton, China, 1929. 据作者了解,到《现代主权论》出版之时,中国仅有极少数学者研究主权论,而有关专著似乎仅有张奚若的《主权论》(商务印书馆 1925 年版)。

伦理学》(1921 年)①。《社会学研究绪论》是海斯"最得意著作",为国外许多大学用作教科书。海斯在世时,国内对他的学术工作也曾有过介绍。《社会学研究绪论》一书,被国外学术界誉为是"包含一切的一般的材料,整理一切欧美社会学家的主要思想的书籍",北京大学教授步济时也称它为"近来出版的社会学中最好的一部"。这部书虽然以介绍各派社会学为主,但也反映出作者个人的学术立场。它包括"影响于社会生活的几种原因"、"社会生活的性质和分析"、"社会进化论"、"社会的控制"等四部分。其中,最为显著的特点是,他"以社会学的眼光讨论教育的问题"。在当时,"以社会学的著作而讲到这个问题,这本书可算得是第一本"②。海斯在社会学上的主要成就,在陈序经看来是阐明以下四点:(1)"社会学不是解明所有的社会生活,而是因果范围内的一部分的实现"。(2)"社会学是心理的实现"。(3)"社会学是社会生活的统一的实现"。(4)"社会学的实现是伦理的实现"③。

陈序经注重文化的因果关系、人在文化发展中的主观能动性、文化不可分论、将伦理视为文化层累的最后阶段,甚至热心社会问题的讨论、关心教育问题,均应该是或多或少受到海斯的影响。

陈序经在留美期间,已经具备运用社会学理论分析社会问题的能力。《现代主权论》虽然主要是从政治学角度探讨"主权可分论"的流变过程,但在某种意义上说,其博士论文也是一部社会学专著。陈序经在论文中不仅大量引用社会学家的经典名著,如吉丁斯的《社会学原理》、涂尔干的《自杀论》、爱尔乌德的《心理社会

---

① 吴景崧《近年来美国社会科学界》,《中央日报》1931 年 11 月 9 日,副刊"社会科学运动",第 84 期。

② 郑振铎《海士氏的社会学》,《新社会》第 12 号,1920 年 2 月 21 日,第 12 页。

③ 陈序经《海夷氏教授》,《社会学刊》第 1 卷第 2 期,1929 年 10 月,第 5 页。

学》，而且，更为主要的是，他从社会学的角度，勾勒出君主、近代国家、民众、介于近代国家与民众之间的社会组织等阶层相互纽结的社会关系，以及这一复杂关系的历史走向。在具体论述方面，注重从人的社会属性上，分析人与主权的关系。他还把主权分为个体主权与由个体委托的社会组织主权①。虽然陈序经自称其论文"尽可能可信地介绍学者们的观点而不加评论"、"不刻意求新"，但仅就此而言，已经丰富了社会学的研究。毫无疑问，《现代主权论》较充分地反映出陈序经已经具备了较为扎实的社会学的理论素养，为他运用社会学理论研究文化问题，为其文化学体系的建立，走出了重要的一步。特别是他在博士论文中的一些分析问题的基本准则、论证方式，也成为陈序经研究文化学的基本准则和论证方式。

基本准则主要是指与时俱进、具体地、历史地认识问题的辩证法。《现代主权论》中处处充满这种反对教条主义的睿智。陈序经在论文中说过："一个时代有一个时代的观念，那么我们也不得不承认观念也会随着情况的变化而改变。"②"我们主权观念必须随现实要求而变化，否则，我们为现存不同制度的主权所作的定位永远不会有答案"③。他还强调新的现实要求有新的理论，以此证明主权可分论是大势所趋。"一般认为理论与现实之间存在着密切的关联。一方面，一种理论可以影响或修改某种现实；另一方面，某种事实能够产生某种理论。当理论和事实相互影响时，历史表明后种情形似乎是更加真实。早于我们几千年的思想家所提出的

---

① Su Ching Chen, *Recent Theories of Sovereignty*, Canton, China, 1929, pp301 – 302.

② Su Ching Chen, *Recent Theories of Sovereignty*, Preface, Canton, China, 1929, pp294 – 295.

③ Su Ching Chen, *Recent Theories of Sovereignty*, Canton, China, 1929, p299.

大量的理论,直到今日仍得到提倡,这些理论仍然没有和将不会变成现实。一旦事实出现了,那么思想家阐明的理论即会解释和证明现实,或者甚至批评那种为与人们的要求相符合而修改理论的意愿。不论我们愿意与否,我们不得不同样承认这一状况"①。他在对主权理论所作的历史回顾中有很多这样的例子。譬如,法国大革命后,有派学者仍然坚信"主权和国家主权是 1814 年宪法给予君主的。主权在君不容置疑,这一点是谈论主权论的前提"。对此,陈序经明确地指出:"法国学者都清楚地知道,革命前,主权是属于神圣的君主意志;但革命后,主权应该属于民众的意志。"这派学者固守陈俗,只知"恪守教条主义"②。尤为明显的是,陈序经还引用黑格尔的观点,作为主权可分论的论据。"象斯宾诺莎一样,黑格尔坚持宇宙是一个整体或个体。但对他而言,一个不是上帝,因此,它也不是静止的。在黑格尔看来,最终的一必然是动态的,它可以进化为各种形式的复合体,其中每一部分都有它自己的最终的表达。这样,由一可以变多的原则暗示着承认可分的观念。我们似乎看见,黑格尔的主权一元论与主权可分论并不矛盾"③。这就决定陈序经在接受不同的文化理论时并不盲从,同时,也在很大程度上决定了他的文化发展观。

论证方式则包括:分析问题从"语源"入手,论述过程中,"注重历史根据、现在的事实、一般认同的道德标准、相当有力且坚实的

---

① Su Ching Chen, Recent Theories of Sovereignty, Preface, Canton, China, 1929, p289.

② Su Ching Chen, Recent Theories of Sovereignty, Canton, China, 1929, p36.

③ Su Ching Chen, Recent Theories of Sovereignty, Preface, Canton, China, 1929, p297.8

哲学基础"①。值得一提的是,语源分析法有助于寻觅到事物的根源、流转和某种学科的研究范围。陈序经的《社会学的起源》充分体现这一点。语源分析法也是陈序经研究文化问题的方法。在"历史根据"、"现在的事实"、"道德标准"、"哲学基础"四者中,陈序经较为重视"哲学基础"。他所谓的"哲学基础"即是实用主义与新现实主义。皮耳士1873年出版《科学逻辑的举例》,第一次在哲学上使用"实用主义"一词。19世纪末,詹姆士在美国加利福尼亚大学哲学讲座中再次提出实用主义,美国由此出现了实用主义运动。1907年,詹姆士又出版了《实用主义》一书,指出实用主义"不过是一种确定方向的态度。这个态度不是去看最先的事物、原则、'范畴'和假定是必需的东西;而是去看最后的事物、收获、效果和事实"②。20世纪初,实用主义作为一个哲学流派开始盛行。它主张用实际效果来评判一切。陈序经在美国学术界的熏陶下,很快信服实用主义和新现实主义,以为詹姆士所谓重视事物的个性、重视现实的理论极为"科学"。当他在总结主权可分论时,曾说过这样的话:"这种理论建构具有相当有力、充分而坚实的哲学基础吗?我们毫不犹豫地肯定这一点。这是我们这个时代广泛接受的观点。实用主义和新现实主义是它的有力后盾。"③这一点也都充分地反映在他的文化学论著之中。

此时的陈序经还信奉多元论,在博士论文中指出:西方学者为了说明主权可以有多种形式,在哲学上一般都主张多元论;同时强

---

① Su Ching Chen, Recent Theories of Sovereignty, Preface, Canton, China, 1929,p297.

② [美]威廉·詹姆士著,陈羽纶、陈瑞禾译《实用主义》,商务印书馆1997年版,第31页。

③ Su Ching Chen, Recent Theories of Sovereignty, Preface, Canton, China, 1929,p296.

调"一元论在今天正在走下坡路"①。

总之,陈序经留美期间所形成辩证法、多元论、实用主义与新现实主义四位一体的评判事物的基本原则,也成为他吸收和借鉴西方学理的衡器。

美国、德国是文化社会学与文化人类学两大重镇,不过,在学术传承上,德国则是美国的宗师。1929 至 1931 年,陈序经可能出于追溯学术源头的目的又留学德国,继续研习主权论和社会学。1929 年,在《留德学志》发表过《霍布豪斯的社会学》一文,介绍英国霍布豪斯社会进化的原理。他浸淫于美、德的的学术氛围,系统又广泛地涉猎文化社会学与文化人类学的理论,形成自己的"新进化论"。"新进化论"一方面是陈序经文化学体系的"坚实的哲学基础",而另一方面也是其采借相关学科的概念、范畴及把采借来的概念、范畴重新编排的原则。"新进化论"是陈序经对进化论和传播论全面综合的产物,是他的辩证法在文化学领域的集中体现。

进化论与传播论并不是严格意义上的学术流派,而是一些学派所共有的认识问题的基本立场。进化论与传播论都是用以解释不同地区、民族文化发展差距,探求人类文化起源、发展和演化的一般规律的理论。进化论形成于 19 世纪中后期,认为各地区的文化都是由不同民族独自创造的。进化论自出现后便拥有颇多赞成者,除人类学外,社会学、政治学、经济学、法律学及其他社会科学均受其影响②。传播论形成于 19 世纪末,注重民族的迁徙、部落间的历史接触与文化互借的现象,认为世界各地文化都是起源于几处或一地,而后由此向外传播,不同地区和民族的文化相似性,即

---

① Su Ching Chen, Recent Theories of Sovereignty, Preface, Canton, China, 1929, p296, 297.

② 详见林惠祥《文化人类学》,商务印书馆 1934 年版,第 40 页。

可以用传播论来说明。19 世纪末到 20 世纪初,两派发生激烈的论辩,也招致不同派别的攻击。

进化论者以为人类无论何时何地,其心理必定是根本一致,人类心灵的活动,只要处在同一的心理、文化及物质环境之下,总会产生同样的风俗习惯,这称为"独立发明说"。"这种文化的产品,复受了半有机性的法则之支配,而徐徐向前进展。因此,社会进化含有三大要旨:一是划一,二是积渐,三是进步。"进化论者还认为,"文化进展的阶段与心理发达的阶段是有相互的关系的。文化的内容与范围,全视该时该地民族的心理反应的能力为限度"。"各族文化都循同一路线,而其现在程度却很不等,那便是代表一条路线上的各阶段,各阶段在次序上是固定的,在时间上却不一律,有些民族进得快,有些民族进得慢,但他们总都会一段一段进前去,而其前进必是逐渐的,不会越级突进",这可称为"逐渐进步说"。正由于这一观点,有学者便规定了社会演进阶段的系统。我们前面提到过摩尔根的所谓野蛮、半开化、文明三大阶段即是一例。其后有人继续在此基础上予以增补。海斯、爱尔乌德都有大同小异的见解①。进化论的研究方法主要以比较法为主。进化论在这些方面都遭到传播论和批评派的反驳。

学者们指出,所谓"划一"不过是假定各民族一样向前发展,但并无确凿证据与可能性,而"各族现在的文化程度也未必便是在一条路线上的阶段";"积渐性"是否定人类文化的突变,"进步性"则错误相信"进步是直线的,今必胜古,后必胜今,只有变野为文,决无反文为野","或者以欧美的文化无论在那方面都是比较亚洲民族及非美澳的原始民族为进步";对于比较方法,美国学者波亚士(F. Boas)在 19 世纪末即指出,"文化相似或类同的程度与意义,是

---

① 林惠祥《文化人类学》,商务印书馆 1934 年版,第 34 页。

难以评量的"，因此，以此得出的结论不会可靠。进化论最大的缺陷，则在于忽视不同文化的接触而产生的文化假借①。

反对派还指出，文化传播的事实，能够破坏进化的系统。进化论对此加以反驳："外来的文化固然有被接受融化而为自己文化的一部的，但这种结果却未必是一定的。外来的文化有些是被全盘承受，有些则接受较慢且融化不全，有些则全被拒绝。这种原因在那里？这是在乎'心理的或文化的预备'。一个民族若是已有这种预备他便能接受外来的文化，若还无预备便不能接受。究竟构成文化的或心理的预备的是甚么？还不是发展中的各阶段？如已达到某种文化阶段，则一面固能接受某种外来的文化，一面也能自己独立发生和外来相同的文化。故无论自生或外来的文化所以能加入于文化全体，都须已达到相当的文化阶段。由此言之，外来的文化不能改变了演进的系统，故不注意他们实不为过。"这种反驳也有一定道理，但反对派再辩驳说："文化的预备确是有的，而其能决定外来文化的接受与拒绝也是真的。但预备与不预备也不过是一种宽泛的限度，在其间特殊的事物或观念的出现与不出现还有无限的可能性。一个民族虽已有某种预备，但却不一定会自己发明，即发明也有迟速。其时如适遇外来的同种发明，必被接受而成为自己文化的一部分甚或是极重要的贡献。如果不由外面传来，则这种发明或者永不会发生或者发生很迟；这样对这民族的命运以及他与别民族的关系，他的兴起或衰落，便很有关系了。"②

传播论主要是德、英两国学者创立的。德国传播学派代表为格拉

---

① 参见林惠祥《文化人类学》，商务印书馆 1934 年版，第 43 页；吴文藻《文化人类学》，《吴文藻人类学社会学研究文集》，民族出版社 1990 年版，第 48、49—50、52—53、54 页。

② 林惠祥《文化人类学》，商务印书馆 1934 年版，第 44—45 页。

那(F. Graebner)、安格曼(B. Ankermann)、什密特(W. Schmidt)、高潘斯
(W. Koppers)。格拉那 1909 年发表《人种学方法论》论述文化传播论,
并提倡历史方法,故此派又称为历史学派。他们虽主张传播论,但"并
不坚持世界上所有的文化,都来自一个中心,或出自一个系统。反之,
他们却指出文化的来源,不但是在空间上,并非出自一个地方,就是在
时间上,也非出自一个时代"。"所谓传播,至多只是文化已经发展至
某程度或阶段以后的事"。英国播化学派的倡始者为利维斯
(W. H. Rivers),其后有史密斯(G. E. Smith)与潘娄(W. J. Perry)。他们
反对文化独立发生论。利维斯指出"历史改造说",即只要两种或两种
以上的文化在历史上有过接触,便会产生一种旧文化中所未有的新特
点,如果能将人文地理学上所得的似不相关事实,加以圆满解释,则可
自由的改造往古人类的历史。这种只注重原理而无视史实的传播论自
然没有生命力①。在文化起源上,德国派主张多元,英国派主张一元。

到 20 世纪 30 年代前后,"完全偏属于独立发明派或播化派
的,只有少数的激烈分子。至于大多数的人类学家,并不偏属于任
何一派。往往兼用二说之长,以解释文化的变迁。这便是广义的
批评派或美国历史派所采取的态度"。波亚士为该派领袖,同道者
还有罗维(Robert H. Lowie)、克罗伯(Krleber)、高登卫塞(Goldweis-
er)、英国的马凌诺斯基 (B. Malinowski)、德国有爱任瑞舒
(P. Ehrenreich)、维尔康特(Vierkandt)。美国学派主要有三大特
点,即批评的、历史的、心理的。就批评而言,这一派因袭进化论所
主张的心理统一说,阐明文化独立起源的可能性,同时看到文化
"不同始而同终"或"同始而不同终"的现象。就历史而言,任何文

①　参见吴文藻《文化人类学》,《吴文藻人类学社会学研究文集》,民族出版
社 1990 年版,第 55—57 页;陈序经《文化学概观》第 3 册,商务印书馆 1947 年版,第
94 页。

化集团都有其特殊历史,考察其文化,一要划定该文化所处的史地范围;二要了解文化与其物质的环境及其周边文化部落的关系;三从历史上解释文化的变迁。就心理而言,确信文化是心理的结晶,强调研究文化特点必须研究心理现象①。批评学派有人相信极端的文化决定论,以为"文化现象是超有机的,超个人的,及超心理的,文化是自治的,历史事件有决定以后事势的能力且是不可免的。个人在历史上的地位无关紧要,甚或可以完全否认"②。

也就在 20 世纪 30 年代,进化论备受攻击期间,美国人类学家怀特(Loslie White)和斯图尔德(J. H. Steward)等人,公开主张维护和提倡进化论。他们在学术园地宣传进化论思想,同反对派展开辩论,重新出版了摩尔根的《古代社会》及一些不为人所知的摩尔根的笔记。怀特等人被高登威塞、罗维、本尼特(W. J. Bennet)等人类学家称为"新进化论者"③。不过,怀特与斯图尔德在学术主张上仍有一些不同之处。

怀特是新进化论的最主要代表人物。曾先后在路易斯安那州立大学和哥伦比亚大学攻读历史、政治、哲学、社会学和心理学。1925 年,转到芝加哥大学,在人类学家萨皮尔(E. Sapir)和柯尔(Fay. Cooper. Cole)指导下接受正规人类学训练。1927 年,获得博士学位。毕业后他先在布法罗大学教书,同时与塞内卡印第安人

---

① 参见吴文藻《文化人类学》,《吴文藻人类学社会学研究文集》,民族出版社 1990 年版,第 39、59、60、61 页;林耀华《社会研究四大学派的评判》,《现代知识》第 1 卷第 6 期,1947 年 7 月 16 日,第 18—19 页。

② 林惠祥《文化人类学》,商务印书馆 1934 年版,第 55 页;[英]斯密司等著,周骏章译《文化传播辩论集》,商务印书馆 1937 年版,"译者序言",第 1—8 页。

③ 吴文藻《新进化论试析》,《吴文藻人类学社会学研究文集》,民族出版社 1990 年版,第 324 页。

保持了密切联系。塞内卡是摩尔根研究易洛魁人的地方。为研究印第安人,而阅读摩尔根著作,遂对进化论产生兴趣。1930 年后,怀特一直在密执安大学工作,并为该大学组建了在美国享有盛名的人类学系。为维护进化论,自 1940 年代后,写了大量宣传进化论的文章。如 1943 年的《文化进化和能量》、1945 年的《传播与进化》、1947 年的《进化阶段、进步和文化进化》、《美国民族学理论中的进化论和反进化论》。

怀特与摩尔根最大不同之处在于,他否定了摩尔根关于人类进化过程中心理作用的观点,认为只有技术才是文化发展和进步的决定因素。怀特进化论隐含着他的"文化决定论"。他指出"是文化决定人类的行为,而不是人类控制着文化。而且文化依着它本身的法则改变与发展,而不是服从人的欲望或意志"。"文化是一自主的或自行决定的体系。它受它本身自成一格的原则所支配,而且是独立于心理的原则发展着的"①。文化是超有机体的、时间上持续的事物,有自己的组织原则和运动规律。因此,只能用文化来解释文化。他把摩尔根的观点视为"唯心主义",而把自己的观点则视为"唯物主义"。其主张后来被哈里斯(Marvin Harris)发展为在西方人类学理论中独树一帜的"文化唯物论"②。

斯图尔德,美国伊利诺斯大学教授。少年时接触到肖肖尼印第安人,开始对人类学发生兴趣。一年后到康奈尔大学攻读动物学和地理学。1929 年,他在美国著名人类学家克娄伯(A. L. Kroeber)和罗维的指导下完成论文,取得哲学博士学位。20

① [美]E. 哈奇著,黄应贵、郑美能编译《人与文化的理论》,黑龙江教育出版社 1988 年版,第 135、139 页。

② 吴文藻《新进化论试析》,《吴文藻人类学社会学研究文集》,民族出版社 1990 年版,第 325—326、327、328 页。

世纪 30 年代,通过考察肖肖尼人,提出了文化生态学理论,并倾向于进化论。他虽然称怀特的普遍进化论要比 19 世纪单线进化论高明,但指出这两种进化论过于"太广义"和"太一般化",只能解释单一文化现象,而不能解释特殊的历史发展,不能解释广泛分布在不同地区而平行发展的文化结构的异同。他进而提出了多线进化论。他自称多线进化论的任务就是通过对世界各地历史顺序的分析,以论证类似的历程能产生类似的结构。

然而,在如何看待文化制度的决定因素问题上,斯图尔德与怀特观点相似,都把技术—经济列为最主要的决定因素或最基本的因素。吴文藻曾这样评价新进化论:新进化论比播化学派、历史学派、功能学派和心理学派要进步得多了,但他们都忽视了生产关系在一定条件下的反作用,而他们所说的技术并不包括劳动者。新进化论总体来说是机械唯物主义①。

陈序经最早接触进化论、传播论,是在沪江大学生物系和复旦大学社会学系,后来可能也受到进化论学者海斯的影响,但是陈序经并没有单一吸收任何一派的观点,而是超然于两派之上:"照我们的意见,文化既是一个复杂的总体,究竟那一种文化是由某处传播而来,究竟某一种文化是同时发生的,根本是文化上的个别的问题,而非全部的问题。若说所有一切或各处的文化,都是独立发生的,固不可信,若说所有一切或各处的文化,都是传播而来,也是错误。所以无论是传播论,或独立发生论,都各有其是,也各有其非。"②这除了与 20 世纪 30 年代前后的学术整体取向有关外,主要还取决于陈序经的辩证法、多元论和实用主义的价值取向。辩证

---

① 吴文藻《新进化论试析》,《吴文藻人类学社会学研究文集》,民族出版社 1990 年版,第 328、329、334、335 页。

② 陈序经《文化学概观》第 3 册,商务印书馆 1947 年版,第 99 页。

法使陈序经不墨守成规,勇于打破两派界线;而实用主义则使他兼收并蓄,为己所用。他接受进化论中的"划一"、"进步"观和比较研究方法,而抛弃其"积渐"观,承认文化发展中的突变。多元论则使陈序经接受传播派的文化起源多元论,而反对其起源的一元论。他接受批评派的文化独立起源说、语源分析法、文化决定论,崇信其历史研究方法,《暹罗与中国》、《越南问题》、《东方文化观》,即是对中国文化所处的史地范围与周边关系的考察,《南北文化观》、《中国文化观》则可以说是从历史上解释文化变迁。他也承认心理是文化的基础。我们权且把陈序经的这些思想统称为"新进化论"。

不过,我们所说的陈序经的"新进化论",并不一定就是美国的"新进化论"。陈序经、黄文山都与怀特私交较好,保持着较为密切的学术交往,陈序经与黄文山都曾把自己的作品赠予怀特①。从情理而言,怀特也应"礼尚往来",可能会给陈序经或黄文山函赠自己的论著。陈序经从来未说过自己是"新进化论者",倒是黄文山曾呼吁博采众长、熔为一炉,创造"新进化论"②。但我们不能否认,从美国新进化论的角度着眼,陈序经也称得上是一位地道的"新进化论者"。第一,陈序经从研究文化之初,即主张文化自成一体,受自身原则支配,有自己的运动规律,因此,只能从文化解释文化。这实际就是怀特等人的"文化决定论"。第二,陈序经主张文化起源的多元进化论,与斯图尔德不谋而合。换句话说,陈序经一人的进化论已然包括了怀特和斯图尔德的新进化论的主要论点。第

---

① ［美］L. A. 怀特著,沈原等译《文化的科学——人类与文明研究》,山东人民出版社 1988 年版,第 390 页。

② 有关黄文山观点详见戴裔煊《民族学理论与方法的递演》,孙本文《现代社会科学趋势》,商务印书馆 1948 年初版,第 341 页。

三,陈序经与美国"新进化论"主要不同之处,在于如何看待文化制度内部各要素孰重孰轻的问题上。虽然陈序经将各文化成分等量齐观,一视同仁,但这并不妨碍他们在主要观点上的一致性。即使说陈序经没有受到怀特的直接影响,他也应当从怀特的理论中得到鼓舞,而更加坚信自己的主张。

有必要重申的是,作为一个复合体的新进化论包括三个层面:(1)本体论——文化各成分自成一体,且有自身规律(即文化自律性)的文化决定论;(2)认识论——文化起源的多元论与社会文化进步的一元论;(3)方法论——语源分析法与历史研究法。这是陈序经知识背景与思想资源的结晶,它涵盖了陈序经认识文化问题的基本原则和立场。不论从我们研究的角度,还是从陈序经自身认识问题的逻辑来看,"新进化论"都可谓是陈序经文化学体系的基础,是他探究人类文化起源、发展、演化,以及各地区、各民族文化差异和差距的一般规律的理论。

二 文化学体系

但凡一门学科都是由概念、范畴和基本原理所组成。新进化论作为文化学体系的基础,它也必须通过一系列概念、范畴和基本原理表现出来。陈序经文化学体系的概念、范畴,例如,文化特质、文化丛、文化区域、文化圈围、文化层累,以及原理,甚至整个架构,基本都是取自西方,或原封不动或经过陈序经的重新演绎,被整合到陈序经文化学体系之中。一句话,概念是西方的,理论框架是陈序经自己的。《中国文化的出路》是陈序经系统运用西方文化社会学、文化人类学理论、方法,研究中国文化的第一部专著,也是他早期有关文化学研究的代表作。《文化学概观》的出版则标志着陈序

经文化学体系的最终确立。两部书中的内容构成了陈序经文化学
体系。

（一）"文化"与文化学体系大纲

"文化"是文化学体系的主体概念和基础。明晰概念是构建文
化学体系的第一步。陈序经在《中国文化的出路》中，通过辨析人
类与文化之间的关系，给文化作一总体概说。"人类是文化的动
物，有了人类，必有文化。文化的历史，和人类的历史，可以说是同
时发生的"。"文化可以说是人类适应时境以满足其生活的努力的
工具和结果"①。后来他曾进一步解释为："文化既不外是人类适
应各种自然现象或自然环境而努力于利用这些自然现象或自然环
境的结果，文化也可以说是人类适应时境以满足其生活的努力的
结果"②。"文化是人类生活的总和"③。

宽泛而论，从文化范围而言，陈序经的文化概念主要得益于泰
勒；从逻辑严密性和整体性而言，文化学体系得益于萨皮尔。"从
叙述的人类学的广义来看，文化是一个复杂的总体，包括智识、信
仰、艺术、道德、法律、风俗、以及人类在社会里所得的其他一切的
能力与习惯"④。这是泰勒在《原始文化》中对"文化"一词所作的
定义。自此以后，这种解释常常为学者所引用。陈序经从泰勒的
文化定义中主要吸收了"复杂的总体"理念。在当时关于文化的解
释中，普遍存在着这样观点，即文字、道德、文学、教育、宗教、美术、
政治等任何一个方面或几个方面都可称为文化。在陈序经看来，

---

① 陈序经《中国文化的出路》，商务印书馆 1934 年版，第 5 页。
② 陈序经《文化学概观》第 1 册，商务印书馆 1947 年版，第 38 页。
③ 陈序经《文化学概观》第 3 册，商务印书馆 1947 年版，第 62 页。
④ 陈序经《文化学概观》第 1 册，商务印书馆 1947 年版，第 29 页。

文字、道德等方面，"固是文化的某一方面"或"数方面"，但并"不能包括文化的全部"。为了增强可信度和说服力，陈序经曾引用泰勒的文化定义说明和印证自己的观点①。

陈序经的文化内容（成分）在总体上包括物质方面和精神两方面（要素），且两者互为倚重。用他自己的话来说，就是"兼顾""物质的文化与精神的文化的两方面"，才是"一个比较完备而透切的文化的意义"②。陈序经的认识与西方学者一脉相承。人类学者如拉蔂尔、罗威（R. H. Lowie）、高登威塞、威士莱（C. Wissler），社会学者如华特（L. Ward）、乌克朋（W. F. Ogburn）、威利（M. M. Willey）、爱尔乌德、牟勒来挨尔（T. Muller－Lyer）等人，无不以为文化是包括物质与精神的要素③。

陈序经接受这一观点，很大程度上取决于对"文化"一词所做的语源分析。"文化"的德文为 Kultur，在英、法文为 Culture，源自拉丁文 Cultus。Cultus 有耕种、居住、练习、留心与注意、敬神之意。因此，Cultus 不但含有物质文化的意义，而且含有精神文化的意义。从语源上来看，所谓文化本身就包括精神与物质两方面④。

然而，国内外学术界常混用"文化"与"文明"二词，陈序经认为有必要予以厘定。其标准即是"从其语源与其应用的趋向方面来决定"⑤。Civilization 是从 Civilize 而来，而 Civilize 又是来自 Civil。Civil 大致含有文雅和政治的意义。Civil 是从拉丁文的城市（Civi-

①　陈序经《文化学概观》第 1 册，商务印书馆 1947 年版，第 20—25、29页。

②　陈序经《文化学概观》第 1 册，商务印书馆 1947 年版，第 30 页。

③　陈序经《文化学概观》第 1 册，商务印书馆 1947 年版，第 31 页。

④　陈序经《东西文化观》，《岭南学报》第 5 卷第 2 期，1936 年 8 月，第 98页；陈序经《文化学概观》第 1 册，商务印书馆 1947 年版，第 34 页。

⑤　陈序经《文化学概观》第 1 册，商务印书馆 1947 年版，第 56 页。

tas)与市民(Civis)而来,与希腊文的 Polis 有同样的意义。而政治(Politics)又是从 Polis 而来。希腊与罗马的城市,不但是政治生活的中心,实际上也是国家的本身,即"城市国家"。"国家"中的市民,不但在政治上享有特殊的地位,而且在生活的各方面,都较为文雅,较为进步。所谓文明(Civilization)在原来的意义上,也就城市化(Urbanization)。因此,"从其文雅的意义来看,文明可以说是文化的较高的阶段。从其政治的意义来看,文明可以说是文化的一方面。所以从其语源来看,文明的意义,是比文化为狭。若再就其应用的趋向来看,文化的意义也可以说是较文明的意义为广"①。陈序经因此认为文化是偏于精神而文明是偏于物质的观念是错误的②。

陈序经的第一个也是主体性的文化学的范畴,是在《中国文化出路》中提出的"文化圈围"。"文化圈围"一词是德国文化形体学(Kulturrnorphologie)研究会的标帜。拉蓲尔最先提出文化圈围的构想,此后他的学生黎郁福洛白尼斯(Leo Frobenisns)将其光大,并于 1920 年创办文化形体学会。该会会员多为著名学者,以为研究文化形体学,必须首先研究文化圈学(Kulturkreislehre)。"文化圈学"的主要观点为:人类生活之表现,或为政治的,或为经济的,或为社会的,或为艺术的,或为宗教的,或为其他各种生活之表现,均存立于一个共通的,统一的,特定的基础之上。然而,"世界上各民族生活上之表现,却又依其各自特定之原则发达",即民族各自有其文化圈,是以民族之间有或深或浅的文化圈之界限。"在一文化圈内,人类之生存及其意志之表现,(社会

---

① 陈序经《文化学概观》第 1 册,商务印书馆 1947 年版,第 57、58—59 页。

② 陈序经《文化学概观》第 2 册,商务印书馆 1947 年版,第 8 页。

的,经济的,政治的,及其他生活之表现)恒与其圈内独特之精神相表里相联接。盖以各地生活条件不同,各文化圈向其分歧不同之方向各自发达故也"①。其后格累培纳(F. Grabener)、安克曼(P. Ankermanu)在"文化圈"外加上"文化层"。"圈"是空间的,只能表明文化横向传播,而未能表明时间关系,加了"层"就有了年代上的顺序②。文化丛(Culture complex)也是该学会常有的一个范畴,表示文化的复杂性。

陈序经基本采纳其意,以为所谓文化圈围,是"由地理、生物、心理及文化各种要素的影响,而形成某一社会的文化"。"文化圈围是某一种文化的整个方面的表示,而别于他种文化圈围",是陈序经"研究文化的单位"。文化圈围既是空间的,也是时间的。"从空间看去,文化的特性是复杂的,从时间看去,文化的特性是变动的"。"因为了她是变动的,所以经过了悠久的时间,文化遂成为不少的层累。因为她是复杂的,所以在每一圈围的文化里,其所包含的成分也很多"。如果要充分认识文化本身,"不仅要明白形成文化的各种基础,还要知道文化的成分,及其层累,我们应当从文化的成分的分析,及文化地层的分类来研究"。文化地层的分类,能"使我们了解文化发展的原则及其程序";文化成分的分析,能"使我们明白文化所包含的性质是什么及其关系的原则"。同时,陈序经又强调指出,"分析和分类,均为我们利便研究起见;文化本身在空间上既没有分析这回事,在时间上也没有法子去做明确的分类","文化本身上也没有空间和时间上的分别",每一个文化圈围

---

① 颂华《德国之文化形体学研究会》,《东方杂志》第 20 卷第 14 号,1923 年 7 月 25 日,第 137—138 页。

② 戴裔煊《民族学理论与方法的递演》,孙本文《现代社会科学趋势》,商务印书馆 1948 年初版,第 278 页。

"都是整个的表示"，都是"一致与和谐"①。但是，他对文化层累、文化成分及"一致与和谐"之间的内在关系还缺乏论述。在其后的《文化学概观》中，陈序经借助于萨皮尔的文化意义说，更加明确阐述这三者之间的关系，更为重要的，是他以此确立了从"动"、"静"、"复杂总体"三方面契入文化理论的分析路径。

陈序经对萨皮尔的文化意义推崇却不盲从。萨皮尔1925年发表论文《文化：真与假》，提出文化有三重意义：(1)一个社会或团体中的文化的物质与精神两方面；(2)以自身文化估量其他文化的标准；(3)能在世界上给某种人民一个"显明"地位的生活态度、观念与"文明的特殊的表征"。"假如这种文化是能够整个的表示这个民族的才能的话，则这种文化就是文明"。萨皮尔着重强调的是文化的第三重意义。他认为这种文化是和谐、平衡、自足的真文化，处于真文化中的个人，没有精神上的失望。与之相对，假文化也即现代文化中则没有和谐、平衡、自足的原则，整个文化失调，处于假文化中的个人只有烦闷和失望。他提倡这种所谓的真文化。他羡慕印第安人在部落中所享受的经济、宗教、社会、美术融为一体的生活，认为印第安人的生活是"真文化"，与之不同的美国人的生活是"假文化"②。

陈序经全然摈弃萨皮尔所崇信的"真文化"观③，但他却如此诠释萨皮尔的文化"三意义"说，甚至可以说，借用萨皮尔的架构而表达自己对文化的整体认识："其实，萨皮尔不过是就文化的原有的三种意义，而加以解释。同时，他自己却注重于上面所说的第三种意义。照我个人看起来，萨皮尔所注重的第三种意义，是与第二种意义，以

① 陈序经《中国文化的出路》，商务印书馆1934年版，第11—12、34页。
② 陈序经《文化学概观》第1册，商务印书馆1947年版，第31、32页。
③ 陈序经《文化学概观》第1册，商务印书馆1947年版，第36页。

至第一种意义,都有了密切的关系。因为文化本身正如泰勒所说,是一个复杂的总体,所以从文化的成分或是静的方面来看,她是含有物质与精神各方面。从文化的发展或是动的方面来看,她是含有变化与累积的历程。若从文化的整个或是这两方面——动的与静的——来看,她是一个复杂的总体。怎么样的使这个复杂的总体,得到和谐平衡自足的地位,而使人类得到美满的生活,可以说是文化学上的一个重要的问题,也是一般处在没有和谐平衡自足的文化的人们,所要解决的一个重要的问题。我们在这里所要指出的,是萨皮尔所说的文化的三种意义,可以说代表我们在上面所说的文化的三方面,这就是静的方面,动的方面,与整个方面。然而这里所说的文化的三方面,若综合起来,也不外是一个东西的二方面。因为这个整个的东西,或是泰罗尔所谓这个复杂的总体,分析起来,是有了两方面。这就是静的方面,与动的方面,或是文化的成分与文化的发展的两方面。同时,在成分的方面,又可分为物质与精神的分别,在发展的方面,也有了变化与累积的阶段"①。

如果陈序经的诠释无误的话,在某种程度上可以说,萨皮尔的文化意义说构成了陈序经的文化学体系的大纲,或称框架,或说陈序经的文化学体系大纲恰好与萨皮尔不谋而合,或说萨皮尔的文化意义说促发了陈序经文化学概念和范畴的系统化。当然,"动"与"静"的分析模型,与孔德动的社会学和静的社会学的分型不无相关性。

(二)动—静—复杂总体

1. 静——文化成分——分析模式一

文化的成分是组成一种文化的要素,也是人类学、社会学学者

---

① 陈序经《文化学概观》第 1 册,商务印书馆 1947 年版,第 32—33 页。

所说的文化特质。有关文化成分的分类，从 19 世纪后半叶的泰勒，到 20 世纪 30 年代末的挨班克（E. E. Eubank），都承认文化包括物质与精神两个要素，并将它们细化为若干类，表现出日益复杂、精密和详细的趋势。拉蕶尔在 1885 年出版的《人类学》中，把文化分为九大类。文化研究权威卫士莱（Wissler）在 1923 年出版的《人与文化》中，将文化分语文、物质、艺术、神话与科学智识、宗教、家庭与社会制度、财产、政府、战争等九大类二十子类。这一分类与拉蕶尔基本相近。汉金斯（Hankins）在 1928 年出版的《社会的研究结论》中，又在卫士莱的分类基础上加以修改，将文化分为八大类三十一子类。

　　陈序经十分重视对文化成分的介绍①，其目的不仅在于要弄清"文化所包含的性质"，而更为重要的是，通过枚举文化成分的分类，说明文化成分之间互相勾连的而不易分类的事实，推导出他的文化不可分原理。陈序经指出，不论幼稚或进步的文化，"无论在那一个圈围内的文化，都包括这些文化的成分"。但是，"分析不过是我们为研究上便利起见而设，而且这种分析，总不免有多少的主观。结果是每一个人的分析，可以和别人的分析不相同。这个原因不外是因为文化本身上，像我们上面所说，是整个表示。分析是我们对于文化认识上一种权宜，文化本身上并没有这回事。文化的特性固然是复杂，然其所表现的各方面是互有密切的关系。其实精确的分析，是一件不可能的事"。"因为文化的各方面的关系是这样密切，所以一方面的波动，必影响到他方面"②。

　　陈序经在《文化学概观》中还用大量实例证明，文化成分不像

---

　　① 详见陈序经《中国文化的出路》，商务印书馆 1934 年版，第 12—19 页；陈序经《文化学概观》第 3 册，商务印书馆 1947 年版，第 39—60 页。

　　② 陈序经《中国文化的出路》，商务印书馆 1934 年版，第 19—20 页。

自然科学的研究单位那样的准确与有规则。"文化学上的单位,是假定的,相对的,而非绝对的"。文化成分分类也往往因人而异;文化特质"并非一种完全可以单独存在的单位。事实上,所谓文化特质,乃一种复杂的丛体","整个文化也是文化丛杂";"了解文化丛杂,可以使我们明白文化的各方面的关系";"因为文化本身是一个丛杂,是不能分开";"因为文化的特质,是有关系的,所以文化一方面的波动,往往会影响到文化的其他方面"①。陈序经还把文化各方面的关系归为相成、相反、直接、间接四种②,并强调这四者之间同样是互相关联的,以申述文化特质之间的密切联系。

陈序经在重视文化特质之间的关系方面,与功能学派相仿。进化学派曾忽视文化特质的分析,对"文化元素任意割裂,任意安排,不管其所属的圆局,不管在圆局中元素彼此间的关系"。文化史学派虽然使用"文化丛体"一词考察文化,但未指出丛体内各文化特质之间的关系,以为它们不过是偶然的组合。功能学派则强调文化是"一个联结的有生命的整体","一种元素的意义,只可于文化被视为一个有交互关系部分的整体之时,才可以确定"③。

除了厘清文化各方面的内容及它们之间的互相关系外,陈序经的文化成分的分类还有另一重目的,即"可以使我们知道文化在

---

① 陈序经《文化学概观》第 3 册,商务印书馆 1947 年版,第 38、66、68、69、70、77 页。

② 某种文化特质的兴衰,引起另一种文化特质的兴衰,是为相成关系;某种文化特质的发达,引起另一种文化特质的衰微,称为相反关系。某种文化特质的变化,立刻影响到其他特质的变化,是为直接关系;某种文化特质的变化,影响到另一种特质的变化,进而再影响到第三种特质的变化,称为间接影响。详见陈序经《文化学概观》第 3 册,商务印书馆 1947 年版,第 75—76 页。

③ 戴裔煊《民族学理论与方法的递演》,孙本文《现代社会科学趋势》,商务印书馆 1948 年初版,第 319 页。

时间上的发展的重心,而给我们在时间上得到一种比较的研究"①。
他进而指出,各种文化成分"无论在幼稚或在比较进步的文化里,
都可以找出来,则二种不同圈围的文化的差别,只有程度上的不
同,而没有成分上的各异。比较进步的文化所以异于比较幼稚的
文化,不外是因为前者复杂得多,后者较为简单罢"②。这是陈序经
文化学中的又一个原理。

"文化重心"是文化成分的概念,它本身是变化的。从空间来
看,"各种区域或系统的文化的重心,固有其各异",从时间来看,
"各个时代的文化的重心也是不同的"。"在某个社会或某个时代
里,文化的重心,若偏于某一方面,则这个社会或这个时代里的文
化的其他方面,往往会受这种文化重心的影响"。对陈序经而言,
文化重心能"使我们明白文化偏重某方面";"明白了文化重心,不
但可以明白某个地方或某个社会的文化的特色,而且可以了解某
个时代的文化的特点";他还从世界历史发展史和文化特质的重心
的角度,把文化发展的重心和文化成分分为伦理、宗教、政治、经济
四个方面③。

陈序经在提出"文化重心"时,还提出了"文化中心"的概念。
"文化中心"为文化的空间概念,表示在文化区域和文化系统内"文
化各方面的集中地点"④。

2. 动——文化发展——分析模式二

关于文化发展,陈序经的研究包括:发展的学说、发展的层累、

---

① 陈序经《中国文化的出路》,商务印书馆 1934 年版,第 20—21 页;另
见陈序经《文化学概观》第 3 册,商务印书馆 1947 年版,第 62 页。

② 陈序经《中国文化的出路》,商务印书馆 1934 年版,第 21 页。

③ 陈序经《文化学概观》第 3 册,商务印书馆 1947 年版,第 20、23、21、
22、24、60 页。

④ 陈序经《文化学概观》第 3 册,商务印书馆 1947 年版,第 21、20 页。

发展的方向三个方面。所谓发展,"只是启发开展,既并不一定含有好恶的意义,也不一定含有高低的意义"。即未必是发达,也未必是进化。发展既可以包括发达与进化,同时也可以包括衰落与退化①。大体相当于现在所说的变迁。

陈序经把文化发展的学说大致分为退化说、循环说、俱分说、进步说四种。所谓退化说即是指文化今不如昔。"俱分"一词源自章太炎《俱分进化论》一文②。俱分发展论是"进化论与退化论的混合品",即物质文明进步导致精神文明退步。循环说同俱分说有相似之处,两者都是文化进步说与退步说的混合品。两者不同之处在于,俱分说以为进步与退步是无止境的,而且是同时并行发展的。循环说却以为进步与退步是有限度的,而且不是同时并行发展。假设某种文化的某一部分进步,则这种文化的整个部分都要进步,假如这种文化的某一部分退步,则这种文化的整个部分都要退步。

陈序经否定这三种消极的"发展"说,坚持进步说。他指出,主张退化说的人不明白文化的真谛是人类的创造品。"文化的发展,是依赖于人类的创造力量。人类创造文化的力量若不减少,则文化决不会退步"。主张俱分论之人,不过是假设文化的物质方面与精神方面可以分开。可是,文化本身不可分。"假使物质方面,有了变化,精神,也必有变化"。从整个世界历史来看,文化大体上还是向进步。"我们无疑是偏于进步的学说。其实,进步的学说,是解释文化的发展的正确的学说。因为,文化的发展,是进步的,而

---

① 陈序经《文化学概观》第 3 册,商务印书馆 1947 年版,第 100 页。

② 章太炎《俱分进化论》,章炳麟《章太炎全集》第 4 卷,上海人民出版社 1985 年版,第 386 页。

且文化现象之所以异于其他的现象,也是因为他是进步的"①。

为了进一步分析文化圈围之间的差异,"了解文化发展的原则及其程序",陈序经又引入文化层累的范畴。"文化发展的层累,就是一般人所说的文化发展的阶段。我们所以用层累两字,而不用阶段两字,是因为前者比较上有弹性,而后者比较的为硬性。所谓阶段,往往使我们联想及文化的发展是有一定的次序的,有一定的步骤的。而且,在阶段与阶段之间,好像是有绝对的不同或者甚至于相反的差异。层累的意义,未必就是这样的。其所表示的,是在文化的变化的历程。只是有了一种连续的观念"。"阶段是狭义的,层累是广义的"②。

最早开始探讨层累分类的当是琉克理细阿(Lucretius)。他把文化层累归类为石器、铜器、铁器三个时期,但长久未引起注意。直到 1834 年,丹麦学者汤姆森(Thomsen)始予以采用。人类学者拉布克(Lubbock)在他所著《史前时代》中,将原来三个时期改为石器、新石器、铜器、铁器四个时期。近代学者大体认同和采用这种分类结构,只是在其基础上进一步细分为若干子类。与上述注重于物质与器具方面的分类不同,孔德等人以"思想"为标准进行分类。他在《实证哲学》中把人类智识、思想分为神学、形而上学、实证时代或科学时代三个阶段,以为所有人类的智识的进步都要经过这三个时代。德国费尔康德(Viorkandt)把人类分为自然人类与文化人类。斯泰恩密斯(Steinmetz)又提出感觉的人类、神学时期、系统时期、批评四个时期的分类。李士特(Liszt)、包斯(Bos)、春乃白(Schoueberg)及伊利(Ely)等人则以经济因素为分类标准。采用

① 陈序经《文化学概观》第 3 册,商务印书馆 1947 年版,第 100、102—105、107、110、109、115 页。
② 陈序经《文化学概观》第 3 册,商务印书馆 1947 年版,第 120 页。

综合标准分类的则有摩尔根、色什兰（Sutherland）、米勒赖尔、海斯等人。其中，海斯的分类较有特点。他把文化层累分为未开化、半开化、文明、文化四个时期，而每一时期又细化为低级、中级和高级三个子时期。陈序经对他老师的分类似有所偏爱①。

学术界有关文化层累的分类，虽然千差万别，但都反映了文化进化的历程。陈序经从学术史角度强调："我们无论是否赞成上面的文化层累的分类，我们总要求承认文化确有高低之分。他的演进的程序，是由低而高。而其演进的原则，是由纷乱浑漠的形态而变为明确特殊的形态，由简单而变为复杂，由少数部分和漫散的结合而变为多数部分和明确的结合。""文化的发展，是从为欲望的满足而趋于有目的的要求"。"我们应当承认在同一时间的文化地层中，可以有了各种高低不同的文化"②。这也是陈序经文化学的一个原理。他还提出，"若从文化的发展的重心来看"，可以把文化的层累分为是宗教、政治、经济、伦理四个时期。"从文化的成分方面来看，这四方面既是文化的重心，从文化的层累方面来看，这四个方面又可以说是代表文化发展的四个时期"③。

在此基础上，陈序经指出文化发展的形式是突变与渐变，并阐明了它们之间的辩证关系。"文化是时时变化的，而且是时时演进的"，"演进是由于变化"。"变化有渐变突变的分别。因为了突变，所以在某种地层较低的文化的人类，可以不必经过人家

① 详见陈序经《中国文化的出路》，商务印书馆 1934 年版，第 22—31 页；陈序经《文化学概观》第 3 册，商务印书馆 1947 年版，第 120—137 页。

② 陈序经《中国文化的出路》，商务印书馆 1934 年版，第 32、33 页；陈序经《文化学概观》第 3 册，商务印书馆 1947 年版，第 143 页。

③ 陈序经《文化学概观》第 3 册，商务印书馆 1947 年版，第 137—138 页。

已经的阶级,而直接能模仿人家已达的最高阶级"①。在文化发展历程中,突变屡见不鲜。"突变也许是由于内部的波动,也许是由于外界的刺激"。宗教改革、法国革命、工业革命三种突变缘于内部;日本、暹罗、中国受西洋文化影响而发生变化则缘于外界刺激。缓变即逐渐的变化,是文化发展的常态,突变是文化发展的变态。渐变与突变都能引起文化上的新形态、新方向。"突变与缓变,虽非绝对的差异,而乃程度的不同,然而突变是发展的转机时代的分野,文化的进步,主要的是依赖于突变,突变不但是由新刺激而来,而且可以引起新刺激。突变的发生,虽是往往会使文化失调,然而失调只是文化发展的过渡的历程,经过相当的时期以后,失调可以变为和谐,而变态可以成为常态"②。

文化是人所创造的。关于文化创造的主体,陈序经既重视团体力量,更重视个人能力。在这一点上,可以说陈序经将卫士莱的"众人"论与高登卫塞的"个人"论合二为一。卫士莱以为文化的创造是依赖于组成团体的众人,而非独立的个人。埃尔乌德、威尔理(Willey)、汉金斯均持此议。高登卫塞、马尔特(Marrett)较注重个人力量。陈序经则以为"文化的创造是个人的,也是社会的"。"个人是文化创造者",但因个性而结合成团体③。"团体在文化上的地位,固不可轻视,但个人在文化上的地位,却重要得多。因为团体不外是个人的组合,而团体在文化上的地位如何,完全是赖于组成团体的个人"。团体是抽象的,而个人是具体的。"团体不外是个人联合的总名,其骨子还是在个人的身上。没有个人,决没有团体。文化的产生

① 陈序经《中国文化的出路》,商务印书馆 1934 年版,第 32 页。
② 陈序经《文化学概观》第 3 册,商务印书馆 1947 年版,第 144、145、146页。
③ 陈序经《东西文化观》,《社会学刊》第 2 卷第 3 期,1931 年 4 月。

既要赖于个人的努力创造,文化的发展也要赖个人的才能"。"个人所占的地位,比之社会尤为重要","假使在一个社会里,每一个人对于文化的创造都很努力,那么这个社会的文化,必定进步"。然而,这并不是说社会或团体在文化上的地位不重要,社会是"保留文化的主要因素",个人是"创造文化的因素" ①。

陈序经还就文化发展动力机制有所论述。人类文化所以进步,一是发明或创造,一是人类之间的互相模仿,模仿是发明或创造的基础。发明或创造是"偶然的"、"稀少的"、"爆发的","只有在非常时境中,才能出现的";而模仿是"平民的"、"继续的"、"不断的","事实上,在模仿的历程中,有时已有了发明或创造的可能性",模仿在人类文化发展上"占了很重要的地位"。"文化程度高低不同的团体之间,两者接触起来,假使文化低的团体,而欲与文化高的团体,并驾齐驱,则不能不模仿。若欲驾而上之,那非努力先事模仿,是不易作到的"。模仿过程中"有时有新发明或新创造"外,"还有一种相反的作用,这就是学了人家,不一定能够做出人家所做的。"因此,"在程度较低的文化的团体里的人们,更要努力去模仿"②。

文化发展的可能性,是陈序经有关文化发展的又一个重要理论。文化是弹性的,文化之所以能够累积、能够进步,均是由于文化的弹性的作用。"弹性愈强,则其累积愈多,而进步愈快","假使文化的变化愈激烈,则其弹性也必愈增大"。"停滞而没有变化的文化,是因为文化的惰性的作用,文化是人类生活的各种方式,人

---

① 陈序经《中国文化的出路》,商务印书馆 1934 年版,第 5—6 页;陈序经《文化学概论》第 3 册,商务印书馆 1947 年版,第 90 页;陈序经《文化学概观》第 4 册,商务印书馆 1947 年版,第 74、75、89 页。

② 陈序经《文化学概观》第 4 册,商务印书馆 1947 年版,第 58、66、60、67、61、70—71、68 页。

们习惯于某种生活的方式,往往不愿加以改变。有时因为历史既久,就以为这种方式,是天经地义,是精神表示,结果是当了这种方式做一种永远不能变化的东西"。"文化弹性,往往可以增加文化的累积,可以加速文化的进步。文化惰性,往往使了文化成为停滞的状态,趋于退步的地位"。无论哪一种文化,"都可以说是有了弹性与惰性。绝对的弹性,或绝对的惰性,是没有的"。文化能否进步,或是否停顿,取决于其弹性与惰性的力量对比。"在惰性与弹性的力量的差异较微的文化里,其文化的一方面,可以发生剧烈的变化,而其文化的别的方面,却变动较缓或没有变动"。乌格朋称之为文化延滞①。

3. 复杂总体——一致与和谐——文化通则——文化模式三

空间上的文化成分的分析与时间上的层累的分类,都只是研究的需要,文化本身是时空一体的,没有时间的文化或没有空间的文化都是不存在的。"文化是复杂总体,想明白文化,要从文化的整个上去研究"②。陈序经因此从"复杂总体"的视角研究文化。在陈序经看来,"一致与和谐"既是文化本身的整体特色,也是人类文化发展的一般规律。他的"一致与和谐",实际包括性质与涵义完全不同的二类。"一致与和谐"是陈序经在《中国文化的出路》一书提出的,在《文化学概观》中,又以大量例证加以说明。

作为文化整体特色的"一致与和谐"的涵义,即指在同一个文化圈围内,文化内容之间的相同性与互补性,或者说是文化不可分的另一种表述。陈序经是从创造文化的单位即个人来谈"一致与和谐"的。"人是处处相同的,而且是处处相异的。这种相同和相异的特性,骤看起来,好象是自相矛盾:但是仔细的去思量,也是一

---

① 陈序经《文化学概观》第 3 册,商务印书馆 1947 年版,第 7、37、8、9 页。

② 陈序经《文化学概观》第 1 册,商务印书馆 1947 年版,第 80 页。

件极平常的事。所谓社会文化的创造及发展,也是全赖于这二种特性。人与人所以能够联合而为社会或团体,不但只是因为他们有了相同处,或是社会性,也许是因为他们的相异处,或个特性。有了相同性,他们能够起同情心而合作,有了相异性,他们可以互相利用分工。所以相同和相异都可以叫做他们的联合而成社会团体的主因。因为了他们的相同性,所以某一个人所能够做或所喜欣去做的东西,别人也能够做或喜欣去做。因为了相异性,所以某一个人所能够做,或所喜欣去做的东西,未必为他人所能够做,或所喜欣去做。设使在某一社会或团体里,人人对于适应时境以满足他们的生活的努力的工具和结果是同样,那么这社会或团体的文化,是成了一致。设使他们循着各人的异处去做,而成为互相利用的分工,那么这个社会或团体的文化,从个体方面看去,固是各异,但从全部看去,却是和谐。但是人是处处相异,而且是处处相同的。因为了相同,所以不但他们能够做相同的东西,而且需要相同的东西。同时因为了相异,有些人所需要的东西,要赖于别人去做,所以共同和各异既可在同一的文化圈围存在,则一致与和谐,也可以在同一的文化圈围内,双双并立,双双需要"。"文化的演化是由简单到变为复杂,因为了简单,所以易于一致;因为复杂,才有和谐"①。

不过,陈序经指出:"这种由一致而至和谐的发展,只能当做一种相对的真理,却非绝对的原则。因为在古代的文化里,也可以找出因各异而和谐;在现在的文化里,也可以找出因相同而一致。不过若把文化发展的层累的全部来看,则其由一致而和谐的趋向也是很明显的。"②

---

① 陈序经《中国文化的出路》,商务印书馆 1934 年版,第 34—35、37 页。

② 陈序经《中国文化的出路》,商务印书馆 1934 年版,第 37 页。

同一圈围的文化是"一致与和谐"，二个圈围的文化接触的结果如何？陈序经以为其结果或趋向也是一致的、或和谐的、或一致与和谐。他把文化接触分为三种可能性：二种完全相同的文化、二种完全相异的文化、二种有同有异的文化，指出三种情形的结果和趋势分别是"必定一致"、"和谐"、"一致与和谐"。陈序经"这种假定完全是基于程度相等的文化"。所谓"程度相等"的标准他是这样规定的：第一，在文化层累的演进上，必须处于同等的阶级；第二，在文化发展的趋向上必须适合；第三，它们必须能够适合接触以后的新时代及新环境①。只要能够满足这些条件，二种或二种以上的文化相接触，其结果仍然趋于一致与和谐。但他"承认在这二种或二种以上的文化从接触后而到一致或和谐的地位，必经过一个过渡的时代"②。

在以上同一或两个相同圈围中的"一致与和谐"的涵义没有本质区别，下面我们看"一致与和谐"的第二类涵义。当两种程度不同、时代环境与趋向各异的文化相接触，"一致与和谐"的涵义就发生根本变化。原来文化因相同导致的"一致"，转变成一方屈于另一方所产生的"一致"，这种"一致"也就成了"和谐"。陈序经说过："设使因为程度上的差异，而时代及环境所要求的文化是甲种文化，那么其接触的结果，是怎么样呢？我们的回答是：乙种文化不能适应于这时境，而逐渐的成为文化层累的一层。这样接触也有他的过渡时代，在过渡时代里乙种文化和甲种文化，——特别是从乙方面看去，——也好象有二种文化平行并立，但是从文化的目的和趋势上看去，他们并非平行，他们的关系是乙种逐渐的成为陈迹，甲种逐渐伸张而成为送旧迎新的时代。这个时代，也许延长得

①　陈序经《中国文化的出路》，商务印书馆 1934 年版，第 37—38 页。
②　陈序经《中国文化的出路》，商务印书馆 1934 年版，第 38 页。

很久,然她的趋势只有一致。同样在这送旧迎新的时代,也没有所谓'保存固有'的文化的可能。因为乙方面,保存既为时境趋势所不许;在甲方面他的固有,也变作普通所有,所以他也不能保存他的固有,结果正像我们上面所说的不同文化接触之后,而趋于一致或和谐。二者的合一的方法固不同,然他们的目的和趋向,却是一样。"①

在德国文化形体学派来说,文化圈围更多是用于表明不同文化的分布状况,表示不同文化接触后产生的后果;而在陈序经的理论中,文化圈围却更多地用于说明文化演变的原因。用"一致与和谐"表明某种文化内在的合理性及不同文化的交融性,则应该说基本是陈序经自己所独造的。

通过对发展学说中错误认识的肃清,以及对文化层累的分析,陈序经强调人类文化的发展方向是无止境的,但文化发展总体上仍是"一致与和谐"。

在陈序经看来,文化发展的趋势固然是一致与和谐,但是,如果"和谐若延滞太久,这种和谐,也必成为一种相对的单调。在中国的固有文化里,与中世纪的耶教文化里,未尝没有和谐,然而这种和谐,历时太久,差不多变为绝对的单调,而缺乏弹性。中国的固有文化,与中世纪的耶教文化,所以难于进步,也就是这个原故。文化是变化的,文化没有变化,就失了文化的真谛"②。

"注重理论的系统化"、"注重整个体系内的分工合作"③,是20世纪20—40年代的社会学、人类学的总体走向,陈序经顺应这一

---

① 陈序经《中国文化的出路》,商务印书馆1934年版,第39—40页。
② 陈序经《文化学概观》第4册,商务印书馆1947年版,第12页。
③ 孙本文《社会学之近今趋势》,《国立中央大学社会科学季刊》,第2卷第1期,1944年12月,第3页。

学术发展趋势,独树一帜地确立了文化学的完整体系。他的文化学体系,以"新进化论"为基础,以辩证法为分析问题的原则,将"文化"置于时空背景下,从"静"和"动"两个方面加以考察,最后归结到文化自身的特点和人类文化发展的走势。具体分析时,从概念、范畴切入,层层剖析,推绎出文化发展的一般原理。陈序经的文化学体系在表面上称得上是一个较为严密的逻辑体系。为了直观说明问题,我们用框图图解陈序经的文化学体系。

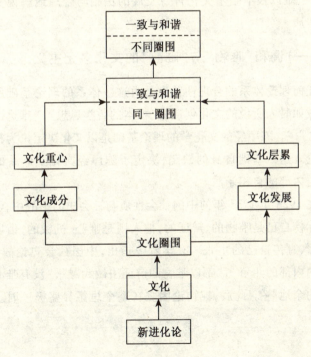

陈序经文化学体系框图

三 文化学的话语解说系统及其内在贫困

从外在形式来看，由不同概念、范畴、原理与通则所构成的陈序经的文化学自成体系。但从其内在语境来看，这一话语解说系统自身即已包含着不少矛盾之处，存在一些陈序经不可能修补的"硬伤"，难以根本昭示文化自身发展的法则与合理地解说文化问题的本质。

（一）调和"唯物"与"唯心"的文化多元主义

任何理论体系的合理性首先是由这一体系的理论基础所决定的。诚如时人所说的文化创造的"根本的哲学思想"，"难逃出唯物和唯心"①。陈序经的文化学的理论基础是以文化决定论为核心的进化论。这一基础自身的缺陷，决定了陈序经文化学体系的先天不足与内部的自相矛盾。

在 1928 至 1933 年的中国社会性质与社会史的论战中，学者们大都标榜自己是唯物的、辩证的，他人则是唯心、机械的，借以批评对立派，宣传自己的主张。有学者曾指出，中国社会史论战"都是唯物的内部的斗争"，"都以唯物的辩证法做武器"，"没有唯心论者插足的余地"②。此后，唯物论因之在整个思想界盛极一时。其至

---

① 谢颂羔《文化的研究》，上海广学会 1928 年版，常乃惪"序"，第 2 页。
② 王礼锡《中国社会史论战序幕》，王礼锡、陆晶清《中国社会史的论战》第 1 辑，神州国光社 1932 年版，第 6 页；伍启元《中国新文化运动概观》，现代书局 1934 年版，第 81 页。

有人赞同马克思的"科学"唯物论却否定其社会发展历程的"结论"①。不知是否因为对唯物主义的理解与认识的不同,因而关注社会问题的陈序经才未参与这场论战。

在陈序经看来,唯物主义不能单独解释文化变迁问题。也可能是这一原因,他只承认社会学发展进程中的文化学派,而否认马克思、恩格斯创立的学说②。波兰社会学者忍尼基(F. Znaniecki)于1919年出版《文化实质》一书,曾想以文化主义来调和哲学上所谓唯心主义与唯物主义的论争。他以为唯心论与唯物论在人类历史上争论不休,且"垄断着人类的心理"。"唯心论者以为一切现象是心的作用,唯物论者以为一切现象是物的作用"。指出从文化主义来看,心与物都不外是文化的两个方面,"都表现于文化里"。物固不能离心而独立,心也不能离物而存在。"只有文化主义,可以调和这两种意见,只有文化主义,可以代替这两种学说"③。陈序经也承认唯物与唯心是西洋思想的主流,以为"从文化的立场来看,心物两者是不可缺少的要素"④,对忍尼基的主张深表赞同:"从文化的立场来看,物质与精神,都是必需的东西。两者是并重的,两者是关系的,两者是不能分开的,两者是相生相成的。忍尼基所以提倡文化主义去代替唯物主义与唯心主义,就是这个原故。"⑤

正如我们在第一章所指出的,陈序经承认心理是文化的"环

①　杨幼炯《如何建设三民主义的社会科学新系统》,《中山文化教育馆季刊》创刊号,1934年,第13页。

②　秦一飞《社会学之史的综述》,《新中华》第2卷第19期,1934年10月10日,第159页。

③　陈序经《文化学概观》第1册,商务印书馆1947年版,第152页。

④　陈序经《东西文化观》的第六部《全盘西化的名词与意义》,手抄稿,南开大学图书馆藏。

⑤　陈序经《文化学概观》第3册,商务印书馆1947年版,第70页。

境"、"基础",也在一定程度上承认物质对文化的影响,他所谓的"物质"是指具象的地理、生物等要素,他不仅将"心"与"物"两者统合起来,用以说明文化自身的演化,而且还以文化主义去分析和评价已有的有关文化问题的认识。陈序经在介绍达尔文主义的先锋格雷姆对文化研究的贡献时指出,格雷姆以为智力的自由发展与基督教,是人类文化进化的最主要的动力,这是倾向于唯心史观的进化论;但他注重地理环境对文化的作用,"也可以说是有了唯物史观的倾向"。他强调指出,文化的发展因素是多元的,只用唯心的观点或只用唯物的观点去解释整个文化的发展是错误的。格雷姆因为没有把心理因素与地理等因素"加以通盘深刻的考究",自然不能说明这些因素对于各种不同文化影响的差异,"看不出文化本身是文化发展,而尤其是高度的文化发展的要素,所以在其解释文化发展的因素上,有了不少的缺点与矛盾"①。正是出于调和"唯物"与"唯心"的需要,陈序经才会说中国的根本问题就是整个文化的问题。

与忍尼基相比,陈序经可谓是名典型的文化主义者。他不仅以此泯灭了唯物主义与唯心主义的界线,而且根本否定了唯物主义有独立存在的可能性。与此同时,陈序经虽然清楚地认识到唯物主义并不等同于经济史观,但却否定经济史观能够解释文化问题的合理性(见第一章),割裂了与唯物主义的内在必然联系。陈序经曾指出:"严格的说,以经济史观来当作唯物史观,或是这两个名词的混用,显然是一种错误。因为经济既未必全是物质,而物质也未必就是经济。比方,一家商店,其所交易的货品,固是物质的东西,可是除了货物以外,也是一种社会的组织。至于一个商会,完全可以说是一种社会的组织,而非物质的东西。他如所谓商法,

---

① 陈序经《文化学概观》第 1 册,商务印书馆 1947 年版,第 71、72 页。

商业习惯,商人道德,那更不是物质的东西,我们所以说经济未必全为物质,就是这个原故。又比方,以生物的立场去解释历史,固然可以叫做唯物史观,然却不叫做经济史观。同样,以气候,土壤,河流等地理要素去解释历史,也可以叫做唯物史观,然也不能叫做经济史观。"①陈序经的贡献在于将唯物史观与经济史观相区分,有助于时人从这种混乱中解脱出来,但是,他同时将具象的"物"代替了唯物主义的抽象"物",只见具体,不见一般,因而又陷入机械唯物主义之中。陈序经虽然以为经济史观不能解释文化,但承认自1919、1920 年以来,在胡汉民、戴季陶、陈独秀等人的介绍下,经济史观这一学说"不但在思想界产生重大影响,就是在实际上,也发生了不少的作用"②。

在重视研究文化问题的近代学者中,当然不乏信奉唯物主义者。有人即以"革命"的唯物观为论战理论③,黄文山也曾自称是唯物史观的研究者④。当然,否认唯物主义者同样大有人在。最早把文化社会学介绍到中国的孙本文,接受马克斯·韦伯等人的观点,在评述社会学发展概况时,也曾指出"在近数十年中曾一度盛行于思想界"的马克思、安格尔等人的唯物史观、经济决定论,都是"片面的唯物论","从文化社会学的眼光看来,殊难自圆其说。故在社会学说史上,不占重要的地位"⑤。

---

① 陈序经《文化学概观》第 2 册,商务印书馆 1947 年版,第 56—57 页。
② 陈序经《文化学概观》第 2 册,商务印书馆 1947 年版,第 66 页。
③ 刘弄潮《唯物主义底警钟响了——忠告适之先生》,谢颂羔《文化的研究》,上海广学会 1928 年版,第 272 页。
④ 陈树德《孙本文和〈社会学原理〉》,《读书》1984 年第 3 期。
⑤ 孙本文《社会学之近今趋势》,《国立中央大学社会科学季刊》,第 2 卷第 1 期,1944 年 12 月,第 2 页。

调和"唯物"与"唯心"是文化社会学的一个重要特点①。从事文化哲学研究的朱谦之,也以为文化哲学本身即是超越唯物论与唯心论的产物②。

陈序经反对唯物主义、主张调和"唯物"与"唯心",是与其信奉多元论分不开的。坚持多元论自然要反对一元论的唯物主义。文化主义实质即是文化多元主义。陈序经的实用主义与在此基础上确立的新进化论,均与多元论相表里。由于陈序经否定了唯物主义,因此,他那种与文化主义相关的进化论,虽然体现辩证法的精髓,但本质上仍然走不出生物进化论的樊笼。陈旭麓先生在评价资产阶级革命派的历史作用时指出,他们主张"大变"、"全变"、"骤变","基本上突破了庸俗进化论,初步具有辩证的进化思想。然而资产阶级革命派的进化论无法从理论上划清生物进化和社会进化的界限,无法说明人类文明史发展的根本原因和动力"③。这也是陈序经的致命伤。他曾有意识地注意到生物进论与社会进化论的区别,在《社会学的起源》中这样说过:"生物学对于社会学的影响最为显明,生物学家不但在研究个体的构造与功用上,给了早年的社会学家以不少暗示,而且在研究生物的团体生活方面,也给了社会学家以不少的贡献。……我们当然不要忘记,生物学有生物学的对象与范围,社会学有社会学的对象与范围。……总而言之,新兴社会的发展,与人类智识的发展,是社会学发生的重要因

---

① [日]关荣吉著,张资平、杨逸棠译《文化社会学》,上海乐群书店 1930 年版,"译序",第 3 页。

② 朱谦之《文化哲学》"序",商务印书馆 1935 年版,第 3 页。

③ 陈旭麓《五四以来政派及其思想》,上海人民出版社 1987 年版,第 3 页。

素。"①但由于文化主义与社会进化论是一对无法克服的矛盾,这便决定了陈序经只能以体现实用主义精神的文化多元主义及生物进化论作为评判文化走向的标准②,即以此作为整个文化学体系的理论基础。因此,陈序经在考虑与文化相关的各种要素时,似乎能够面面俱到,但却流于形式,同样不可能诠解文化发展的真实本源,找不到其中的决定因素,抓不住文化的本质。也许正是由于要面面俱到,陈序经才会接受无所不包的大文化概念和文化不可分论。生物进化论与文化多元主义使陈序经的文化学不可避免地出现这样根本的错误:

第一,对人类文化发展过于乐观,进而导致对西方文化发展前景的乐观。陈序经坚决反对文化的循环论、俱分论和倒退论,主张文化进步说。在他看来,人类社会终究要达到摆脱自然与文化惰性束缚的自由平等、自然自主的阶段。"一部文化发展史,也可以说是一部自由与平等发展史"。他强调文化虽然"范围人类的生活",然而"文化也增加人类的幸福"③。"只要人类加紧努力",平等基础上的自由与自由基础上的平等,是"不难实现的"。同时,陈序经指出文化的进步有"无限的前途","人类可以加倍的努力","乐观的去工作","人类既是文化的创造者、改变者、保存者、及模

---

①　陈序经《社会学的起源》,岭南大学西南社会经济研究所 1949 年版,第 44 页。

②　金观涛曾指出,第一次世界大战后,中国人因愤懑以强凌弱的帝国主义,因而抛弃被视为帝国主义理论基础的社会达尔文主义,"也就是说,相信社会达尔文主义的人是不会视西方为帝国主义的,而承认帝国主义则必须否定社会达尔文主义的进化观"。(金观涛《唯物史观与中国近代传统》,《二十一世纪》1996 年 2 月号,第 56 页)这一观点似值得商榷。陈序经同样承认帝国主义,但如果说正是这一原因使陈序经否定社会进化论则未免过于简单化。

③　陈序经《文化学概观》第 4 册,商务印书馆 1947 年版,第 45、54、47、36 页。

仿者,那么因文化而毁伤人类,或因文化而给与人类的苦闷,人类自然也能够废除,或减少这些弊病"①。这一切与唯物主义的主张何其相似,有助于肃清"文化过于发达之国民,常至灭亡"②的唯心史观的消极影响,表达了一个学者对人生终级关怀的追求,不过,他的进化论导致陈序经过于盲目的乐观。他甚至以为,文化发展无极限,而人类需求则是有限的,因而,反对控制人口增长的主张③。

　　表面上,陈序经是谈论人类文化的发展前景,实质上也是谈西方文化的发展前景。西方文化在他眼中虽然不是完美无瑕,但他相信西方文化自身能够通过限制物欲而祛弊向善。

　　第二,生物进化论导致单线的社会发展观,使文化走向呈现出宿命论的色彩。陈序经在他的著作中无数次地说过类似的话:"若是我们承认把世界的趋势来做评估我们的固有文化的特性,试问这种世界的趋势是否容许我们固有的特性的存在呢? 要是这种回答是'是',那么我们所谓固有的文化的特质,并不是我们的固有,也非我们的特质;因为她是世界所共同的,她是世界所共趋的,她是我们现在适应现在的环境的出产品。……设使我们的回答是否,则我们的固有文化的特质,已没有存在的余地,因为她是不合乎世界的趋势。不合世界的趋势,不但没有存在的余地,而且没有可以评估的价值;因为我们所把以为评估价值的标准,是现代世界文化的趋势。"④生物进化论是以遗传、变异、生存竞争、适者生存表

---

　　① 陈序经《文化学概观》第3册,商务印书馆1947年版,第37、118、89页。

　　② 萨孟武《文化进化论》,《东方杂志》第24卷第23号,1927年12月10日,第16页。

　　③ 陈序经《文化学概观》第2册,商务印书馆1947年版,第72、111页。

　　④ 陈序经《中国文化的出路》,商务印书馆1934年版,第59页。

现生物演进历程的发展变化,强调自然淘汰的作用是生物发展变化的根本原因①。用生物进化论透视文化问题,便会把原本形态各异的文化,阉割为单纯的进步与落后的文化,把以人为主体的、有意识的、能动的、复杂的文化发展过程,肢解为落后者盲目地、被动地适应进步者的简单行为,否认了文化继承与发展的关系。因而,陈序经不可能在西方文化中发掘人类文化发展的共性,只能把西方文化作为中国文化的必然归宿。

第三,文化重心、层累说带有强烈的主观臆断性与人为规定性。在文化成分和文化层累上,陈序经将文化重心分为伦理、宗教、政治、经济四个方面,认为人类文化是按照宗教、政治、经济、伦理的顺序发展,并且还曾以中外历史的进程加以验证,试图以文化重心解释文化的发展进程,从而避免"宗教史观、政治史观、经济史观或伦理史观的一元论的偏见的毛病"。他指出"文化重心的发展与变化"表示着"人类进步",用文化重心解释文化发展"含有一种很重要的意义":"我们不能不承认,在宗教与政治的重心的发展的历程中,人类已获得不少的平等与自由。而且这种平等与自由的获得,是经济上的平等与自由的获得的基础与先锋。假使宗教上没有平等与自由的争取,政治上的平等与自由是不易争取的。假使政治上没有平等与自由的争取,经济上的平等与自由也是不易争取的。"历史的发展,"是从宗教的平等与自由,而趋于政治的平等与自由;再从政治的平等与自由,而趋于经济的平等与自由。所以,人类的进步,是由于平等与自由的范围的放大。等到真正的平等与自由得到了,那么文化就趋于伦理的重心,而人类才能享受真

①　王特夫《生物进化论之理论的批判》,《中山文化教育馆季刊》第3卷第4期,1936年,第1256页。

正的幸福"①。

但我们不要忘记,陈序经曾说过文化学上的单位是"假定的"、"相对的",因此,以文化重心解释文化发展近于荒唐。如果说,陈序经上面的一番话能言之成理,只是因为它实际阐述了宗教、政治、经济三种自由平等的关系,与文化重心毫无关系。在假设的前提上推导出肯定的结论,是陈序经论证问题时的惯用手法。

总之,生物进化论与文化多元主义动摇了陈序经文化学体系的基础。胡适在文化论争中说过这样的话:"在这个优胜劣败的文化变动的历程之中,没有一种完全可靠的标准可以用来指导整个文化的各方面的选择去取。……因为文化的淘汰选择是没有'科学方法'能做标准的"②。陈序经对此非常赞同,强调"不应当再把可贵的时间与精神来讨论这个至终不能解决的问题"。在陈序经看来,只能以是否"合于文化的原理与文化的趋势"作为文化选择标准。③ 陈序经的口头禅是"时境",他常以时境变化作为文化发展的终极原因。看似客观的标准,实际上都是以陈序经的任意解说为标准。

(二)体系内的矛盾

由于文化学理论基础的偏差,陈序经的文化学体系中不可避免地出现一些逻辑上的自相矛盾之处。

1. 文化概念中的矛盾

---

① 陈序经《文化学概观》第 3 册,商务印书馆 1947 年版,第 35—36、36—37 页。

② 胡适《试评所谓'中国本位的文化建设'》,《独立评论》第 145 号,1935 年 4 月 7 日,第 6 页。

③ 陈序经《再谈"全盘西化"》,《独立评论》第 147 号,1935 年 4 月 21 日,第 8 页。

　　陈序经的文化概念是一个无所不包的大概念。他曾说过："文化是人类适应时境以满足其生活的努力和结果"，"是人类生活的总和"。但他为了论证文化学存在的合理性，曾通过学科分类的方式，把文化学单列出来。在陈序经的"科学分类表"中，他把"科学"分为"具体的科学"与"抽象的科学"二大类，而文化学不过只是"具体的科学"中的一个分支。他强调分类的目的"是要以现象本身的区别与关系为根据，而作一较为精确的科学分类"。也许这一分类过于"精确"，文化学中的文化所指已经发生变化，不再是无所不包，生物、化学、物理、地质、天文、历史、社会、心理、人类、逻辑、算术等都被摈弃在外，而不过是狭隘的伦理、宗教、法律、政治、经济的总和而已①。但他在其他场合却说过这样的话："其实无论那一种学科的本身，都可以说是文化的一方面。她是文化的产物。同时，又是文化的动力。而且，除了以自然现象为对象的自然科学外，别的学科都可以说是以文化为题材。这就是说，其所研究的对象，是文化的某一部分，或整个现象。"②

　　陈序经强调自己特别注意"文化的意义"，多次指出："近来一般人之谈文化的实际问题的，而尤其是近来一般人之谈西洋与中国的文化的问题的，往往是因为对于文化的意义，缺乏了相当的认识，结果不只是引起很多的无谓的纠纷与争论，而且对于我国的文化的实际问题的解决上，引起很多的困难，与生出不少的障碍"，"往往在应用上，前后有了不少的矛盾"③。尽管如此，他经常不自觉地在不同的文化意义中游走。他会说文化由物质与精神方面组成，也会说文化包含社会、物质与精神三方面。

---

①　陈序经《文化学概观》第 1 册，商务印书馆 1947 年版，第 19 页。
②　陈序经《文化学概观》第 1 册，商务印书馆 1947 年版，第 138 页。
③　陈序经《文化学概观》第 1 册，商务印书馆 1947 年版，第 33、26 页。

2. 文化成分不可分论中的矛盾

虽然陈序经坚持文化不可分论,不过,他在有关论述中也时常会"自食其言"。他曾说过:"何况今日一般人所谓固有文化,多非固有的东西。所谓祖宗遗产,多非祖宗的东西。衣食方面的长衣,烧饼,卧床,固不待说,宗教方面的佛教,音乐方面的琴具,以及好多东西,都是我们所谓胡夷的东西。我们既可以从明服,中饼,席地,而变为胡服,胡饼,胡床,那么比方从胡服,胡饼,胡床,而变为西服,西饼,西床,又有什么可以非难的地方呢? 而况胡夷的文化,本为我人目为低下的文化,西洋文化,却为我们认为进步的文化。"[1]中国人虽然接受"胡夷"的许多生活习惯,但中国人并没有因此而"胡"化,这不正表明文化要素之间是可以分开的吗?! 同时,陈序经承认中国可以接受"低下"的"胡夷"文化,那么,他用以解释文化发展的进化论的有效性也大打折扣。

另外,陈序经还有两个明显之处与不可分论相左。第一,他强调个人主义是文化发展的动力。这与他反对将某一种文化成分作为文化的决定因素的原则相矛盾[2]。第二,他过于主张学习西方的文化创造的精神和追求文化进步的精神。

陈序经这种"自食其言"的现象,表明其文化整体论根本不能有效的解释文化问题。与进化学派、文化史学派相比,陈序经把文化作为一个整体加以研究,注意到了文化成分之间的相互关系,这是一个进步。但他却试图把文化成分之间的相互关系凝固化与绝

---

① 陈其津《陈序经未发表的书稿〈全盘西化论〉简介》,陈传汉等《东方的觉醒——陈序经学术研讨会论文选集》,延边大学出版社 2000 年版,第 17 页。

② [德]柏克(Klauss Birk)著,马川译《现代化与西化——中国三十年代中期关于"全盘西化"问题的一场论战》,1991 年德文版,1992 年中文译稿,第 20 页。

对化。张佛泉曾对这种文化整体论做出过恰如其分的评价："陈序经教授谈西化问题，因为他太想求确鉴，似乎就犯了以名词来代替实物的弊病。他似乎将文化看成了石头，说道，我们非由这块赭的石头，摇身一变成为那块坚而白的石头不可。忘记了文化一名词不是这样具体的。如兄弟常应用西方头脑，和东方头脑等名词，便不敢将她看成两个有鼻有眼的活怪物。我不是说这样的名词是无物可代表，但她到底代表甚么，我却不能用手一一指出来。因为这类名词总是抽象的。我只想说我们欲想适应西化，就大体上讲，应该向那一方面努力。因为关于文化的这一类名词，如愈将她看得具体，外表似乎愈确鉴，但实际上却愈是曲解了不能确鉴的对象。"①

3. 物质文化与精神文化不可分中的矛盾

陈序经所谓物质文化与精神文化不可分，其意即为东方的精神文化与东方的物质文化相适应，西方的物质文化与西方的精神文化相适应，因此，东方的物质文化决不能与西方的精神文化相结合，东方的精神文化也决不能与西方的物质文化相结合。反之，如果两种文化处于同一发展水平，便能互相结合。"欧洲的物质文化，能够这么发达，是赖于欧洲的精神文化的发达，而欧洲之精神文化之发达，又可从欧洲的物质文化的发达中见之。……根据了这些道理，我们的结论是：东西的物质文化的差异，是由东西的精神的文化的差异而来，看了东西的精神的文化的不同，也可以知道东西的物质的文化之不同。我们若要西方的物质文化，我们不能不要西方的精神文化，我们若是要保留东方的精神文化，我们也只能享受从这里精神文化所表现出的物质文化。退一步来说，就使

---

① 张佛泉《西化问题的尾声》，麦发颖《全盘西化言论三集》，岭南大学学生自治会研究出版股 1936 年版，第 107 页。

物质文化与精神文化可以分开,我们能否把西方的物质文化来配上中国的精神文化呢? ……所谓中国的精神文化,无非是一种简单的物质生活的文化,……惟有低下简单的物质文化,始能得到这种精神文化","以这样的物质简单生活的精神文化,而欲与物质发达的西洋文化熔于一炉,水火何异?"①

陈序经的言论中有一些很明显的错误,如主张物质文化与精神文化互相决定论,否认物质文化与精神文化具有不同一性等,这是不需要我们详加论述的。我们只想指出陈序经自我否定的证据。陈序经以为西洋文化优于中国文化,是由于它易于接受外来文化而形成一个混合文化,埃及、巴比伦、希腊、罗马、希伯莱等文化都包容其间。但这些文化相遇时是否处于同一发展水平呢? 陈序经对此"从未明确提到"②。陈序经曾强调指出欧洲现代文化兴起的一个重要原因是元朝的西征③。西方近代的发展得益于元朝的西侵。但从陈序经的话语中,我们可以看到那时的中国与西洋文化决不在一个水平线上。陈序经认为中国文化自秦汉后愈来愈停滞,到唐朝后完全停止。按照陈序经上述理论,西方不应该接受随西侵传入西方的印刷术、火药、指南针,也不会因此而引发了西方社会的变革。而陈序经谈论中国西化趋势时,实际上谈论的便是中西文化的结合,比如,基督教的传入、文字革命等等。

---

① 陈序经《东西文化观》,《岭南学报》第 5 卷第 2 期,1936 年 8 月,第101—102 页;陈序经《中国文化的出路》,商务印书馆 1934 年版,第 53—54页。

② 〔德〕柏克(Klauss Birk)著,马川译《现代化与西化——中国三十年代中期关于"全盘西化"问题的一场论战》,1991 年德文版,1992 年中文译稿,第34 页。

③ 陈序经《东西文化观》,《岭南学报》第 5 卷第 3、4 期合刊,1936 年 12月,第 95 页。

4. 一致与和谐中的矛盾

我们可以把陈序经的"一致与和谐"理论归纳为两种涵义:第一,在程度相等的文化之间,所谓"一致"即是几种文化成分有相同之处,所谓"和谐"即是几种文化成分之间有互补性;第二,在程度不同的文化之间,所谓"一致"即为落后文化完全接受先进文化,融入先进文化之后,这也便是所谓"和谐"。第一种"一致与和谐"有其一定的合理性。恩斯特·卡西勒也曾从人性发展的角度说过类似的话:"作为一个整体的人类文化,可以被称之为人不断自我解放的历程。语文、艺术、宗教、科学,是这一历程中的不同阶段。在所有这些阶段中,人都发现并且证实了一种新的力量——建设一个人自己的世界、一个'理想'世界的力量。……这些力量不可能被归结为一个公分母。它们趋向于不同的方向,遵循着不同的原则。但是这种多样性和相异性并不意味着不一致或不和谐。所有这些功能都是相辅相成的。每一种功能都开启了一个新的境域并且向我们展示了人性的一个新方面。不和谐者就是它自身的相和谐;对立面并不是彼此排斥,而是互相依存:'对立造成和谐,正如弓与六弦琴'。"①

不过,"一致与和谐"的第二层涵义与第一层涵义完全不同,但陈序经偷换概念,仍硬性地把它们都称为"一致与和谐",试图掩盖不同文化之间的矛盾与差异。陈序经在阐述第一种"一致与和谐"时,曾强调这只是"一种相对真理",但在阐述第二种"一致与和谐"时,他已经把它视为绝对真理。陈序经所谓的全盘西化便是把"一致与和谐"当作绝对真理的最好的例证。

陈序经也曾说过:"中国以往的文化,不但遗传于后代,而且有

---

① 恩斯特·卡西勒著,甘阳译《人论——人类文化哲学导引》,台北桂冠图书股份有限公司 1991 年版,第 329 页。

很多的进步。……我们承认,在文化发展的历程中,有时也许有些东西,被人忘记,或偶然遗失,然大体上,某一民族或时代的文化的精华,往往能够保留与传递于后代。"①这与他所谓"一致与和谐"的第二种涵义相悖。他还曾指出,"不同的民族也可以有相同的文化。然而这两个民族的文化之所以相同,主要是由于两个民族接触之后,使其文化互相影响,而才有了这种结果"②。在这里陈序经强调的是"互相影响",这一点是"一致与和谐"所没有明确指出的,不论他所说的"不同的民族"的文化处于同一程度或不同程度,都违背了"一致与和谐"的要义。

5. 文化弹性说中的矛盾

陈序经以为文化的发展取决于文化的弹性,文化累积愈多则弹性愈大,而弹性愈大则累积愈多,文化进步愈快。然而,陈序经曾指出,从文化起源来看,中国文化较为单调,缺乏弹性,而西洋则多元而富于弹性。我们由此可以推断西洋文化无论何时都应该比中国文化优越③,然而陈序经却分明承认周秦文化不比古希腊差、中世纪以前的西洋文化未必优于中国文化,他也未对其中的原因做出必要的说明。文化弹性说难以对人类文化的发展做出全面的解释。

以上诸种自相矛盾之处,在很大程度上颠覆了陈序经的整个文化学体系的合理性。

---

① 陈序经《文化学概观》第 3 册,商务印书馆 1947 年版,第 114 页。
② 陈序经《文化学概观》第 2 册,商务印书馆 1947 年版,第 143 页。
③ 陈序经《中国文化的出路》,商务印书馆 1934 年版,第 99 页。

第三章　陈序经的文化学与中西文化观、历史观、社会观

陈序经将有关中国文化前途的讨论归纳为三个派别：全盘接受西洋文化、复返中国固有文化与折衷调和。陈序经创立文化学体系的直接目的，就是为其中西文化观提供理论支持，同时，可以凭藉其参与有关社会问题的论战。他还开展一系列历史学、人类学与社会学的研究工作，有意无意地验证和丰富其文化学体系。陈序经这种既注重理论构建，又注意社会实践特点，与国际学术界的总体发展趋势相吻合。

一　文化学与中西文化观

1933 年底，陈序经在广州中山大学宣讲全盘西化论，广州《民国日报》现代青年栏于 1934 年 1 月 15、16 日连续两天将其演讲公开发表，谢扶雅、张磐、陈安仁、王峰、祝伯英、林潮、王衍孔、何汝津、穆超等人，立即先后响应予以反对，双方主要以《民国日报》"现代青年"栏为阵地，各抒己见，广州地区的一场文化论战由此引发，

到 2 月 22 日,论战文章已多达 15 篇。陈序经北上南开大学后,这一论战仍未平息,且呈现向广州之外蔓延的态势,1934 年 11 月,《文化建设》也开始关注广州的这场论战①。1935 年初,上海"十教授宣言"发表后,广州地区的论战融入全国范围的中西文化论战之中,许多学者在《独立评论》、《文化建设》发表文章,对全盘西化论加以检讨。这一年是对西化问题讨论最为热闹的一年。有关全盘西化论的论争也未因抗日战争而完全中断,到 1941 年前后又形成一个小高潮。蒋廷黻、张申府、冯友兰、贺麟等学者,以昆明出版的《今日评论》为主要的言说园地,发表《中国近百年史》、《文化教育哲学》、《新事论》、《文化的体与用》等文章,同情或与陈序经互相辩难。陈序经把蒋廷黻视为同道,而把张申府、冯友兰、贺麟等人视为折衷派或同情本位文化论者。

在陈序经看来,"中国的问题,根本就是整个文化的问题。想着把中国的政治,经济,教育等等改革,根本要从文化着手。"②他坚决反对复古派和折衷派的立场,而是主张中国文化要彻底全盘的西化。陈序经极为重视文化理论,以为探讨文化问题,"应当对于文化本身上,有充分的了解;因为假使我们对于文化本身上尚没明白是什么,而去研究东西文化的问题,正像不懂哲学是什么,而要谈谈东西哲学的问题一样"③。为了系统阐述自己的理论观点,批驳复古派特别是折衷派,他出版《中国文化的出路》一书、《东西文化观》及一些论文,并写就 20 册的文化论丛。在《中国文化的出路》一书中,他开门见山就谈"文化的根本观念"。换句话说,陈序

---

① 参见麦发颖《全盘西化言论三集》,岭南大学学生自治会研究出版股1936 年版,附录 1。

② 陈序经《中国文化之出路》,吕学海《全盘西化言论集》,岭南大学青年会 1934 年版,第 1 页。

③ 陈序经《中国文化之出路》,商务印书馆 1934 年版,第 1 页。

经一方面构建和不断完善文化学体系，一方面在文化学基础上批驳对立派，同时，也在此基础上确立全盘西化论。吴景超与孙本文都曾指出，陈序经以文化社会学或社会学为根据，讨论中西文化问题，提倡全盘接受西洋文化①。

（一）文化的总体性

1. 物质文化与精神文化不可分

陈序经在《中国文化之出路》一文中，已经强调指出："所谓物质文化和精神文化，不外都是二而一，一而二的东西"，"物质文化所表现之处，便是精神文化所寄存之处"，"它们的关系正如一个人的肉体和他的灵魂的关系，两者处处都是互相为用，而不可以分开的。"②他极为反对梁启超、辜鸿铭等人欲将东方精神文化与西方物质文化相调和的主张。但在陈序经看来，"于近十余年来之能引起国人注意较大者"，还是"徘徊于复古和折衷"而更多倾向复古的梁漱溟③。

梁漱溟1921年出版《东西文化及其哲学》，到1930年已先后发行八版。1933年，又出版《中国民族自救运动之最后觉悟》，极力宣扬自己的文化观。梁漱溟将文化分为精神、社会生活与物质生活三方面，以为人类文化发展秩序是由物质而趋于社会，由社会而趋于精神文化。西方文化是以意欲向前要求，代表物质文化阶段；中国文化是以意欲调和持中，代表社会文化阶段；印度文化是以意

---

① 吴景超《建设问题与东西文化》，《独立评论》第139号，1935年2月24日，第2页；孙本文《当代中国社会学》，胜利出版社公司1948年版，第208页。

② 陈序经《中国文化之出路》，吕学海《全盘西化言论集》，岭南大学青年会1934年版，第8页。

③ 陈序经《东西文化观》，《岭南学报》第5卷第1期，1936年7月，第39、80页。

欲反身向后要求,代表精神文化阶段。这三种文化最初均从物质
文化阶段起步,但三者物质文化发展还未成熟,即躐等转入其他阶
段而"早熟"。西方文化、印度文化转入精神文化阶段,但西方文化
到文艺复兴时,又转回物质文化阶段,并且已经达到成熟。中国则
转入以孔子文化为核心的社会生活阶段。既然"早熟",中国就应
该折返物质文化阶段,但要避免西方物质文化过度发展所带来的
烦恼,需要孔子文化加以调适。中国对西方文化的态度,应该是全
盘承受而根本改过①。

　　陈序经指出,把文化分为物质、精神、社会三方面,不过是为了
"认识和研究文化便利起见","然而文化本身上却没有这一回事,
她是处处互相交错的,互相连带的",任何文化都包括这三个方面,
文化的发展就是这三方面的发展。"我们试问怎能把她来做了三
种不同的文化,同时更有什么法子来把这空间上分开不来的三方
面,再造成时间上的三个不同时期的发展呢?"文化本身分不开,一
方面的波动常常影响到其他方面。接受西方的机器文化,必然要
抛弃孔子文化,两者不能融为一炉。另外,三阶段发展说实质是循
环论,而意欲的真谛只能是向前要求②。

　　广州地区对全盘西化论反对最为激烈的要算张磐。陈序经的
《中国文化之出路》一文刊载后,张磐即刻发表《中国文化之死路》、
《为中国文化问题再进一解》予以反驳,陈序经则发表《关于中国文
化之出路答张磐先生》澄清自己的论点,张磐又发表《在文化运动
战线上答陈序经博士》作出反击。在陈序经看来,张磐完全误解了

---

　　① 详见梁漱溟《东西文化及其哲学》,《梁漱溟全集》第 1 卷,山东人民
出版社 1989 年版,第 339—538 页。

　　② 陈序经《东西文化观》,《岭南学报》第 5 卷第 1 期,1936 年 7 月,第
89、90、92—93 页。

全盘西化论,把"西化"与"西货"混为一谈,以为陈序经只知享受西
洋货。陈序经再次重申自己既重文化的物质方面,又重文化的精
神方面,因而所谓全盘西化,决不是盲目接受西货。"晚近以来,我
们每听一般人说:西方的物质文明是优过东方的。他们对于物质
文化是愿意采纳,但是他们极力提倡东方的精神文化。我们承认
'文化'二字是包含精神和物质二方面,然若一方面提倡西洋物质
文化,他方面提倡东方精神文化,是行不去的"。文化本身没有物
质精神之分,"物质文化的演化,是随着精神文化的演化","西方近
代的物质文化,是随着文艺复兴以后的精神文化而生的"。中国数
千年受困于专制思想,精神文化"走不出二千年前的精神文化的圈
子","结果二千年后的物质文化并没有优于二千年前的物质文
化","最近数十年来,物质文化上能够有半点的进步,无非是数十
年来精神文化上有多少变化之结果。物质文化既不能离精神文化
而独立,采取人家的物质文化,应当要采取人家的精神文化"。"专
去采取西洋物质文化,不但是一件行不得的事情,而且是一件最危
险的事"①。在《中国本位文化建议宣言》发表后,陈序经仍是以物
质与精神文化不可分论为依据反击其"复古"倾向②。

　　1940 年,贺麟发表《文化的体与用》一文,提出"体用合一"说。
1947 年,贺麟曾说:当时发表此文的意图,是"反对从量方面言全盘
西化,而竭力主张在质、在体、在内容方面要彻底西化。"③但陈序经
从中看到的却与之相异。

　　①　陈序经《关于中国文化之出路答张磬先生》,吕学海《全盘西化言论
集》,岭南大学青年会 1934 年版,第 21—23 页。
　　②　陈序经《读十教授〈我们的总答复〉后》,《文化建设》第 1 卷第 10 期,
1935 年 7 月 10 日,第 185—186 页。
　　③　贺麟《认识西洋文化的新努力》,贺麟《文化与人生》,商务印书馆
1988 年版,第 305 页。

所谓"体用合一"说，即"中学西学，各自成一整套，各自有其体用"，"西学之体在中国来，决不会变成用，中学之用，亦决不能变做西学之体"。"西洋之物质文明亦自有西洋之精神文明以为体，而中国之旧道德，旧思想，旧哲学，决不能为西洋近代科学及物质文明之体，亦不能以近代科学及物质文明为用。当中国有独立自得新科学时，亦自会有独立自得新哲学以为之体，中国的新物质文明须中国人去自力建设创造；而作这种新物质文明之体的新精神文明，亦须中国人自力去建设创造，这叫做以体充实体，以用充实用，以用补助用，使体用合一发展，使体用平衡并进"。"研究介绍采取任何部门的西洋文化，须得其体用之全，见其集大成之处。必定对于一部门文化，能见其全体，能得其整体，才算得对那种文化有深刻切实的了解"。对陈序经而言，这一重视物质与精神文化密切相关的言论，"是十余年来主张全盘西化的人的一种基本的理论，一种有力的理论"。但贺麟却话题一转，强调"所谓西学，须先见其体用之全，须得其整套，但这并不是主张全盘西化"，主张"中国一切学术文化工作，都应该科学化，受科学的洗礼，但全盘科学化，不得谓为全盘西化，一则科学乃人类的公产，二则科学仅是西洋文化之一部分"。陈序经抓住贺麟的疏忽，指出贺麟承认体用合一，却又将体用分离，明明是全盘西化的前提，结论却是中西折衷，只能陷于自相矛盾的境地①。几个月后，贺麟发表《儒家思想的新开展》，提出吸收西洋哲学、艺术与基督教，使儒家思想"艺术化"、"宗教化"、"哲学化"，"可以提高科学兴趣，而奠定新科学思想的精神基础"②。

---

① 陈序经《抗战时期的西化问题》，《今日评论》第 5 卷第 3 期，1941 年 1 月 26 日，第 39、40 页。

② 贺麟《儒家思想的新开展》，贺麟《文化与人生》，商务印书馆 1988 年版，第 8、9、11、17 页。

其实,物质文化不可分论是否能真正说服人也成问题。胡秋原同样承认物质与精神文化"二者如刀身如刀口,究竟不能分开",但却以此为基础,既反对中体西用与折衷调和说,更反对全盘西化论,主张在学习西方自由主义精神的基础上创造新文化①。

2. 文化成分不可分

张东荪曾主张中国要彻底采纳西洋文明,但 1926 年时便已觉察到"纯粹走西洋这条路不是绝无问题",以为一个国家总需要固有文化"安慰"人的灵魂,以为"主张彻底输入西洋思想"的同时,必须要对已遭破坏的固有文化有所补救②。1935 年,张东荪在《正风半月刊》发表《现代的中国怎样要孔子》,拟通过中西文化的比较,"得出民族复兴的路向",怀疑自己已往的西化主张,提倡现代的中国需要孔子,反对全盘西化论。他在比较中西文化时,指出两种文化有共性也有个性:"就社会组织与经济状态来讲,诚然只有古今的纵式区别,即欧美是现代而中国是古代,但就思想而言,则确有东西的不同,不能以古今概括之。"陈序经抓住这一点攻击张东荪。他指出:"思想是文化很多方面的一方面。所以思想是受文化的影响;虽则思想也可以影响于文化。换言之,思想是政治,经济,法律,社会等等的反映;虽则后者也可以成为前者的果实。因此之故,一方面的波动,每每波及于他方面。张先生不明白这个道理,所以生出思想不变,和主张采纳西洋政治经济等,而不主张采纳西洋的思想的矛盾与错误。"③

陈序经提倡全盘西化论的一个重要理论,是文化本身不可分,

---

① 胡秋原《新自由主义论》,民主政治社 1948 年版,第 69、70、81 页。

② 张东荪《西方文明与中国》,《东方杂志》第 23 卷第 24 号,1926 年 12 月 25 日,第 93、94 页。

③ 陈序经《评张东荪先生的中西文化观》,冯恩荣《全盘西化言论续集》,岭南大学 1935 年版,第 105、111、112 页。

文化成分之间"都有连带及密切的关系"。既然文化本身"是一种系统,而他的趋势,是全部的,而非部分的",因此,"要格外努力去接受西洋文化",必须"诚心诚意的全盘接受"。

在文化论战中,清华大学社会学教授吴景超赞同以十教授为代表的折衷派,并且指出文化不可分论的错误,以此反对全盘西化论。他指出,美国文化社会学十分注重文化的分析。文化单位是这一派的基本概念,即以为"每一种文化单位,有其特殊的历史","这些单位不能独立存在,每与别种文化单位,混合而成为文化集团"。陈序经大约受到这派学说的影响。"假如这种理论是对的,那么全盘接受说便可成立,可是'文化本身上是分开不得的说法,只含有一部分的真理"。"文化的各部分,有的是分不开,有的是分得开。别国的文化,有的我们很容易采纳,有的是无从采纳"。吴景超还引用程天放的理论加以透彻说明。程天放是哥伦比亚大学社会学系主任马其维(K. M. Maclver)的学生。他指出可将文化分成两部分,"一部分为含有世界性者,一部分为含有国别性者,例如自然科学,以及交通,工业,医药等,即含有世界性之文化";政治制度、教育设施、交际礼仪、生活习惯等,"则各国有各国之历史背景,无法强同,亦不必强同,此即所谓含有国别性之文化"①。本位文化论者同样是从文化"有的地方诚然是分不开的,但是有的地方却是分得开的"入手,反对全盘西化论②。

陈序经发表《关于全盘西化答吴景超先生》一文,为自己辩护。他用大量社会生活的事实,证明文化各部分是分不开的,"文

---

① 吴景超《建设问题与东西文化》,《独立评论》第 139 号,1935 年 2 月 24 日,第 3—4 页。

② 张熙若《全盘西化与中国本位》、王南屏《陈胡二先生〈全盘西化〉论的检讨》,《文化建议》第 1 卷第 11 号,1935 年 8 月 10 日,第 156、172 页。

化的一方面若受了影响,他方面也必受其波动的道理"。并且认
为程天放的文化分类,"照我个人的意见,简直是和六十年前的薛
福成所谓'器的文化与道的文化',和二十年来的'物质文化与精
神文化'等分类,名称上虽是不同,事实上没有大异"。梁启超在
《先秦政治思想史》中说过:"国故之学曷为直至今日乃渐活耶?
盖由我侪受外来学术之影响,采彼都治学方法,以理我故物;于是
乎昔人绝未注意之资料,映吾眼忽莹;昔人认为不可理之系统,经
我手而忽整;乃至昔人不甚了解之语句,旋我脑而忽畅。质言之,
则吾侪所恃之利器,实'洋货'也。"陈序经在文章中引用梁启超的
这一言论,藉此强调:"死的国故,且要西洋方法来注射,始能复
活,试问中国还有什么东西,是不要西化而始能复活呢?"他还强
调:"打破中国文化基础的家庭的基督教,中国人都愿意采纳。试
问还有那一种文化是我们无从采纳,而学不到的呢? 文化是人类
的创造品,除非我们承认我们是生来没有西洋人那样聪明,那样
灵敏,那么我们无从相信西洋人所能达得到的文化,我们没有法
子做到。"①

　　吴景超并未被陈序经所说服,再发表《答陈序经先生的全盘西
化论》一文,与陈序经"商榷"。他指出,如果文化不可分,全盘西化
则不成问题。"可惜这种文化'分不开'的理论,还没有一位学者能
够证明";并且还指出,根据霍布豪斯和路卫等人研究表明,母系社
会、家族制度和一妻多夫制,普遍存在于渔猎、畜牧、农业社会中,
由此可见"'文化分不开'的理论,证据是很薄弱的。我们是主张文
化各部分有分不开,也有分得开的,所以在西化的过程中,我们还

―――――――――

① 陈序经《关于全盘西化答吴景超先生》,《独立评论》第 142 号,1935
年 3 月 17 日,第 3—5 页。

可以有选择之余地"①。

陈序经立即做出回应,发表《从西化问题的讨论里求得一个共同信仰》一文。他虽然说"吴先生始终不明了文化的各方面有了连带与密切关系而分开不得的理论",但从字里行间中,却或多或少透露出他对文化不可分论缺乏足够的信心。"我在这里只要声明,这种理论,只是我主张全盘西化的很多的理由之一,所以纵使文化的各部分是可以分得开的,有如吴先生所说,全盘西化论,仍可成立,这是读过我的著作的人所能容易看得出的。而况文化的各部分,是有了连带关系而分开不得"②。针对吴景超所说的"这种文化分不开的理论,还没有一位学者能够证明",陈序经则指出威利斯(W. D. Walis)即持文化不可分论,也提醒吴景超,霍布豪斯也说过"每种社会里的文化的各方面,仍是有了连带与密切的关系而成为体系"③。

抗战期间,张申府在《文化教育哲学》一书的《抗战建国文化的建立发端》章节中指出,全盘西化的人"根本没有了解西洋文化,根本没有了解西洋文化一个核心的科学的出发点是分,因此所注重的是数量,是分析,是分别,是分寸,为什么对文化要囫囵待遇?"陈序经针锋相对地指出,"我们承认科学的出发点是分,同时我们不能否认科学的实证也是合。分是为着我们研究的便利起见,合是科学的基本原理","科学愈发达,则这个合的观念,也愈显明"。"全盘西化的理论的根据,可以说是筑在文化各方面的关系上,与

① 吴景超《答陈序经先生的全盘西化论》,《独立评论》第 147 号,1935 年 4 月 21 日,第 2—3 页。
② 陈序经《从西化问题的讨论里求得一个共同信仰》,《独立评论》第 149 号,1935 年 5 月 5 日,第 9 页。
③ 陈序经《从西化问题的讨论里求得一个共同信仰》,《独立评论》第 149 号,1935 年 5 月 5 日,第 9 页。

文化的现象的合点上"①。

3. 一致与和谐

在陈序经看来,复古派昧于文化发展变换的道理,而折衷派则昧于文化一致及和谐的真义。"误以为文化的全部,好象一间旧屋子,我们可以斥毁她,看看那块石,或是料木,随便可以留用。但是他们简直忘却了文化各方面的特质,是不过我们的假定;在文化本身上,并没有这么的一回事。其实文化是全完的整个,没能分解的。总之,无论积极方面,或消极方面,都可以证明中国文化之出路,是要去彻底的西化"②。这是陈序经所说的"一致与和谐"的第一层涵义。

陈序经还将不同圈围间的"一致与和谐"理论,运用于文化论战。他指出,"所谓'固有'的文化的观念,只在中西文化接触前有之;迨接触一经发生,马上便成功了一种新局势,新要求,也便没有所谓固有文化的存在","所以在理论上保存固有文化这句话是说不通"③。孙本文曾在《中国文化研究刍议》中指出,文化研究的目标,即是"了解我国固有文化的特长,及其缺陷","根据现代世界趋势,对于这种种特性的价值,加以严密的评估"。陈序经以为这是"对于文化的根本观念上,没有充分的了解",便用这一理论加以反驳④。

吴景超同情折衷派,提出文化研究的首要任务,是"具体"指出

---

① 陈序经《抗战时期的西化问题》,《今日评论》第 5 卷第 3 期,1941 年 1 月 26 日,第 35、36 页。

② 陈序经《中国文化之出路》,吕学海《全盘西化言论集》,岭南大学青年会 1934 年版,第 12 页。

③ 陈序经《中国文化之出路》,吕学海《全盘西化言论集》,岭南大学青年会 1934 年版,第 2、3 页。

④ 陈序经《中国文化的出路》,商务印书馆 1934 年版,第 58、57 页。

中国固有文化中,"那一部分还有适应环境的活力,因此应当保存。我很注意上面这句话里面的'具体'二字","抽象的谈保存中国固有的优美文化,对于建设,丝毫无补,反而可以使一般人的思想混乱,无所适从。我们应该继续新文化运动的精神,从新估定旧文化各部分的价值,要具体的研究与讨论,不要抽象的空谈"①。

陈序经则认为吴景超"完全忽略了两种文化接触后的趋势"。他指出,"一致与和谐"是文化发展的一般规律,"两种文化接触以后,从其发展与趋势来看,所谓保存固有文化这句话和这件事,是绝对没有存在的可能"。"从东西文化接触的趋势来看,接触以后,东方固不能存其固有,西方也不能存其固有;因为前者正在其趋于消灭的途程,而后者正趋于为共有的道路"②。既然保存固有文化之说不存在,折衷也就不可能。这则是陈序经"一致与和谐"的第二层涵义。

与陈序经"一致与和谐"理论形成对比的,是孙本文的"文化模式"论。孙本文以为,"文化就是人类调适于环境的产物",是人类"应付环境创造历史的总成绩"。这一点与陈序经无本质区别。他与陈序经的不同主要有两点:第一,主张文化相对主义,认为"中国与美国,就文化程度言,很难加以轩轾";第二,提出并坚持文化模式论。所谓文化模式论,即文化特质并不是一种不可分割的单位,但"就一种特殊文化的全体而论",文化特质之间又是互相结合,"有一种特殊的计划","能使一切文化特质丛,互相结合而成比较有系统的全体","而成一特殊的模式"。孙本文因此指出,"大概从

---

① 吴景超《建设问题与东西文化》,《独立评论》第 139 号,1935 年 2 月 24 日,第 6 页。

② 陈序经《关于全盘西化答吴景超先生》,《独立评论》第 142 号,1935 年 3 月 17 日,第 6 页。

外面输入的新文化,必须与固有的文化模式,能互相适应;至少须不与固有的文化模式不发生显著的冲突,方可保其存在和通行。新发明的文化,也必须适合于现存的文化模式","必使同化于固有的文化模式;而成为模式的一部分"①。与此相应,孙本文主张文化本位主义。他以为文化建设,"须顾及中国历史的背景"、"应注意中国目前社会实际的需要"②。

(二)文化概念

1. 时境观

由王新命、何炳松、黄文山等十教授署名的《中国本位的文化建设宣言》发表后,陈序经指出它是复古、守旧的宣言,"至多也跳不出三十五年前的张之洞所画的圈子"。他以为十教授最大错误,是不明白文化是人类适应时境以满足其生活的努力的结果和工具。"时境变了,文化也变"。"我们既可以放弃我们祖宗的'穴居野处,茹毛饮血,结绳记事,知母不知父'的文化,我们也可以放弃我们今日所谓为'固有'的文化,而采纳现代的文化。须知现代的文化,根本上虽然是西洋的文化,然而经过我们自己的仿造以后,就是我们的文化"③。

在对待西洋文化的态度上,吴景超曾主张,首先要指出西洋文化中,哪些部分"适合于我们历史的背景,地理的环境,人民的能力","对于某一部分的西洋文化,我们愿意用作参考,但决不抄

---

①　孙本文《社会的文化基础》,孙本文《社会学的基础》上册,世界书局1931年版,第23、3、11、53—54、79、80页。

②　孙本文《建设本位文化的标准》,马芳若《中国文化建设讨论集》,龙文书店1935年版,第58、59页。

③　陈序经《评中国本位的文化建设宣言》,冯恩荣《全盘西化言论续集》,岭南大学1935年版,第99、100页。

袭,""与中国的国情不相合,无全盘接收的可能"①。

陈序经对此指出,"照吴先生的意见,中国有中国的国情,所以采纳西洋文化时,我们应当以合于我国国情的以为标准"。"吴先生所说的'历史背景'无非就是指着我们的'固有'的文化。但是'固有'的文化,一方面既不合于现代的环境和趋势,一方面又为采纳西洋文化的窒碍物,试问我们除了扫除这种'固有'文化之外,我们还有什么方法去采纳西洋文化呢?"折衷派的口号固然动听,"可是事实上,所生出的危险,恐怕远在真正复古派之上呵!"②此时,沈昌晔在《国闻周报》发表《论文化的创造》,赞成全盘西化论,反诘折衷派,"要是采纳西洋文化须以中国的意识形态之适应与否为标准,那么我们根本不必采纳,现存的中国文化,不是更能适应中国的意识形态吗?"陈序经马上引为同调:"沈先生所说的中国'意识形态',岂不就是吴先生所说的'国情'吗?"③

2. 文化与文明不同

十教授宣言发表后,吴景超极力赞同,并为其寻找理论根据。他指出,美国马其维曾将"含有世界性之文化"为"文明",而把"含有国别性之文化"称为"文化"。德国社会学家阿尔弗莱德·韦伯,曾以为文明是"发明"出来的,而文化是"创造"出来的。发明的东西,可以从一个民族传播到另一民族,而不失其特性;可以一代传一代,"而依然保存其用途"。凡自然科学及物质的工具等等,都可以视为文

---

① 吴景超《建设问题与东西文化》,《独立评论》第 139 号,1935 年 2 月 24 日,第 6 页;吴景超《答陈序经先生的全盘西化论》,《独立评论》第 147 号,1935 年 4 月 21 日,第 4 页。

② 陈序经《关于全盘西化答吴景超先生》,《独立评论》第 142 号,1935 年 3 月 17 日,第 7、8 页。

③ 陈序经《从西化问题的讨论里求得一个共同信仰》,《独立评论》第 149 号,1935 年 5 月 5 日,第 11 页。

明。文化既然是创造的，则"是一个地方一个时代民族性的表现，只有在一定的时间与空间内，能保存其原有的意义。别国地方的人，如抄袭过去，总会把原意失去的"。凡宗教、艺术等，都是属于文化的一类的①。当时，陈序经在与吴景超的论辩中，不知是否有意对这一问题未予以回答。

冯友兰在《新动向》发表的《新事论》12 篇，其首篇即主张"别共殊"，即文化可以分为共同与特殊两方面。所谓共同的文化，就是人类共需的文化；所谓特殊的文化，就是每个民族特有的文化。前者可以改变，而后者则不能改变。冯友兰指出，从共需文化而言，中国必须全盘西化，从特殊文化而言，中国文化的变化又是部分的、本位的。

陈序经以为，冯友兰这种"别共殊"，与马其维、韦伯等人的文明与文化之别"差不多"。照他们两人意见来看，"文明是人类努力去设法以统制其生活的状况的一切机构与组用。文化是人类努力去满足自己的内在的结果"。文明是利用的东西，文化是自足的东西。文明是常变的，文化是少变的。文明是工具，文化是目的、价值。陈序经指出，特别是马其维仍承认文明与文化之间的不易分开的密切关系。由此来看，所谓共需的文化与特殊的文化也难以区别。冯友兰的既主张全盘西化，又主张折衷与本位，"这其实就是犯了矛盾的病"②。冯友兰发表《答陈序经先生》，声明陈序经误

---

① 吴景超《建设问题与东西文化》，《独立评论》第 139 号，1935 年 2 月 24 日，第 4 页。

② 陈序经《抗战时期的西化问题》，《今日评论》第 5 卷第 3 期，1941 年 1 月 26 日，第 37、39 页。另该文内容与《东西文化观》第二部《折衷办法的批评》（手抄稿，南开大学图书馆藏）中内容基本相同。

解其"别共殊"之意①。陈序经则认为,冯友兰"并没有把握住讨论问题的中心,而只枝枝节节,断章取句,而些有些近于贻文弄墨"②。

由于在文化论战中,陈序经的文化不可分论、一致与和谐、时境论等,均遭到各方面的猛烈攻击③,特别是1941年后主张古今中外文化综合创造论逐渐占据主导地位,甚至有人提出"文化综合运动"④,他又在原有的文化层累说的基础上,提出文化重心说与弹性说,充实其文化学的内容,进一步巩固全盘西化论的理论基础。

(三)从进化论到文化重心说

进化论是陈序经文化学的基础,也是文化论战的基本武器,它在论战时衍变为两种价值取向:一是西洋近代文化的确比我们进步得多;二是西洋的现代文化,无论我们喜欢不喜欢去接受,她毕

---

① 冯友兰《答陈序经先生》,《今日评论》第5卷第6期,1941年2月16日,第83—84页。

② 陈序经《东西文化观》第五部《全盘西化论史略》,手抄稿,南开大学图书馆藏。另:陈序经的理解与冯友兰弟子蔡仲德对"别共殊"的诠释并无本质区别。详见蔡仲德《冯友兰先生评传》,冯友兰《中国现代哲学史》,广东人民出版社1999年版,第266—267页。

③ 即使如此,但"全盘"之说仍博得少有的同情。有人反对本位文化论,提出中国文化发展的四大原则:"全盘地吸取西洋文化根本精神(科学、民主与工农业),局部的吸取西洋文化枝叶装饰;运用西洋文化根本精神,调整中国固有优美之文化,剔除中国固有之毒性文化;中西文化动向一致之条件下,保留中国民族特征,加以中国民族创化,成为一种新文化。"熊孟飞《谈"中国本位文化建设"之闲天(三)》,《文化与教育》第52期,1935年4月30日,第12页。

④ 苏渊雷《民族文化建立论》,独立出版社1942年版,第108、100页。云南大学教授林同济与西南联大教授雷海宗两人,也提出"不问中西,只问如何能把中国文化尽可能地酿化为活泼健全的'列国型'!",见林同济、雷海宗《文化形态史观》,台湾业强出版社1988年版,卷头语,第XXV页。

竟是现在世界的趋势。在他看来,西洋文化在思想、艺术、科学、民治、政治、教育、法律、宗教、哲学、文学、道德诸方面都比中国好。"凡是平心静气的人,总不能不承认中国文化,无论在那一方面,都比不上西洋文化"。"从东西文化的内容来看,我们所有的东西,人家通通有,可是人家所有的很多东西,我们却没有。从文化的各方面的比较来看,我们所觉为最好的东西,远不如人家的好,可是我们所觉为坏的东西,还坏过人家所觉为最坏的千万倍"。西方文化发展趋势是不可逆转的,即使不愿主动接受,最终也要被迫接受。况且,鸦片战争后,中国已经出现西化的态度与事实①。

　　最初,陈序经以进化论反驳对立派、提倡全盘西化,多侧重于事实论证,到其文化学体系确立后,他则侧重于理论方面,即从文化重心方面加以论述。陈序经提出"文化重心"的目的在于,"明了时代文化的重心,不但可以明白文化发展的程序与趋向,而且可以当做改造文化的根本"②。文化重心与层累是紧密相连的。文化重心可划分为宗教、政治、经济、伦理四类。从文化的发展的重心来看,文化的层累可分为宗教、政治、经济、伦理四个时期。这一点我们在上一章已有所介绍。

　　陈序经以为人类社会都经历了宗教、政治、经济、伦理先后更迭的发展趋势。为了强化自己的论断,陈序经在《文化学概观》中有关内容的基础上,撰写了《西洋文化观》、《东方文化观》、《中国文化观》与《中国西化观》等小册子,专门讨论西洋、印度、暹罗、日本、中国的文化重心的嬗变。

---

　　①　陈序经《中国文化之出路》,商务印书馆 1934 年版,第 83—98 页;陈序经《中国文化之出路》,吕学海《全盘西化言论集》,岭南大学青年会 1934 年版,第 12,14 页;陈序经《关于全盘西化答吴景超先生》,《独立评论》第 142 号,1935 年 3 月 17 日,第 3—4、6 页。

　　②　陈序经《文化学概观》第 3 册,商务印书馆 1947 年版,第 22—23 页。

从西洋文化来看,希腊、罗马文化虽然包括哲学、科学、文学、艺术、军事、政治、法律等方面,但在整体上,其重心偏于宗教(指广义的宗教,迷信与幻术均列入其中)方面。罗马帝国以后的中世纪,西洋文化已有近代文化的萌发,但文化本身仍是偏于宗教方面。只不过中世纪的宗教偏于一神、上帝、抽象的神,而希腊、罗马时期的宗教则偏于多神、拜祖、具体的神而已。教会在中世纪具有至高无尚的地位,是上帝的代表,也执掌世俗社会。国家、政治、战争、道德、习俗都染上宗教色彩。宗教改革以后,西洋文化的重心,逐渐趋于政治方面。宗教改革导致俗事与精神相离,政治与宗教分离。16世纪中叶,德国北部、北欧各国,基本脱离罗马教会的束缚。政治与宗教的分离,是近代国家主义的发展的必要条件,而脱离罗马教会的统治,是近代民族主义发展的表征。民族至上、国家至上,成为时代的口号,教会成为国家的附庸,教士是国家的臣民,道德、法律都以国家利益为前提。国家是社会的主宰。自宗教改革以至18世纪末年,甚至直到近代,政治无疑是西洋文化的重心。18世纪末,工业革命开始后,工业带动农业、商业的发展,进而影响到文化的各个方面。文化的经济方面,虽尚未能够完全代替政治而成为文化的重心,但是经济在文化上的重要性不可替代,"将来的文化的重心,还是趋于经济方面"。"至于文化的伦理重心的时代,在目下尚谈不到,虽则将来是有实现的可能"①。

陈序经进而指出,东方文化重心的发展趋向,与西洋"差不多一样"。他分别以印度、暹罗、日本为例加以说明。印度种姓制与多元宗教,表明其文化重心在宗教方面。但自18世纪后,印度因沦为英国的殖民地,其民族意识、国家主义逐渐发展起来。印度的

---

① 详见陈序经《文化学概观》第3册,商务印书馆1947年版,第25—30、35页。

文化也已逐渐从宗教的重心,趋于政治的重心。虽然种姓制与多元宗教仍然存在,成为印度民族独立的障碍,但不能否认,种姓制已趋于瓦解,宗教派别之间也有调和的趋势。民族独立是印度人民的首要任务。

暹罗文化最初也是偏于宗教,而且宗教意识一直贯穿在暹罗的习俗和政治生活之中。不过,自郑昭打败缅甸后,开始政治改革,其后的君主均讲求内政,并且运用外交,使暹罗逐渐成为一个独立的国家,政治势力成为暹罗的文化重心。国家主义的提倡、大泰主义的极度膨胀,都是文化偏于政治重心的表现。暹罗在独立后,现代文化也趋于经济重心。农业改良、工商业的提倡,即是注重经济的表征。

日本固有文化中神道教、佛教同时并存,影响政治和民众的生活。明治维新后,实行全面改革,一跃而入帝国主义国家之列。欧战时,日本借机确立了工业化基础,实行外向型经济战略。其文化重心由政治方面而转变为经济方面。

处于东方文化圈中的中国,其文化发展也毫无例外地经历着同一过程。中国是一个多宗教的国家,宗教同样是中国固有文化的重心。"像统治中世纪的欧洲的耶教或是统治以往的暹罗的佛教是中国所缺少的。不过宗教并不一定是指着一种的信仰,也不一定是指着一个国家或民族只要有一种的信仰才能谓为宗教"。"所谓宗教应当包括一切的对于神的信仰或是对于鬼的迷信"。"与其说中国没有宗教","宗教心理是很为薄弱",不如说"中国是一个多神与多鬼的迷信的国家","中国人民的宗教心理是很为深厚"①。儒家在外表上虽然偏于道德方面,但是其基础却是宗教。儒家文化以家族为本位,奉祀祖宗崇拜,所谓农业为主、农村为本的文化,也自然与祖先崇拜

_____

① 陈序经《中国文化观》,手抄稿,南开大学图书馆藏。

有密切关系。自汉以后，儒家本身也成为一种广义的宗教。祭拜孔子、遍设孔庙，都是宗教的行为。中国文化的外表，既是以孔教为重心，中国文化的实质，又以拜祖宗，崇佛、道为重心，文化的各方面，无一不与迷信、宗教有了直接或间接的关系。太平天国以后，国人逐渐注意到政治生活，民族主义的膨胀，国家主义的发达，这是中国文化趋于政治重心的表征。北伐后，中国文化虽然还是以政治为重心，但经济问题逐渐引起国人的注意，这可以说是趋于经济重心的征兆。开发西北、西南，发展交通、采矿业，振兴农工商的政策等等，均表明文化重心开始趋于经济方面①。

　　通过对东西方，特别是中西方文化层累的分析，陈序经无非要指出："很凑巧的，是两者的发展都是由宗教的重心，而趋于政治的重心。同样的，由政治的重心，而趋于经济的重心。"他还特别强调："东方各国的文化的政治与经济的重心的发展，是受了西洋文化的影响"②，"我们东方的这些国家，以至我国西化重心发展，又是与西洋的文化的重心的发展是同一途径的"，"也跟着西洋的文化的发展的途径"③。陈序经以此描摹人类进化发展的一般图谱，旨在说明："一切文化的差异，只有程度或量上的简单和复杂的差别，却没有质上的差异。"④西洋近代文化已经为中国展现了发展的前景，中国曾走过并且正在走着与西洋相似的发展道路，西洋的现在就是中国的未来，而暹罗与日本的成功典范，已经给中国树立了样板，全盘西化不容置疑，它不仅必要，而且可能。陈序经拟把"无意识"或"自动"的西化，变成在理论指导下的西化。

---

① 详见陈序经《文化学概观》第 3 册，商务印书馆 1947 年版，第 30—34 页。

② 详见陈序经《文化学概观》第 3 册，商务印书馆 1947 年版，第 35 页。

③ 陈序经《中国西化观》（二），手抄稿，南开大学图书馆藏。

④ 陈序经《中国文化的出路》，商务印书馆 1934 年版，第 77 页。

（四）文化弹性说

按照陈序经的意见，文化弹性，即文化发展的可能性，是由某种文化的空间性与其内部因子的相关性所决定。以此衡量东西方文化，东方文化在地域性与复杂程度上远不如西方文化。"延滞"与"演变"是文化弹性的外在表征。从总体而论，东方文化，特别是中国文化，是一种延滞的文化，而西方文化则是演变的文化。延滞的文化即是落后的文化，演变的文化则是进步的文化。

从地理上来看，中国文化可以说是大陆文化，西方文化是海洋的文化。中国地处南亚次大陆，东有大海阻隔，西北多为沙漠，西南多为山岭。中国文化早期从黄河上游趋于黄河下游，以至出海口，虽然也影响到日本及南洋各处，但主要是沿着内陆发展。中国文化，"自成一个圈围，自成一个系统，自成一种格式"。西洋文化的发源地埃及，东、南临海，地势不像中国自成一个圈围。西洋文化最早则从尼罗河上游趋于下游，以至地中海，主要是沿着海岸而发展，形成埃及、巴比伦、希伯来等各具特色的文化中心。

中国到秦汉时期，文化中心大致在北方平原，地理的中心少有变更。即使其后中原文化逐渐推进到长江流域与珠江流域，但直到欧风东渐之前，"南中北三部只有一种文化——这就是'固有'的文化"①。文化系统比较单调，文化易于停滞。尤其是汉文化周围的日本、安南等地的文化程度，均低于中国文化。中国文化"成为东方文化的高峰"，易自足、自夸。与陈序经同时代的日本学者桑原骘藏对此也有同样的认识："从上古时代起，中国的文明远比四邻异邦发达。因此，中国人自古为本国的文明感到自负，视自己的文化为唯一绝对而笃信，全力加以维持和保存。这个习惯成为他

---

① 陈序经《南北文化观》，《岭南学报》第 3 卷第 3 期，第 63 页。

们的第二天性。"①反之,西洋文化主要是向海岸与海外发展,与外间文化接触的机会较多,互相竞争、仿效,文化成分累积丰富,易于演变,形成多元的地理上的文化中心和各异的文化系统。

从文化内容来看,中国文化内容较为单调。外来文化对中国文化少有影响,中国内部文化到了周朝的初期,规模也已完备。春秋战国的时代,虽有了九流十家,百家争鸣,但各家各派都有了复古的趋向,趋于退化的途径。同时,各家的思想都偏重于精神文化,而忽略了物质生活。专制政制、家族制度二千多年始终如一。从发展空间来看,中国文化基本局限于日本、安南,虽也传入暹罗等地;但并未成主流文化。中国蚕丝、印刷、火药、指南针、园林艺术,对西方虽有影响,却融入西洋文化中。

从西洋文化的内容来看,文字始于埃及、巴比伦。伦理、哲学、政治学、生物学、几何学、建筑学源于希腊。希伯来人的宗教、罗马人的法律、军事、帝国均构成了西洋文化的基础。"内容既包含很多,弹性也较大。结果不只是外来的文化,更易于接受,就是内部的变化,也易于产生。所以西洋古代的文化,不只在其本质上,已有很多的特性,是超越于中国古代的文化,就是在其发展的局势与可能性,也较优与较大于后者"。

中世纪的西洋文化,虽然趋势于停滞,趋于单调,但毕竟继承希腊、罗马的文化成分,而基督教本身也是一种外来宗教,它为希腊、罗马的文化增添了一种新酵素。中世纪的文化是一种混合文化与过渡文化。相反,中国秦汉以后的文化,愈来愈停滞,愈来愈单调,本身的弹性很小。"从这两种文化的实质,而尤其是物质方面来看,中国的中古文化,虽未必是低于西洋的中古文化,然而在

---

① 柳卸林《世界名人论中国文化》,湖北人民出版社 1991 年版,第 697 页。

其发展的局势上，与可能性上，前者却无比不及后者"。到元朝西侵与十字军东征的时代，东方文化趋入西洋，"给与西洋文化发展的新工具，给与西洋文化发展的新刺激。再加以文艺复兴的运动，与科学的发明，使西洋的文化，又踏入一个新时代"。西洋文化的发展愈进愈速，而成为现代的西洋文化。从文化实质、文化成分、发展的局势与可能性上，中国文化均不能与西洋比肩。"不只在东西海道未通之前，不只在鸦片战争之前，以至在满洲未倒之前，我们比不上西洋，就是在民国以后，以至于今，我们还是落后"。

西洋文化弹性较大，易于演变，易于进步，易于接受外来的文化。"在西洋文化的发展的历史上，我们不只可以找出好多古代各种的成分，而且可以找出世界各处的文化的要素。从这方面来看，现代西洋文化，又可以代表世界的文化"。埃及、巴比伦、希腊、罗马、希伯来、中国等文化要素都涵括其中。"从历史的眼光去看，这是世界文化的博物院，从文化内容方面来看，这是世界文化的总汇"。"西洋现代的文化，不只是世界上最进步的文化，而且是趋为世界的文化"。西洋文化随新大陆发现后进入美洲，进而影响俄国的西化，通过殖民侵略，使日本、安南、暹罗都被迫西化。"亚洲的各民族，无论是被迫西化，或是自动西化，无论很快西化，或是较迟西化，其趋于西化的途径，却是一样"①。

陈序经要说明的是："原来文化的优高与低下，从其发展的趋势的立脚点看去，并不一定在这个文化本身上所已达到的程度如何，而在于其发展上的可能性如何。有了发展上的可能性，则其文化的本身上所已达到的程度，也许比之他种文化所已达到的程度处于相等的地位，或是处于低下的地位，然在文化的发展的趋势及

① 陈序经《文化学概观》第 4 册，商务印书馆 1947 年版，第 108—112、114—117、119—124 页。

将来上看去,则前者必较后者为优高是甚明显的事。"然而,由于地理因素与文化较"纯"的限制,中国文化从历史以至现实来看,都缺乏发展的可能性,"中国的文化,无论是在时间上或是空间上,所谓发展,不外是死板的延长和放大"。惜中国人一误再误历史契机,未能吸收西方文化,文化弹性益加微弱。"设使中国人,而在元初能像十字军之虚心接受外间的文化,同时打破内部数千年来的僵局,而努力从事新文化的创造,则今日的中国文化,也许和欧洲的不相去太远。不然则循着明末和清初之努力西化,再从而发展之和扩张之,则今日的中国文化,至少也许赶及西洋,再不然,则太平天国荡平以后,和英法联军入京以后,而能虚心诚意全盘彻底去效法西洋,则今日的中国文化总赶得及日本"①。历史时机已失,但抗战之后,中国"非努力西化,是不足以图存的"②,惟有全盘西化,汇入西洋文化之中才能够生存与发展。

当然,按照陈序经的理论,愈加吸纳西洋文化,中国文化的弹性愈大,随之也愈容易全盘西化。

二 文化学与历史观

陈序经并不是抽象理论的构建者,他精通中外历史,富于历史洞察力,擅长把大量的历史例证融入文化学论著中。他从 20 世纪 30 至 60 年代,曾写过《暹罗与中国》、《南洋与中国》、《匈奴史稿》、东南亚古史研究八种及《浡史漫笔》等史学论著和论文。从某种意义上说,这些论著都是其文化学论著中历史例证的延续或丰富,或

---

① 陈序经《东西文化发展的比较》,手抄稿,南开大学图书馆藏。
② 陈序经《文化学概观》第 4 册,商务印书馆 1947 年版,第 123 页。

者说,史学研究中充满深厚的文化学底蕴。陈序经说过:"我们研究文化,我们不应只研究在现代较为进步的民族的文化,或与我们较有直接的关系的历史,我们应该明白在现代较为低级的民族的文化,以至与我们较为间接的关系的历史而同时却与现代文化与我们自己都有密切的关系的。其实,所谓较为进步的民族的文化的好多方面,可以从所谓较为低级的民族的文化里,寻找出来。所谓较有直接的于我们有关系的历史,又是从所谓较为间接的于我们有关系的历史,演进而来。"①陈序经历史研究的特点,一是注重实地考察。1932 年后曾三度去越南、暹罗、马来西亚、老挝等地调研。不仅去过柬埔寨 6 次以上,而且几乎走遍其全境②,也去过西双版纳芒市;二从人类学的分类角度,以种族演变而不是以政治集团为核心进行动态考察;三是精于考证;四是研究中体现或贯穿着进化论的思想,代表了一种历史观。陈序经的史学论著之间还有一种内在的联系。其所涉及的时限从公元前直到他所处的年代;内容上既有东方史、中国史,也有西方史,且每本书各有其侧重点。陈序经之所以把实质上是人类学、民族学的研究,称为史学研究,无非是强调自己的立论是以史实为根据,并做纵向的追踪考察。

(一) 文化交流与传播

《匈奴史稿》成书于 1954—1956 年间,修订于 60 年代初,是陈序经研究文化交流与传播的重要史学论著。陈序经在系统搜集资料的基础上③,从"匈奴史通论"、"匈奴与中国"、"匈奴西迁入欧始

---

① 陈序经《文化学概观》第 1 册,商务印书馆 1947 年版,第 81 页。
② 陈序经《扶南史初探——古代柬埔寨与其有关的东南亚诸国史》,陈序经《陈序经东南亚古史研究合集》上卷,商务印书馆(香港)有限公司 1992 年版,第 515 页。
③ 详见陈序经《匈奴史稿》,天津古籍出版社 1989 年版,第 1—40 页。

末"等三个方面,全面考察了自公元前头曼时代到公元 5 世纪阿提拉时代的约 700 年的历史。在此基础上,他阐述了匈奴文化的特性,系统分析了匈奴文化与汉文化之间的互动关系,以及匈奴西迁给整个西方文化的冲击,指出"匈奴的历史,无论对于亚洲、欧洲和世界的历史,都有很重要的意义"①。

1. 地理环境与文化传播

陈序经十分重视对匈奴地理位置或文化的地理基础的考察,指出匈奴本部地处蒙古高原的大盆地,"自成一个单位或地区"。盆地除有一些外流河和内流河外,广大区域则是大戈壁。戈壁内有许多小盆地,科布多盆地位于大戈壁西北部,从这个地区的南部可以越过阿尔泰山,到新疆的准噶尔盆地,北边一些山口,西北循科布多河与西伯利亚接壤。唐努乌梁盆地向北通往西伯利亚。匈奴在强盛时代,其势力即是向西与西北方面伸张,失败时也是往这个方向迁徙。居延盆地乃是匈奴与汉族争夺最为剧烈的地区。匈奴从这里到河西走廊,并进一步控制西域诸国,即现在新疆一带。但是他们也可以通过科布多盆地与阿尔泰山的山口,长驱而入新疆天山以北的准噶尔盆地,或是从科布多与唐努乌梁海通过丁零、坚昆而西走。在强盛的时代,匈奴可以经过这些地方,控制河西走廊、天山南北的西域诸国以至葱岭、乌孙、大宛以西的康居、大夏等处。在衰弱的时代,匈奴也可以经过这些地方而退向葱岭、乌孙、大宛以西各地②。这些通道实际就是文化传播要道,决定匈奴与汉的交流及迁徙的走向。

2. 匈奴文化与汉文化

匈奴受汉族的影响虽然并不大,但也曾引起朝臣的恐慌与争

---

① 陈序经《匈奴史稿》,天津古籍出版社 1989 年版,作者自序,第 1 页。
② 陈序经《匈奴史稿》,天津古籍出版社 1989 年版,第 56、64、59、60 页。

论。据《史记·匈奴列传》记载，最早而又最激烈的一次争论，是在汉文帝即匈奴的稽粥单于时代。反对汉族文化对匈奴影响最力者为汉族叛臣中行说。他以为匈奴人众本不当为汉之一郡，匈奴之所以强，即在于衣食与汉人不同而无仰于汉，且其风俗有异于汉。若效法汉而改变风俗，就等于依赖汉朝而失去匈奴族的独立地位。他极力为匈奴的"贱老"、"妻后母"等风俗习惯辩护，蔑视汉的礼仪，力劝单于摈弃汉文化影响。40 年后，匈奴内部又发生了一场争论。当呼韩邪单于拟向汉朝称臣时，绝大部分大臣予以阻止，其理由就是匈奴与汉的风习与文化的不同①。陈序经在书中两次提及此事，其意不过强调落后文化在接受先进文化时难免会有阻力；但先进的文化终将代替落后的文化。

据陈序经研究，汉武帝时代，匈奴遭受过西汉王朝的严重打击。公元前 1 世纪中叶，呼韩邪单于降汉之后，匈奴分为南北二部。南匈奴迁居边塞以至塞内，放弃游牧文化，接受农耕文化。在两晋时代，一度成为五胡乱华之首。但这时南匈奴从文化、血统都已经汉化，他们的政权性质，属于中国内部封建割据的地方政权。中国第一个汉化匈奴建立的王朝，是以刘渊为首的刘氏宗族集团在今山西离石县东的左国城建立的。到 5 世纪的上半叶，赫连勃勃与沮渠蒙逊所建立的夏、北凉国灭亡之后，东亚的匈奴王朝便再也没有见于中国史书，只有匈奴后裔或支派如屠各或稽胡，直到隋唐，还散见于史书的记载②。匈奴文化基本融入汉文化之中。

3. 匈奴与其周边少数民族文化

陈序经在比较匈奴与塞种两种游牧文化时，发现匈奴人与塞

---

① 陈序经《匈奴史稿》，天津古籍出版社 1989 年版，第 151、152、185 页。

② 陈序经《匈奴史稿》，天津古籍出版社 1989 年版，"作者自序"第 1 页，第 314、359 页。

人(由葱岭以东迁至葱岭以西的塞种,即希腊人和波斯人所记载的塞迦人)相距虽远,但在生活习俗、婚姻、社会组织、法律、语言文字等方面相同处却很多。它们两者是独立发生,还是传播所致?他通过对"妻后母"的考察,发现这一习俗通行于匈奴、乌孙、羌氏,而较少为塞人接受,以为塞人的文化受过匈奴人的影响,指出:一般来说,"历史上往往有某个地方很普遍的现象传播到另一地方则成为特殊现象,很少有某个地方的一例外或特殊现象传到另一地方成为普遍现象"。不过,他也承认"在差不多相同的环境下,各自独立发明某种事物也是完全可能的","两者互有影响也极为可能"①。很明显,陈序经注重用文化传播论与文化多元发生论分析历史,从而使历史解说具有更高的可信度。

4. 匈奴与西方文化

在西汉王朝的追击下,与南匈奴迁徙方向不同,北匈奴则西向避走,迁到葱岭、大宛以西地方者,前汉时期有郅支,后汉时期有悦般。前者被甘延寿、陈汤攻破,后者被耿秉、窦宪所陷。此后北匈奴的余众到乌孙西北建国。4 世纪中叶前后,匈奴攻占位于黑海北部与罗马帝国之东的粟特地,杀其王而有其国。到 4 世纪下半叶,匈奴人又从罗马帝国的东境侵入欧洲,到达现在的匈牙利、意大利、德国以至法国等处。到布雷达与阿提拉时代,匈奴建立起比中华帝国、罗马帝国版图更为庞大的帝国,其势力南到里海南岸近于地中海,北至北海与波罗的海,东至顿河,西至高卢、大西洋岸②。匈奴西迁,横扫欧洲,使整个欧洲受到极大震动,引起欧洲民族的大迁徙与变动及文化交融,对欧洲历史颇有影响。围绕这段史实,

① 陈序经《匈奴史稿》,天津古籍出版社 1989 年版,第 142 页。
② 陈序经《匈奴史稿》,天津古籍出版社 1989 年版,"作者自序"第 2
页,第 467 页。

陈序经重点阐述了以下几个问题：民族、文化的融合与文化流向：

第一，匈奴建立悦般国后，往西北进入古代的奄蔡或中国南北朝时代所称的粟特及阿兰人分布的地区。匈奴到达此地后，阿兰人有部分居留故地遂成为后来的俄西特人；有部分在匈奴人的统率下又去征服其他部族；另有一部分则逃迁至罗马帝国国境内外①。

第二，匈奴打败东西哥特人后，西哥特向西发展，直至高卢与西班牙，东哥特则留居在意大利。东哥特人被匈奴打败后，长期为匈奴人与西哥特人、罗马人作战，因而在血统上、文化上，两者高度混杂。汪达尔人原居于哥特人之西，哥特人因受匈奴人之威胁而西迁时，他们有一部分人迁到高卢，再到西班牙以至北非，他们还曾攻占据迦太基。由于匈奴势力的扩张，也直接或间接使盎格鲁、萨克森与朱特各种族由欧洲大陆迁到不列颠岛②。

第三，为避免匈奴人进攻，百万余西哥特人渡过多瑙河，进入罗马帝国境内。约公元 377 年，西哥特人不满罗马人管理，与罗马人不断发生冲突，多瑙河北岸的东哥特人、泰法斯人、塞人、阿兰人以及小部分的匈奴人部落乘机渡河入境。适逢东、西罗马帝国纷争不已与天灾，这个历数百年统治欧亚非部分地区的大帝国遂逐步衰亡，随即整个欧洲由统一变为分裂，古代的欧洲进入中世纪的欧洲，政治的集中制度变为教会的统一，希伯来文化代替希腊、罗马文化。欧洲封建制度的产生与发展，与匈奴、哥特、汪达尔以及北方的其他蛮族的侵入有紧密联系③。

---

① 陈序经《匈奴史稿》，天津古籍出版社 1989 年版，第 434 页。

② 陈序经《匈奴史稿》，天津古籍出版社 1989 年版，第 435、437、444、441、439 页。

③ 陈序经《匈奴史稿》，天津古籍出版社 1989 年版，第 448、449、450、461 页。

第四,公元 451 年,阿提拉攻打西罗马帝国,这是一场东方与西方的战争,又似一些部落的内战。东亚的匈奴和一些东方民族,中亚的阿兰和其他一些民族,大西洋岸的国家和欧洲的一些种族都聚集在少隆战场上,战争之惨烈亘古鲜见。据说凡是经阿提拉的马蹄践踏过的地方,草木不生。有欧洲史学家指出,这种"上帝的鞭子"无意中给欧洲的文艺复兴奠定了基础。阿提拉毁灭许多旧城市,人们逃到新的地方又建立了新城市。威尼斯就是由难民建立起来的,代替阿基利亚镇而成为意大利名城①。

第五,匈奴本身是文化复合体,内有希腊、波斯、印度、汉文化因子,愿意接受新的事物,匈奴经中亚细亚抵达欧洲,生活方式也发生不少改变。阿提拉允许不同的宗教信仰同时并存。房屋虽为简陋的木质结构,但也受到希腊、罗马文化的影响,室内有雕饰与地毯,工艺精巧。大量商人、技工、希腊艺术家、医生供王庭驱使②。

第六,作为马背民族,而人口数量也并不很多的匈奴,能够战胜其他民族是由于人种的凶残与军队的精悍,他们曾被哥特人视为两脚禽兽。阿提拉所统率的匈奴人虽然已开始定居生活,但他们仍保留游牧习惯和破坏的传统。军队所到之处,城市化为废墟,田园成为荒野。尽管匈奴称霸一时,但终因文化弱势而淹没于强势文化之中③。

陈序经借匈奴西迁讲述西方民族交融史,从一个侧面说明,匈奴西迁客观上为西方文化注入活力,西方早期文化在匈奴的逼迫下,不仅相互之间,而且与东方文化连续碰撞,形成一个内涵丰富、弹性十足的"一致与和谐"的文化,它为以后欧洲的文艺复兴铺垫

---

① 陈序经《匈奴史稿》,天津古籍出版社 1989 年版,第 479、480 页。
② 陈序经《匈奴史稿》,天津古籍出版社 1989 年版,第 15、471 页。
③ 陈序经《匈奴史稿》,天津古籍出版社 1989 年版,第 469、445、472 页。

了开明的始基。同时,他也喻示战争是文化交流的重要途径。

（二）文化模式

文化研究的许多理论与概念,均来自人类学、民族学对不同种族社会的实地观察和分析。陈序经也有意加强这方面的研究,但更"偏重于政治组织较高的种族",兼及原始时代以至人类早期社会发展史,并且"以种族为纲,而在种族的名称之下,分国叙述","相信这样的解释这一段古史,似乎是比较合理的"①,期以此验证或充实自己的文化学理论。20 世纪 40 年代,他已经开始研究东南亚古史,50 年代先后写成东南亚古史研究八种,它们包括《东南亚古史初论》、《越南史料初辑》、《林邑史初编》、《扶南史初探》、《猛族诸国初考》、《掸泰古史初稿》、《藏缅古国初释》、《马来南海古史初述》。1965 年完成《泐史漫笔》的写作。他从人类学、民族学的角度,考证种族来源与演化、地理概况、物产、生活风习、宗教信仰、交通、文化交流等诸多方面,拟从中探寻出东南亚文化自身的特性与文化发展的一般特性。陈序经不仅是东南亚古史研究的开拓者,而且是东南亚文化研究的开拓者。

1. 东南亚是一个独特的文化圈围

在地理上,越南、老挝、缅甸等东南亚国家,与中国西南的广东、广西、云南毗连。中国西南的一些河流,是经老挝、柬埔寨、越南、泰国、缅甸而出海。中国西南的一些山脉,延伸到这些国家,以至马来半岛。其地形、气候等也都与此有相似之处。在种族上,中国民族数千年来就与东南亚各国的民族有着血统关系。越南、扶南、猛族、掸泰、藏缅诸国,以至马来亚、印度尼西亚民族,主要都是从中国的西南

---

① 陈序经《东南亚古史初论》,陈序经《陈序经东南亚古史研究合集》上卷,商务印书馆(香港)有限公司 1992 年版,第 28 页。

迁徙过去的①。南越的越人,在体质上与汉人极为相似。原居住在甘肃、青海、四川、西藏一带的羌氐族,南迁到云南,以至缅甸。该族于唐代时在西藏建立过吐蕃,在云南建立过南诏②。

中国、印度与阿拉伯都对东南亚产生过影响。其中,阿拉伯对这个地区的影响最早,次为中国,再次为印度。东南亚由此成为一个多元文化区。东南亚不仅受到外来因素的影响,而且其内部各国之间也互相影响。比如,老挝文化即很有代表性。老挝受到印度佛教文化的影响,是由柬埔寨间接传入,而非直接源自印度。缅甸、暹罗对于老挝佛教也有影响。老挝方言接近于暹罗,文字则属于印度系统,而黑潘老挝的文字,又主要来自缅甸,白潘老挝或是东部的老挝的文字则大致源自暹罗古代的文字③。

陈序经借此想说明的是,“一个国家的种族,可以受别的国家的文化影响,但其种族不一定来自这个国家”。在东南亚的各国中,受印度文化的影响的国家很多,除了缅甸以外,暹罗、老挝、柬埔寨及已经灭亡的占婆与猛族诸国的种族的绝大多数,并非来自印度④。

2. 吸收外来文化

蒲甘建国前,主要受骠人的文化影响。骠国的文化,在唐代很为繁盛,但是到了唐朝下半叶,国势趋于衰弱,败于南诏之后,在文化上,也趋于衰微。蒲甘人是羌人到缅甸较迟的支派,文化较为落

---

① 陈序经《林邑史初编》,陈序经《陈序经东南亚古史研究合集》上卷,商务印书馆(香港)有限公司 1992 年版,第 370 页。

② 陈序经《东南亚古史初论》,陈序经《陈序经东南亚古史研究合集》上卷,商务印书馆(香港)有限公司 1992 年版,第 5、6、30、35、36 页。

③ 陈序经《掸泰古史初稿》,陈序经《陈序经东南亚古史研究合集》下卷,香港印书馆(香港)有限公司 1992 年版,第 1003—1004 页。

④ 陈序经《藏缅古国初释》,陈序经《陈序经东南亚古史研究合集》下卷,香港印书馆(香港)有限公司 1992 年版,第 1061 页。

后,到骠人衰弱之后,在政治上逐渐占据重要地位,可是在文化上仍然落后,远远不及南边的猛人。在建国之后,蒲甘人积极吸收得楞的文化,经过一百多年的吸收与消化之后,逐渐发展其固有的文化。在开辛时代还未成熟的蒲甘文或缅文,到了 1170 年时代,已经普遍应用于日常生活。巴梨文主要是为寺庙所沿用。至于得楞文在这个时间以后,以至蒲甘王朝的末期,几乎很少采用。这"对于缅甸的民族精神,更充分的表达出来,而缅甸的文学、艺术以及文化的各方面,也逐渐的发展起来",也出现用自己文字写就的优美诗歌①。吸收文化固然重要,然而,更重要的是在此基础上,创造出自己的文化。陈序经主张的文化接受的最终目的是创造新文化的思想力透纸背。

　　陈序经的研究还表明,吸收外来先进文化,易于促进民族独立。哀牢人原居云南保山一带,在后汉、三国尤其是唐代的南诏统治时,一支向东南迁徙,沿着澜沧江而下,而后又分为若干支。宋代时有一支迁到速古台一带,受当时先进的真腊文化的影响最深,同时也受到南部猛族的文化影响,成为文化水平较高的哀牢人。在真腊人的统治和压迫之下,哀牢人的民族意识较为深厚,到 13 世纪的中叶,乘真腊势力日衰,起而反叛,建立速古台王朝,称为暹国。与之形成鲜明对比的是,沿着元江或红河而到越南西北部的哀牢人,因红河下游,早为深染中国文化的越族所居,不易再向东南发展,只有散居这一带山区,既少受中国文化、也少受印度化的文化影响,在历史上也没能建立强有力的国家②。

---

① 陈序经《藏缅古国初释》,陈序经《陈序经东南亚古史研究合集》下卷,香港印书馆(香港)有限公司 1992 年版,第 1140—1141 页。
② 陈序经《泐史漫笔——西双版纳历史释补》,中山大学出版社 1994 年版,第 14、16、17、18 页。

陈序经还十分强调,文化传播是先进文化向落后地区的流动。比如,因为印度文化比爪哇高,来到爪哇的印度人,"容易成为上层阶级,同时把印度文化传播到这些地方"①。

(三)西化

陈序经重视对暹罗的研究,曾发表过《进步的暹罗》等文章,1941 年出版过《暹罗与中国》一书。在某种意义上说,发表文章与出版专著的一个重要目的,就是宣传西化。比如,在《暹罗与中国》中,他从三个方面逐层契入这一问题。第一,概述暹罗历史、人口、种族等;第二,论述暹罗的华化;第三,阐述暹罗的西化及与日本、南洋各国的关系。全书共有 15 章,其中,仅标题与西化有关的即有 6 章,字里行间充满要求西化的迫切愿望。综合而论,陈序经从三个方面宣传西化:

首先,陈序经指出暹罗有着向先进文化学习的传统,其表现就是"华化",汉文化的许多因子都融入暹罗社会之中。语言方面,据考订,暹罗语言是以中国语言为蓝本,而以印度语言为记载事物的符号。甚至有人以为其语言十分之七是中国话。这一说法虽不免言过其实,但暹罗文化中的汉文化成分确实不少。物质方面,暹罗的瓷器、铜器,乃至皇宫、大型建筑均受到中国的影响。精神文化方面,暹罗人受到中国小说、戏剧,甚至更深层次的审美的影响②。

其次,陈序经以为暹罗少有文化惰性,不仅易于"华化",而且易于"西化"。"至于文化方面,暹罗虽没有其特殊的优高与固有

---

① 陈序经《马来南海古史初述》,陈序经《陈序经东南亚古史研究合集》下卷,香港印书馆(香港)有限公司 1992 年版,第 1290 页。

② 陈序经《暹罗与中国》,商务印书馆 1941 年版,第 48—49、50、53 页。

之处,然恐怕正是因为了这个原故,所以她在消极方面,才没有像我们文化的惰性那样厉害,阻止其文化发展,使能在积极方面尽量西化"。暹罗在 16 世纪丕耶纳莱的时候,已极力接受西化。自拉玛第二(Rama Ⅱ,1809)以后,因不断与英、法发生纠纷,而愈感到西化的必要。拉玛第三放弃闭关自守政策,拉玛第四努力学习英文。拉玛第五朱隆功与拉玛克摩项(中译敢木丁)同为暹罗历史上有声望的君主。敢木丁于 13 世纪末 14 世纪初,两次赴华。朱隆功在 19 世纪下半叶与 20 世纪初,两次到过欧洲。前者是暹罗提倡中国文化最力者,后者是提倡西洋文化最力者。其后,第六、第七、第八世皇帝,从小即赴西洋留学。"尤其是最近数十年来,汰族在暹罗的最大问题,是建立西化的国家,与汰化暹逻的异族"。由此可见,暹罗"维新运动之早与其西化的程度之深"。拉玛第二以来的努力,"都可以说是"企图建立西化国家的明证"。在此,陈序经强调指出,暹罗的自动的西化运动的领袖人物差不多完全是皇帝,"1931 年前是一个专制政体的国家,以皇室的力量去提倡推动西化,当然容易"。充分肯定政府在西化中的先导和示范作用①。

最令陈序经感到郁悒的正是中国在鸦片战争中的失败,使暹罗人逐渐感觉到中国文化的缺点与西洋文化的优越,"才感觉到自动西化的必要",而中国人却仍处于懵懂之中②。

第三,"暹罗从来是被人目为野蛮的国家,在数十年内能够努力西化,而成为南洋的自由与独立的国家,这是值得我们注意的,

---

　① 陈序经《暹罗与中国》,商务印书馆 1941 年版,第 19—20、83、23、77页;陈序经《进步的暹罗》,《独立评论》第 235 号,1937 年 5 月 23 日,第 14 页;陈序经《暹罗与汰族》,《今日评论》第 2 卷第 1 期,1939 年 6 月 25 日,第 10页。

　② 陈序经《暹罗与中国》,商务印书馆 1941 年版,第 80 页。

值得我们羡慕的"①。自 1909 年以后,暹罗没有因外患而引起战争与割地,在暹罗境内"找不出一片租界","差不多完全废除了治外法权",实行关税自主政策。太平天国时期,也与中国脱离属国关系。社会进步也较快,交通发达,水利兴办,农业改良,商业发达,卫生设备与治安完备,曼谷被称为"东方的威尼斯"。教育也很发达。政府于 1871 年后创办新式教育,设立英文学校。1891 年颁布新学制,三年后成立了教育部。1896 年开始高等教育。1897 年设立女子教育学校。政府还实行"强迫普及教育"②。

不过,陈序经强调指出,暹罗的自由独立,"并不是它本身力量所争取得来的,而是靠英法所赐"。暹罗因参加第一次世界大战,加入协约国赴法国参战,战后与各国重订新约,始获独立③。

全盘西化始终是陈序经的内在隐衷,陈序经在谈论暹罗汉化、西化的背后,悲叹中国西化的迟疑而又无自上而下的决断与引导,反衬中国未曾全盘西化之弊。

三 文化学与社会建设

在文化学体系逐步确立期间,陈序经曾倾心于社会问题的研究,积极参与西南社会的研究工作和乡村建设运动的讨论。他并非闭门造车的书呆子,而是社会实践家,善于把文化学运用于社会实践,又在社会实践中找寻、破译和总结文化发展的法则。

---

① 陈序经《暹罗与中国》,商务印书馆 1941 年版,第 27—28 页。
② 陈序经《暹罗与中国》,商务印书馆 1941 年版,第 36、47、12、33、37 页。
③ 陈序经《暹罗与中国》,商务印书馆 1941 年版,第 114、49—59 页。

（一）西南社会研究

20 世纪 30 年代，一批学有所成的社会学者极为热衷于社会调查研究，这种既注重理论构建，又注重社会实践的特点，与当时国际学术界的总体发展趋势相吻合。作为受过美、德社会学严格训练的陈序经也毫无例外地投身于社会调查之中，尤为重视西南社会的研究。1928 年，他在《中国文化的出路》中已经指出南方文化的重要性。1934 年，又在《南北文化观》中指出南方在近代中国新文化运动史上的贡献。在岭南大学西南社会经济研究所任职期间，曾从事过大量社会调查工作。1932 年 6 月至 1933 年 8 月间、1934 年春，与伍锐麟共同负责沙南疍民调查与三水河口疍民调查，还主持过广州水上居民的调查。《疍民的研究》虽然出版于 1946 年，但调查工作基本都是这一时期完成的。他还关心与此相关的学术机构的建设。西南社会经济研究所，创办于 1932 年春，专门从事西南社会经济之调查研究。1937 年春，更名为西南社会调查所，由伍锐麟为所长。1938 年冬，广州陷敌，学校移香港，社会调查工作停顿。此前，研究所还做过沙南疍民、新凤凰村、海南黎苗、广州人力车夫、广州回教社会等调查工作。1948 年秋，陈序经接掌岭南大学，立即设法充实设备，扩大规模，更名为西南社会经济研究所，仍由伍锐麟任所长。研究所聚集了岑家梧、杨庆堃、刘泽霖、梁方仲等一批学者①。

西南文化为什么值得研究？在某种意义上，陈序经研究西南社会是为文化学研究提供实证。陈序经曾指出："西南是文化输入

①　The South West Social and Economics Institute, Lingnan University – A Review of Its Activivies, 38—4—5, 岭南大学陈序经材料, 广东省档案馆藏; 王兴瑞《西南社会经济研究所概况》,《岭南大学校报》康乐再版号第 119 期, 1950 年 10 月 31 日, 第 1 版。

最早的地方,是新文化的策源地;西南又是中国传统文化传播最迟的地方,是固有文化的保留所;再从另一方面看,西南的民族极为繁复,若干文化还保存着原始文化的特征,西南又可说是原始文化的博览会。因为有了这几方面的特色,西南在中国文化史而至一般文化学的研究上,就有极重大的意义。""今日若果欲了解全部中国文化发展的历程,就非到西南各省从事实地调查研究不可"①。陈序经还曾指出:"近代人类学,民俗学以至社会学、文化学的发展,主要是得力于所谓原始民族与原始文化的研究。"泰勒、斯宾塞、格林姆(G. Klimm)、拉蕴尔、雷维蒲(Le,vy‐Bruhl)、菩阿斯,以及其他的许多著名学者之所以能有特殊的贡献,"主要是从原始民族与原始文化里寻找资料。所以从研究文化的立场来看,我们对于这些所谓原始民族的文化的研究,是一件特别要加以注意的事情"②。

西南地区幅员辽阔、发展悬殊,且民族众多、文化杂陈。陈序经研究西南社会,拟从中发掘新材料,校验西方理论,揭示文化发生、发展中带有普遍性的法则以及中国文化自身的特性,充实文化学理论。陈序经涉足于疍民的调查研究,并取得重要成果,也是与此主旨分不开的。

陈序经的西南社会研究主要包括疍民与华侨两方面。其有关疍民的研究成果,集中反映在《沙南疍民调查》与《疍民的研究》中。《沙南疍民调查报告》于1933年11月出版。陈序经、伍锐麟等人在报告中,据实地调查材料,详细记载了沙南疍民氏族组织、家庭、

---

① 陈序经《西南文化研究的意义》,第9,16页,《岭南大学西南社会经济研究所概况》附录,38—4—5,岭南大学陈序经材料,广东省档案馆藏。

② 陈序经《广东与中国》,《民族文化》第2期,1941年5月31日,第2页。

职业、家庭收入与消费、教育卫生、服饰、妇女地位、经济结构与社会制度、娱乐、保卫、学校、宗教、歌谣与语言等各方面状况①。陈序经的《疍民的研究》，在结构方面，与《沙南疍民调查报告》基本没有区别，长处在于注意把调查材料与史籍两相对照研究。通过核对大量的正史、方志、札记后，陈序经对以往有关疍民起源地的传说和所谓族谱记载加以否定，使疍民研究由传说走上正轨。

《疍民的研究》的最大特点是洋溢着文化学的气息：

第一，运用人类学、文化学的方法寻找疍民的起源，发掘其文化脉络，喻示文化发展的进步性。陈序经强调："要想知道疍民的来源，特别是要从历史上的记录疍民的文化与体质方面多做些工夫。此外加以音韵或其他的工具，才能得到相当的认识。"通过这种分析，陈序经认为："疍民在历史上所占据的地方，多不在闽广海岛一带"，"疍民之历史，远在隋唐以前，而其水居则在宋代"，而所谓疍民始于明末元末及宋末之说，无史实证明，均是无稽之谈；并强调疍民与汉族已经基本同化的事实："安南人或是疍人之于汉人大致没有什么差别，然安南人或疍人之于暹罗人的差别，却显而易见。这不只仍从其文化方面来看，就是从其体质方面来看，也是这样。"②陈序经在《文化学概观》中，曾有类似的结论："所谓各种民族的文化的差异，与其说是来源的不同，不如说是发展的差异；与其说是种类的不同，不如说是程度的差异。"③疍民汉化的事实，在一定程度上印证了这一结论。

有关文化同化现象是陈序经研究中的一个重点。他谈论疍民

---

①　详见陈序经、伍锐麟等《沙南疍民调查报告》，《岭南学报》第 3 卷第 1 期专刊，1933 年 11 月。

②　陈序经《疍民的研究》，商务印书馆 1946 年版，第 21、12、32 页。

③　陈序经《文化学概观》第 1 册，商务印书馆 1947 年版，第 81 页。

"汉化"所要表达的,是文化在演进过程中,所谓"同化"不过是落后文化接受进步文化而已。

第二,从种族平等、文化共享的角度,为疍民争取生存权与发展权。疍民社会地位极其低微,遭到世俗普遍的误解与歧视。陈序经主张种族平等,曾支持广州市政府赋予当地 15 万左右的疍民参政的权力,要求给"与我们朝夕相往还,生活相依赖的疍民",更多受教育的机会,最终达到文化共享①。直到 1957 年,在政协第二届全国委员会第三次全体会议发言中,陈序经仍呼吁政府应设立专门机构,处理和解决疍民的问题,"使他们的经济与文化的生活,能得到全面与特殊的照顾,逐渐消灭其落后的现象"②。在陈序经的观念中,所谓种族平等,是指各种族间虽然在文化上有进步与落后之分,但均有发展文化的权力。所以文化共享,对中国而言,是指落后文化要融入先进文化;对世界而言,是指中国传统文化要融入西洋文化。

陈序经注重田野考察,并运用文化学的方法对调查结果加以分析总结,有助于增进对文化理论的感性认识与自家文化学理论的提升。

按照陈序经的意见,西南文化研究还应包括华侨问题。1948年 12 月 19 日,陈序经在有百余位教授、专家出席的中国社会学社广东分社第九届年会大会发言中,呼吁学者们加强西南社会研究,要把华侨问题的研究作为"社会学者的责任"③。

---

① 陈序经《疍民的研究》,商务印书馆 1946 年版,第 91、113、107—108页。

② 陈序经《华南水上居民需要特别加以照顾》,《人民日报》1957 年 3 月14 日,第 2 版。

③ 陈序经《社会学与西南文化之研究》,《岭南大学校报》康乐再版号第80 期,1948 年 12 月 20 日,第 1 版。

20 世纪 30 年代以来,暹罗出现排华高潮。陈序经与张忠绂等一批学者把大量精力投入华侨研究。在陈序经看来,华侨是创造中国新文化的主体、全盘西化的功臣,然而,华侨却出现了"土化"现象,其中,尤以暹罗华侨为甚①,这种文化退化,不仅影响文化的创造力,而且使华侨难以立足。陈序经借此警诫华侨与国人文化不进则退的原则。

国人到南洋者多为穷苦而文化水平较低或根本没有受过教育的人,许多人愿意与当地女子通婚。当地妇女少懂中国语言、风俗,华侨只能与妻子说当地话,或是入乡随俗。有了子女后,父亲因事业与工作,家里一切都由妇女操持,于是子女趋于土化。母亲是土人,子女土化了,父亲也不得不土化。到第三代,华侨完全变成了土人。暹罗等国政府为了使华侨融入本国,以减少民族纷争,则推行华侨土化政策,鼓励通婚,并颁行法律,限制中国妇女入境与华侨教育,实行强迫教育。随着华侨民族情绪的愈浓、民族思想的愈强,加之华侨教育的发达,与国内妇女南移的日多,遂使南洋居留地的排华政策愈演愈烈。陈序经以为发展华侨教育是当务之急,政府应奖励知识分子去南洋办学,帮助华侨发展教育,以张其经济力量的根本,否则,华侨不仅不能发展,恐怕已有的经济基础也不易保留②。

进化论是陈序经文化学的基础,通贯其文化研究的始终。陈序经强调文化发展的总体趋势是不断演进的,但并不否认也极为重视文化演进中的倒退现象,由此也更为重视文化主体在

---

① 陈序经《暹化与华侨》,《今日评论》第 3 卷第 2 号,1940 年 1 月 14 日,第 19 页。

② 陈序经《南洋与中国》,岭南大学西南社会经济研究所 1948 年初版,第 42—47、73 页。

文化演进中的自我意识与导向作用。文化主体是个人,也是群体。有关华侨研究本身是对文化主体的透视,属于文化范畴,然而也是现实需要。陈序经拟通过这一研究,促进华侨对创造新文化的自我体认,让政府明确华侨在文化创新中的地位,关心与扶植文化创造者,遏制华侨"土化",以便恢复与激发华侨创造新文化的活力。

(二)文化学与乡村建设运动

陈序经运用文化学理论解决社会实际问题而产生强烈反响的,是引发乡村建设运动的集中讨论。

乡村建设运动于 1926 年开始热闹非凡地展开,到 1936 年乡村建设运动告一段落,约有一千多个政府和民间团体及与之有关的一万多个农学会,在北到河北,南至广东,西到四川,东至浙江的广大腹地,进行从理论到实践的探讨和实验①。乡村建设理论繁杂,有以合作社为中心者,有以乡村学校为中心者,有以推行某种宗教为中心者,有以改造县政府为中心者,有以恢复旧道德为中心者,林林总总,不胜枚举②。除单一论外,更有综合论者,主要从农、林、牧、水利、教育、自卫等无所不包的全方位入手,改善社会组织、增进物质基础③。尽管轰动有时,但乡建运动几乎全军覆没。较早注意并开展乡建的要算山西政府。山西省的村政运动始于 1918 年,虽有成绩且颇负盛名,但却在中国乡建运动喧腾一时的 1928 年宣告失败④。其后能引

---

① 陈序经《乡村建设运动》,大东书局 1946 年版,第 88 页。

② 许仕廉《中国乡建中心论质疑》,《申报月刊》第 3 卷第 1 号,1934 年 1 月 15 日,第 81—85 页。

③ 许仕廉《中国乡建之事功与进行方法讨论》,《申报月刊》第 3 卷第 2 号,1934 年 2 月 15 日,第 81—86 页。

④ 乔启明《中国农村社会经济学》,商务印书馆 1947 年版,第 440、441 页。

起国人注意的,则为 1919 年秉承河南省政府委托成立的河南辉县百泉村的河南村治学院。主持人为在北平创办《村治月刊》的王鸿一与彭禹廷。该学院能够产生完全是由于冯玉祥、韩复榘的支持。可是不到一年,冯玉祥、韩复榘离开河南,这个学院也因政治关系而停办。再往后,只有山东乡村建设研究院的邹平试验区与中华平民教育促进会的定县实验区最负时誉。然而,梁漱溟在乡村工作讨论会第一次集会的发言,与晏阳初在乡村工作讨论会第二次集会的发言,都对乡村建设运动的前景表示忧虑。

乡村建设运动陷于绝境的原因,从表面看,不外是由半封建半殖民地的社会性质、国民政府的态度、日本的侵略、与知识分子的热情相伴的天真所决定的①。稍加剖析,还会发现其"哲学"与"'乡村建设理论'方法论的混乱"②。伴随乡建的开展,反对之声便未停止过③。有人以为中国乡村已经崩溃,"谈不到建设,更谈不到复兴"④。1936 年,关注乡村建设运动多年的陈序经,发表《乡村建设运动的将来》一文指出,乡村建设运动的"工作与方法好象都不能名实相符","还未超出空谈计划与形式组织的范围","对于乡

---

① 详见郑大华《民国乡村建设运动》,社会科学文献出版社 2000 年版,第 524—559 页;郑杭生、李迎生《中国早期社会学中的乡村建设学派》,《社会学》2000 年第 9 期。

② 参见李紫翔《"乡村建设"运动评价》,千家驹《中国农村经济论文集》,中华书局 1936 年版,第 58—75 页。

③ 高显鑑《乡村建设的再检讨》、言心哲《我国乡村建设工作应努力的动向》,《现代读物》第 4 卷第 1 期,1939 年 1 月 1 日,第 5—8、9—11 页;谢默依《"张建"不是中国的出路》,《时与文》第 3 卷第 21 期,1948 年 9 月 10 日,第 6 页;微熹《关于晏阳初的乡村建议》,《南风月刊》创刊号,1948 年 10 月 18 日,第 16 页。

④ 古楳《乡村崩溃与乡村建设》,《新中华》第 1 卷第 23 期,1933 年 12 月 10 日,第 9 页。

村,对于农民,精神方面固少有建树,物质方面更少有改造","乡村
建设的目标是救济乡村农民",而乡村建设却"养出"思想浮躁、未
能真正深入农村、"吃乡建饭的新阶级",并表示个人对于乡村建设
的前途"颇感觉悲观"①。《乡村建设运动的将来》的发表,引发了
对乡村建设问题的讨论,仅《独立评论》发表的文章即有:杨骏昌的
《论乡村建设运动》、傅葆琛的《众目睽睽下的乡建设运动》、瞿菊农
的《以工作答复批评》、涛鸣的《此路不通》、陈志替的《唯一出路》、
黄省敏的《读乡村建设运动的将来敬答陈序经先生》等等。此外,
《民间半月刊》从第 2 卷第 2 期至第 3 卷第 3 期中也有多篇相关文
章,《文化与教育》旬刊、《政闻周刊》以及其他刊物也发表了一些此
类文章。一些文章指责陈序经过于悲观,希望他不要再给乡村建
设运动泼冷水,不要迷惑青年人的"心思",而应给予善意的鼓舞。
但除此之外,并未有实质性的批评②。陈序经发表《乡村建设理论
的检讨》、《关于'乡村建设运动的将来'》、《乡村建设的途径》等系
列文章③,继续申述自己观点,指出乡村建设运动不是救国的唯一
路径,"也不能谓为救国的一种办法"④,并用文化学中的文化进步
说、时境论、文化不可分论、文化发展动力论与文化中心论检讨乡
村建设运动。

---

① 陈序经《乡村建设运动的将来》,《独立评论》第 196 号,1936 年 4 月
12 日,第 4、7、6 页。

② 杨骏昌《论乡村建设运动》,《独立评论》第 198 号,1936 年 4 月 26
日,第 18,17 页;黄省敏《读〈乡村建设运动的将来〉敬答陈序经先生》,《独立
评论》第 216 号,1936 年 8 月 30 日,第 10 页。

③ 陈序经后来把这些文章结集为《乡村建设运动》,由上海大东书局于
1946 年出版。

④ 陈序经《关于'乡村建设运动的将来'》,《独立评论》第 231 号,1937
年 4 月 25 日,第 17 页。

陈序经以邹平、定县和青岛为个案，把乡村建设运动分为"孔家店"、"青年会"和"都市化"三种有代表性的模式，指出，邹平与定县"都是用全力培养乡村力量"，"他们理论是发展乡村以救济都市"，自然归于失败；青岛却是以城市力量发展农村，因而青岛乡建成果较好。他坚信乡村建设运动的成功之路，只能是"以工业为前提，以都市为起点"①。具体主张如下：

第一，以文化进步说，反对乡村建设运动中的复古趋向。陈序经指出，乡村建设渐呈枯萎的原因，固然是由于客观条件的缺乏，如人才缺乏，经费不足，环境恶劣等，但更为重要的是乡村建设运动，"在理论上却有了多少复古的趋向"。较早提倡乡建运动而又实行较力的中坚人物，如米迪刚、梁漱溟、王鸿一、严慎修等人都有这样的言论。米迪刚以为，"欲为中华民族找出平安大道，亟须恢复吾国固有之村治"，并说其思想渊源与理论根据为《周易》、《大学》。梁漱溟在《中国民族自救运动之最后觉悟》中强调，中国文化与西洋文化"是两个永远不会相联属的东西"，"我们几十年来愈弄愈不对的民族自救运动都是为西洋把戏所骗。殊不知西洋戏法，中国人是要不上来的"。他指出中国民族觉悟之机已到，而这种觉悟的起点就是中国固有的村治之路②。严慎修甚至提倡恢复古乡饮礼，以"保长幼之序，免争斗之狱"，复兴古乡射礼以自卫。陈序经指出，主张复古的人以为中国过去的乡村曾有过灿烂的历史，只不过由于帝国主义的侵略与天灾人祸，农村才衰落。乡村建设运动对他们来说，就是复兴农村传统文化。但这一举措不可能抵抗或打倒帝国主义。

---

① 陈序经《乡村建设运动》，大东书局 1946 年版，第 27、26、91 页。

② 梁漱溟《中国民族自救运动之最后觉悟》，中华书局 1933 年版，第 112 页。

　　陈序经反对复古舆论,与其坚持文化进步说密不可分。他认为"文化确有高低之分","它的演进的程序,是由低而高"①。梁漱溟们主张恢复以农村为代表的业已毁损的传统文化的努力违背文化演进趋势,无疑是不折不扣的文化复古论。陈序经甚至宣称中国乡村在历史上是否有过灿烂的历史也是值得怀疑的。况且,乡建运动的领袖也提倡新教育、新科学技术与新知识方法。其本身也说明,复古终无前途②。

　　第二,以时境论,反对以农立国说。倡导乡村建设运动的人基本都主张以农立国,这一点集中反映在乡村工作讨论会所编的《乡村建设实验第一集》与梁漱溟的《山东乡村建设研究院设立旨趣及办法概要》中。他们以为:"我国数千年来以农立国,农村之健全与否,农业之兴隆与否,不仅为农民生死问题,亦为国家民族存亡问题。"梁漱溟指出,中国若走西洋人的路,完成一种都市文明是不必要也不可能的。西洋的这条路,实为一种病态文明。内而形成阶级斗争,外而酿发国际大战。甚至说"日本人无知盲从,所为至今悔之已晚的,我们何可蹈其覆辙"。同时,中国发展工商业的时机,"早已被杜塞严严的不得透一口气"。尤为重要的是,资本主义工商业只是发财的路,而不是养人的路。农业虽不是发财的捷径,却是养人的路。只有乡村建设,促兴农业,才是中国发展的真正出路,才能解决吃饭问题③。

　　陈序经对此反驳道,"若说中国自来以农立国,所以现在也要以农立国",那是食古不化。"古今的情势不同,我们不能以古绳

---

　　①　陈序经《中国文化的出路》,商务印书馆1934年版,第32页。
　　②　陈序经《乡村建设理论的检讨》,《独立评论》第199号,1936年5月3日,第13—15页。
　　③　梁漱溟《中国民族自救运动之最后觉悟》,中华书局1933年版,第237—238、239、240、241、242页。

今。一百五十年前的英国岂不是以农立国吗？一百年前的德国也岂不是以农立国吗？五十年前的日本又岂不是以农立国吗？"所谓工商业发达造成社会惨剧之说，只是"不自努力"、"不自责备"的无益的空论和妄论。所谓日本后悔其都市化的言论，则适应了日本殖民主义者的心意。日本名流中野正刚、室伏高信等人，"感觉到中国若真正工业化起来，日本要受恶影响"。如此说来，"中国人士提倡以农立国，岂非日本所最欢迎的吗？"至于说中国发展工商业的机会已经被列强剥夺，那是惰性作祟。这种论调无异于说中国处处不如人，不能也不必追摹工商发达国家。另外，一国得以立足于世，仅"养人"是远远不够的，"交通的工具，卫国的武备，以至一切的日常工业用品"，"尤不能不努力发展"①。

在陈序经看来，文化是人类适应"时境"以满足其生活的努力的结果和工具。时代与环境是"时时处处变迁的"，时境变了，文化也变。"过去的文化，是过去人适应时代环境的产物，现代的文化，是现在人适应时代环境的产物。要想适应现代的时境，则不能不采纳现代的文化，同时也不能不排除旧时代环境的文化"②。人类要适应时代与环境，"不能不时时和处处努力"。所以，"我们既可以放弃我们祖宗的'穴居野处，茹毛饮血，结绳记事，知母不知父'的文化，我们也可以放弃我们今日所谓为'固有'的文化，而采纳现代的文化"。现代的文化"根本上"就是西洋的文化③。换言之，西洋发展之路即是中国应走之路。

---

① 陈序经《乡村建设理论的检讨》，《独立评论》第199号，1936年5月3日，第15—17页。

② 陈序经《东西文化观》，《岭南学报》第5卷第2期，1935年5月，第109页。

③ 陈序经《评〈中国本位文化建设宣言〉》，冯恩荣《全盘西化言论续集》，岭南大学1935年版，第99、100页。

第三,以文化不可分论,主张西化乡村。梁漱溟在定县召开的乡建工作讨论会讲演中曾说过:"西洋的都市文明,工业文明,与中国的乡村文明,农业文明,两相接触,改造一种新的环境,在不断的转变之下,成为今日中国民族自救的运动,成为我们今日的乡村运动。"即"以农村为主体来繁荣都市"的新路①。

陈序经将梁漱溟的观点总结为"把中国固有的乡村来融合于西洋或西化的都市,而成为一种新文化",并以为其非,主张"把中国的乡村西化","使能调和于西洋或西化的都市而成为一种彻底与全盘西化的文化"②。他指出,都市文化与乡村文化在性质上,"不过是文化很多方面的两方面,就是在发展上,是要在文化较高的社会里,才能发展的","文化可以概括都市与乡村,而乡村与都市却不能概括文化"。梁漱溟"以都市与乡村来范围文化,已经不合逻辑,何况就算都市与乡村可以范围文化,则西洋文化既不只是都市文化,中国文化,也非只是乡村文化呢?"西方所谓都市的发展,差不多也就是乡村的发展。中国乡村文化,以农业、宗族、保守为本,造成中国数千年来的文化停滞而不能发达,工商业固无从发展,即使以乡村为基础的农业,也与原始文化相去不远。而梁漱溟还在"梦想以西洋人千数百年前所也曾经过的中国式'农村文化',而融合于西洋的现代文化,以成为什么一个新路线,新文化,岂非可笑!"③

更令陈序经费解的是,提倡乡村建设的人却往往忽视农业改良。一般提倡乡村建设运动的领袖,常常提醒人们,"不要注重于

---

① 《乡建工作讨论会在定县开幕详纪》,天津《大公报》1934 年 10 月 13 日,第 13 页第 4 版。

② 陈序经《乡村文化与都市文化》,《独立评论》第 126 号,1934 年 11 月 11 日,第 13、17 页。

③ 陈序经《乡村建设运动》,大东书局 1946 年版,第 91 页。

他们的物质方面的建设,而要静观他们的精神方面的动作"。陈序经指出,物质虽然是精神的外表,然而,"我国人数千年来侈谈精神建设,物质建设固因此而没有成效,精神方面又何尝有过什么成绩?"①西化乡村必须是包括物质与精神在内的全面西化。

陈序经理直气壮地驳斥对手,申明其主张,是有文化不可分论为依托。他在阐明文化的复杂性时指出,"一切的幼稚或进步的文化"均是一个整体即圈围,其本身不可分,文化成分之间"都有连带及密切的关系","一方面的波动,必影响到他方面"②。以此而论,梁漱溟并不了解文化的整体性。更重要的是:有什么样的都市文化也就有什么样的乡村文化,两者不可分。落后的乡村文化与进步的都市文化,分属于不同的文化圈围,不可能互相适应。而"所谓物质文化和精神文化,不外都是二而一,一而二的东西","两者处处都是互相为用,而不可以分开的"③。不注重农业改良的乡村建设在理论上是行不通的。

第四,以文化发展动力论,主张国家建设应优先发展都市。陈序经指出:"事实上,我们相信新的文化的创造,与其说是依赖于乡村,不如说是依赖于都市。"西洋文化的主体是科学与民治。科学本身"差不多完全是都市的产物",民主政治是在工业革命以后发展起来的,而工业革命则策源于都市。"而且工业革命的发生,是由于机器的发明,机器的发明,又不外是科学发达的表征"。近代农业的发达,依赖于都市的高度工业化。农业固然是工业的基础,但根据欧美国家的经验,应先发展工业或言发展都市,再发展农

---

① 陈序经《乡村建设理论的检讨》,《独立评论》第 199 号,1936 年 5 月 3 日,第 17 页。

② 陈序经《中国文化的出路》,商务印书馆 1934 年版,第 11、20 页。

③ 陈序经《中国文化之出路》,吕学海《全盘西化言论集》,岭南大学青年会 1934 年版,第 8 页。

业。濒临绝境的中国尤宜如此。中国有百分之八十的乡村人口，因此，建设中国不能不注意乡村建设。据统计，中国土地有 13 亿亩，而人口有 4.5 亿，以人均 4 亩估算，13 亿亩土地仅能供养 2/3 的人口。按耕地面积计算，人口与土地的缺口更大。加之土地分配不均、人口增长，无田可耕的农民不知几许。如果仅靠农业以解决中国的农村问题，绝对是不可能的。因此，必须大力发展工业，以吸纳农村的过剩人口①。况且"中国工业苟不发展，则农产出路也成问题。自己没有工厂，则好多农产价格必操之外人之手。加以我们目下既不能复回从前的闭关时代，而自安于简单生活，日常需要各种工业又多信赖外人。外人计奇操纵，以贱价购买我们的农产，以高价出售其货物，结果是我们受了双层压迫。处这种情形之下，怪不得我们要有年丰而无一饱的现象"②。

陈序经坚持"依赖于都市"，有更深层次的考虑："文化演进是由于变化。变化有渐变与突变的分别。"正是由于突变，"较低"文化"可以不必经过人家已经的阶段，而直接能模仿人家已达的最高阶段"。如果"我们还是把这些西洋的文化不当做我们自己的东西"而"模仿之"，"发展之"，"我们终没有法子去西化，至多只能享受西洋货，而今后的中国前途，更是不堪设想"③。以西洋为师，以发展都市为先导，是中国的必然选择。在《文化学概观》中，陈序经曾将此观点进一步系统为低级文化必须模仿高级文化说。

第五，以文化中心论，主张乡村的西化也要从都市开始。陈序经指出，"都市在今日是人才和经济的重心"④，乡村西化固然要从

---

① 陈序经《乡村建设运动》，大东书局 1946 年版，第 91—92 页。

② 陈序经《乡村建设理论的检讨》，《独立评论》第 199 号，1936 年 5 月 3 日，第 17 页。

③ 陈序经《中国文化的出路》，商务印书馆 1934 年版，第 32、139 页。

④ 陈序经《乡村建设运动》，大东书局 1946 年，第 73 页。

乡村本身上着手,然而,科学化的试验未必一定要在乡村。岭南大学的农场与丝厂、中山大学和金陵大学的农场所试验并不在乡村。从经济供给、设备便利、人才集中来看,乡村远不能与都市相比①。因此,乡村建设工作最好以都市为起点,"先从都市左近的乡村下手,尽量利用都市中的行政机构,如公务局,公安局,卫生局,教育局等等放大工作范围,或另设一个乡村建设委员会,再加了一个促进农业的机构,而充分利用这些机构中的人才设备,以及都市中的其他人才设备,去帮忙其左近的乡村的各种工作",而后逐渐的放大其范围②。陈序经所提出的乡村建设运动的领导、监督与执行的一整套机构,都是从青岛乡村建设中照搬过来的。它的好处是,第一,乡村建设办事机构,只不过是都市原有机构工作范围的扩大,都市的工务、教育、公安、社会等一切工作,凡是合乎乡村情形为乡村所需要者,可以自然把它扩展到乡村去,都市与乡村的工作性质没有太大差别。第二,能够充分利用政治力量及政府机关的人、财、物力,保障乡村建设的开展③。

　　陈序经虽然已经用文化中心论为自己的观点辩护,但对此还没有一个清晰的、一般性的概括。不过,陈序经最终把文化中心论补充到文化学著作中:从古以来,都市都可以说是文化的中心。文化中心不但是文化集中与优高的地方,而且是文化向外辐射的

　　①　陈序经《乡村文化与都市文化》,《独立评论》第 126 号,1934 年 11 月 11 日,第 17—18 页。
　　②　陈序经《乡村建设运动》,大东书局 1946 年,第 97 页。
　　③　曹康伯《推动乡村建设工作的一个新方式——青岛市的乡村建设》,《独立评论》第 238 号,1937 年 6 月 13 日,第 11—12 页。在主张"以农立国"的人中,也有人同意乡建应"以都市建设来统属乡村建设"。见毛起鵔《乡村建设运动之检讨》,《东方杂志》第 33 卷第 13 号,1936 年 7 月 1 日,第 159 页。

地方①。

由知识分子唱主角的乡村建设运动,虽然出于救国富民的初衷,但确实由于自身的种种缺弊,遭致如影形随的抨击。陈序经站在乡建反对派的立场,从学理上给乡建运动以沉重的打击。从某种意义上说,陈序经以文化学理论为衡器反对乡建运动,是从理论上消解中国西化的阻力,也是对全盘西化的全新诠释。同全盘西化与生俱来的现实关怀与使命感,则促使陈序经不断深化、明晰自己的文化理论,更好服务其文化主张。正如我们在前面所论及的,关于文化进步说、文化动力论、文化中心说的表述,在陈序经的《文化学概观》中已经不再零乱,均具有抽象化、系统化的理论色彩。任何理论体系都是逐步完善的结果。陈序经的文化学也毫无例外地有着一个不断充实的过程。恰是这一过程,在某种程度上表明:即使陈序经的文化理论来源于西方,但毕竟经过陈序经在社会实践中加以检验。

还需要说明的是:第一,对陈序经有关社会问题研究的梳理,只是侧重于与其文化学理论有关联的部分,不可能涵盖其全部思想。比如:关于乡建运动,陈序经曾对梁漱溟"把民主政治与乡村建设当作两种不能相容的东西"的观点加以挞伐。针对晏阳初所谓"中国农村运动若不从训练人才方面着手,眼见就要失败"的论点,陈序经指出,乡村建设只是"国家社会建设的一方面",乡村建设人才不是特殊人才,重要的是"有志于向到农村去工作"的决心和勇气②。

第二,凡是对陈序经文化学研究略有心得者,均不难从不同侧面发现其中的偏失。可是,陈序经以这种并不严密的文化学为理

---

① 陈序经《文化学概观》第 3 册,商务印书馆 1947 年版,第 17、19 页。

② 陈序经《乡村建设运动》,大东书局 1946 年版,第 50、59 页。

论基础研究社会问题，却能在一定程度上传达出社会的本质属性与社会需求。这似乎不合逻辑，但也实属必然：（1）陈序经文化理论自身有其一定的科学性；（2）更重要的是，陈序经重视社会实践，长于从中吸取养分。比如，陈序经的工业化主张不仅建立在理论上，而且有其社会实践的背景。1934 年，他到南开大学后，曾主持"工业发展对于社会的影响"的调查工作，带人赴河南高阳、广东顺德实地考察，拟弄清工业对于社会或文化的影响，进而将调研情况与固有的农村社会生活加以比较研究，寻找社会发展的动力。正如陈序经自己所言："我并不只从理论上去说明工业化的需要，而要从实地的社会的生活里找出一些事实，去证明我们这个主张。"[1]同时，他也曾参加过晏阳初主持的定县实验区的学术研究工作，对乡村建设有直接观感。

通过以上论述，我们能够清楚地看到，陈序经的文化观、历史观、社会观三者之间，都贯穿着文化学理论的主线，它们三者与文化学理论共同构成一个颇似"牢固"的学术"三棱锥"。其底部是宽实的文化学基础，另三个面则分别由文化观、历史观、社会观所构成。能把理论融入相关研究或社会实践中，而在相关研究和社会实践中，又返观其理论，这样的学者在近代实不多见，但陈序经作为其中的一员，是当之无愧的。

---

[1] 陈序经《〈东西文化观〉的跋》，手抄稿，南开大学图书馆藏。

第四章　陈序经的"全盘西化"与教育观、学术观

通过相关章节的论述,我们不难发现,陈序经的文化学所认定的文化走向只能呈现出"全盘西化论"的宿命色彩。全盘西化论与其教育观、学术观之间存在这样一种互动关系:教育是全盘西化的保障机制,而教育又是以学术为背景;与其全盘西化论相始终,他主张西化教育,反对学术"独立"与学术"中国化",这种教育观与学术观又强化着全盘西化论。

一　"全盘西化"的内涵

全盘西化是陈序经中西文化观的核心之所在,它不像某些文化主张那样只是空洞和抽象的原则或口号,而是有着明确和丰富的内涵。其全盘西化的内涵是在文化论争中逐渐充实和完善的。20世纪20年代末,陈序经已经坚决相信中国要全盘西化,但那时并未使用"全盘西化"一词,而是使用"全盘采纳西洋文化"或"全盘接受西洋文化"的提法,1931年才开始使用"全盘西化"一词。

按陈序经的意见,使用"全盘西化"一词,缘于两个因素:第一,"全盘采纳西洋文化"或"全盘接受西洋文化"的句子较长且呆板,不如"全盘西化"简单、灵活;第二,"全盘"一词可以当作俚语口调,也可以成为学人正语①。1935 年,陈序经完成约 5 万字的书稿《全盘西化论》,首次从名词的来源、意义的说明、理论的发展、理论的解释、理论的重建等五个部分,对全盘西化论加以总体概述,并将书稿交由天津《大公报》社付印。因"七七事变",书稿出版计划流产②。陈序经曾将该书分解,把大部分内容移入三部书稿中。第四部分即为 1936 年发表于《岭南学报》的《东西文化观》的第十九、二十章。第一、二、五部分构成陈序经 1944 年写成的《东西文化观》第六部《全盘西化的名词与意义》的主体内容。第三部分则为《东西文化观》的第五部《全盘西化论史略》的主体内容。

所谓全盘西化,按陈序经的解释,即是中国人应该以西方文明立国③。从总体来看,陈序经的全盘西化论大体包括以下几方面的含义:

第一,全盘西化既是主张,也是目的。陈序经自称"全盘两字可以作弹性解释,也可以作硬性解释"④。胡适在《充分世界化与全盘西化》中指出,全盘西化这个名词"的确不免有一点语病"。"严格说来,'全盘'含有百分之一百的意义,而百分之九十九还算

---

① 陈序经《东西文化观》第六部《全盘西化的名词与意义》,手抄稿,南开大学图书馆藏。

② 陈其津《陈序经治学简述》,《东方的觉醒——陈序经学术研讨会论文选集》,延边大学出版社 2000 年版,第 14—18 页。

③ 陈序经《评张东荪先生的中西文化观》,冯恩荣《全盘西化言论续集》,岭南大学 1935 年版,第 120 页。

④ 陈序经《东西文化观》第六部《全盘西化的名词与意义》,手抄稿,南开大学图书馆藏。

不得'全盘'"。"我赞成'全盘西化',原意只是因为这个口号最近于我十几年来'充分'世界化的主张","'全盘'的意义不过是'充分'而已,不应该拘泥于百分之百的数量的解释","与其说'全盘西化'不如说'充分世界化'"。"'充分'在数量上即是'尽量'的意思,在精神上即是'用全力'的意思"①。

陈序经反驳说:"全盘"虽有百分之百的意思,但"不能否认,除了这种'严格'的说法以外,有了一种普通的说法",即"在所谓百分之九十九或九十五的情形之下,还可以叫做'全盘',至于我个人,相信百分之一百的全盘西化,不但有可能性,而且是一个较为完美较少危险的文化的出路"。至于说"充分世界化","我以为在精神,我们若用'全力'去西化,结果是在消极方面,必至否认中国固有的文化;在积极方面,还是趋于全盘西化"。"所谓'充分'或'尽量'这些名词,不但很为含混,而且很容易被一般主张折衷,或趋于复古者,当作他们的护身符"。显著的例子即是,曾力主西化的张东荪,却发表《现代的中国怎样要孔子》,口中仍唱"依然须尽量采纳西方文化",实际则徘徊于复古与折衷之间。"充分"或"尽量"等词伸缩性太大,"赞成或趋于全盘西化的人,固可以主张'尽量'西化,喜谈折衷或趋于复古的人,也可以主张'尽量'西化。同样,假使百分之九十九的西化,能谓为尽量西化或充分西化,那么'中学为体西学为用"也可以说是尽量西化或充分西化了"②。陈序经的意思即为,作为最终目的的全盘西化是可以有"弹性"的,但作为一种文化主张的全盘西化则是"硬性"而不容妥协的。

---

① 胡适《充分世界化与全盘西化》,马若芳《中国文化建设讨论集》中编,龙文书店1935年版,第273页。

② 陈序经《全盘西化的辩护》,《独立评论》第160号,1935年7月21日,第15、10—11页。

第二，"全盘西化"包括"现代化"。1932年时陈序经仍在使用"现代化"一词。1933年7月，《申报月刊》推出"中国现代化问题"特辑，以纪念该刊一周年。内有论文26篇，约10万字。这些讨论都把现代化问题作为生产问题，自此，"现代化"一词不胫而走①。用"现代化"代替"全盘西化"的主张随之而起。为了坚持全盘西化论，陈序经针对不同方面的反对意见，分别给予回应。

1935年，张熙若指出，"现代化可以包括西化，西化却不能包括现代化"。现代化有两种："一种是将中国所有西洋所无的东西，本着现在的知识经济和需要，加以合理化或适用化"；"另一种是将西洋所有，但在现在并未合理化或适用的事情，予以合理化或适用化"。"比较起来，第一种的现代化比第二种的现代化在量的方面一定要多些，但第二种在质的方面或者要重要些"②。陈序经则指出，张熙若所谓两种现代化，归根到底还是西化③。

严既澄稍后指出："如今世上的一切学问知识文物制度均已成为世界的公器了，我们既为人类的一部，又何必为了所居地点的关系而妄为区别，把人类分划为东西两部——而且很容易引起国粹主义者的反感"，"西化"这个名词颇不适当，"最好把它改为'现代化'。"④陈序经认为，严既澄的建议与胡适提议将"西化"改为"世界化"的主张"差不多"，只是"世界化"偏于空间意义，"现代化"偏

---

① 胡适《建国问题引论》，《独立评论》第77号，1933年11月19日，第2、6页。

② 张熙若《全盘西化与中国本位》，马若芳《中国文化建设讨论集》中编，龙文书店1935年版，第255页。

③ 陈序经《东西文化观》的第六部《全盘西化的名词与意义》，手抄稿，南开大学图书馆藏。

④ 严既澄《〈我们的总答复〉书后》，麦发颖《全盘西化言论三集》，岭南大学学生自治会研究出版股1936年版，第75页。

于时间观念。所谓趋于世界化的文化,所谓代表现代的文化,无非就是西洋的文化。"西化这个名词,不但包括了前两者,而且较为具体,较易理解"①。

30 年代末,冯友兰在《新事论》中强调:"从前人常说,我们要西洋化,现在人常说我们要近代化或现代化",这表明人们已经认识到,"以前所谓西洋文化之所以是优越的,并不因为他是西洋的,而是因为他是近代的或现代的"。近代化或现代化比西洋化更为贴切。陈序经虽然以为冯友兰的话有些道理,但指出"所谓西洋文化之所以优越,不只是因为他是近代或现代的,而同时也是因为他是西洋的"。西洋文化能成为现代文化,是由西洋文化中诸多要素共同孕育而出的;中国文化仍然还是中古文化,不过是因为其中缺少催生现代文化的因子。与"现代化"相比,"西化"更能表明西洋文化的本质②。在陈序经看来,全盘西化包含着中国社会发展的一切理论构想。

第三,"全盘西化"是积极追求文化进步的超越传统文化、超越西方文化的乐观向上的精神。陈序经指出,全盘西化全无折衷的可能;有全盘西化的初衷,也就有全盘西化的结果。胡适与张佛泉虽然声称"完全赞成陈序经的全盘西化论"、"与全盘西化论是非常同情的",陈序经也承认他们两人所谓"充分西化"或"根本西化","是近于全盘西化的"③,但由于胡适提出文化"惰性"说,而张佛泉

---

① 陈序经《东西文化观》的第六部《全盘西化的名词与意义》,手抄稿,南开大学图书馆藏;陈序经《全盘西化的辩护》,《独立评论》第 160 号,1935 年7 月 21 日,第 11 页。

② 陈序经《东西文化观》的第六部《全盘西化的名词与意义》,手抄稿,南开大学图书馆藏。

③ 陈序经《东西文化观》的第六部《全盘西化的名词与意义》,手抄稿,南开大学图书馆藏。

予以认同,陈序经则仍然严厉地指出:"全盘西化论,在胡张两位先生的心里,好象只是一种政策,而骨子里仍是折衷论调。"①

胡适以为:"现在的人说'折衷',说'中国本位',都是空谈。此时没有别的路可走,只有努力全盘接受这个新世界的新文明。全盘接受了,旧文化的'惰性'自然会使他成为一个折衷调和的中国本位新文化。"古人所谓"取法乎上,仅得其中;取法乎中,风斯下矣"是"最可玩味的真理","我们不妨拼命走极端,文化的惰性自然会把我们拖向折衷调和上去的"②,"将来文化大变动的结晶品,当然是一个中国本位的文化"③。张佛泉以为胡适的看法是"非常之正确的",也正因为文化有惰性,"以全盘西化为理想是不能完全达到的"④。

陈序经以为大谬不然。他强调自己并不否认文化有惰性,"然而正是因为这种惰性成为西化的窒碍物,所以主张全盘西化"。全盘西化论,"在积极方面,是要使中国的文化能和西洋各国的文化,立于平等的地位,而'继续在这世上生存';消极方面,就要除去中国文化的惰性。所以若能全盘西化,则惰性自然会消灭。盖所谓惰性,无非就是所谓中国固有的文化。反过来说,这种惰性若不消灭,则全盘西化无从实现"。因此,胡适所谓"文化的惰性自然会把我们拖向折衷调和上去"的现象,只是东西方文化接触后的一种

---

① 陈序经《再谈"全盘西化"》,《独立评论》第147号,1935年4月21日,第4页。

② 胡适《我是完全赞成陈序经先生的全盘西化论》,马若芳《中国文化建设讨论集》中编,龙文书店1935年版,第14页。

③ 胡适《试评所谓"中国本位的文化建设"》,《独立评论》第145号,1935年4月7日,第7页。

④ 张佛泉《西化问题之批判》,马若芳《中国文化建设讨论集》中编,龙文书店1935年版,第16、18页。

"过渡时期的畸形的现象","然其趋势,却是在全盘的路上"。西化的发展,就是惰性的减少。全盘西化与文化的惰性,两者不能相容。而且不能满足于"取法乎上仅得其中"的信条,应当有"青出于蓝而胜于蓝"的信心与"取法乎上,须得其上"的精神,这样,中国文化才能如西洋文化一样得以发展。否则,中国文化只能停滞,甚至倒退①。

第四,全盘西化的基本点是要吸收西洋文化的弹性与共性。陈序经以为:"全盘西化的结果固含有好多各异的成分,以至不少的冲突的特性,然而却筑在一个共同的基础以及一个共同的阶段。"②反对全盘西化论者的一个重要理由,是以为西洋文化这个名词涵盖了很多形式各异甚至是冲突的因素,因而不易采纳。吴景超认为"西方文化本身的种种矛盾,是主张全盘西化者的致命伤"③。陶孟和也持这一观点④。甚至胡适都与陈序经商榷说:"基督教有一两百个宗派,他们自己就互相诋毁,我们要的是哪一派?"⑤陈序经对此解释说:"西洋文化不但宗教方面如此,就是别的方面也都如此。又况派别繁多,互相诋毁或竞争,不但往往能使人们可以自由信仰,而且能使人们反省更新。能有自由信仰,个性乃可发展,能有反省更新,文化始可进步。例如,中国的思想的派

---

① 陈序经《再谈"全盘西化"》,《独立评论》第147号,1935年4月21日,第5、6页。

② 陈序经《东西文化观》的第六部《全盘西化的名词与意义》,手抄稿,南开大学图书馆藏。

③ 吴景超《建设问题与东西文化》,《独立评论》第139号,1935年2月24日,第4页。

④ 陶孟和《国粹与西洋文化》,《独立评论》第151号,1935年5月19日,第15、16页。

⑤ 胡适《充分世界化与全盘西化》,马若芳《中国文化建设讨论集》中编,龙文书店1935年版,第274页。

别之多,莫若春秋战国,然而所谓思想的黄金时代的春秋战国的诸子百家,也岂不是自己互相诋毁吗?我想二千年来——特别是五百年来的中国文化之所以远比不上西洋文化的一个重要的原因,未尝不就在这里。"①

陈序经以为:"很多各异的成分与不少冲突的特性,正是表示其文化中的包藏较富与弹性较强。所谓包藏较富,是表示吸收外来的特性较易。所谓弹性较强,是表示自动的进步能力较大。而况各异的成分愈多,则所谓冲突的特性也可以因之而愈多,冲突的特性愈多,则各异的成分也因之而愈多。"因此之故,他认为"采纳这些各异的成分以至冲突的特性是没有问题的"。陈序经还以实例加以论证。譬如:"一个国会里,能有资本主义派,也能有社会主义派,能有棒喝党,也能有民主党,那么一个国家也能有而且往往免不了要有这些各异的特性与这些冲突的成分。而况事实上,在今日的中国主张资本主义者固不少,主张社会主义者也很多,拥护棒喝党的固不乏人,拥护民主党的更为不少。这些特性、这些成分,既无一不是西洋的东西,也无一不能采纳与介绍。"如此看来,"所谓全盘西化的可能性与确实性是很显明的"②。

尽管西洋文化成分繁杂,但在陈序经看来,西洋文化即"欧美两洲的文化"③,终究有其"共同的基础"、"共同的阶段"、"共同性质"、"共同的要点"。这一点集中体现在他对西方政制体制的认识上。陈序经以为,西方极右或极左的政治主张与运动,不过是特定时代、环境中的"变态","而且他们并不推翻与离开民主中心的政

----

① 陈序经《全盘西化的辩护》,《独立评论》第 160 号,1935 年 7 月 21 日,第 15 页。

② 陈序经《东西文化观》的第六部《全盘西化的名词与意义》,手抄稿,南开大学图书馆藏。

③ 陈序经《文化学概观》第 3 册,商务印书馆 1947 年版,第 11 页。

治"。"皇帝也好,总统也好,甚至独裁也好,不但在趋势上,是朝向较为民主化的道途"①。而且,社会主义的文化与资本主义的文化有"一种共同的基础或性质",两者都是西洋文化。"现在人们所谓社会主义文化的国家,不但在外交上,正与所谓为资本主义的文化的国家力求合作,近来连了宪法也要从后者采纳过来! 此外无论在科学上,在工业上,以及文化的其他方面,在根本上都找不出什么差异来"②。

在此基础上,陈序经得出这样的结论:"西洋文化这个名词之所以能够成立,就是因为在这个名词之下,有了这些共同的地方。西洋文化这个名词既能因此而成立,那么全盘西化也能因为采纳这些共同的东西而成立,何况像上面所说各异的成分与冲突的特性也可以采纳呢。"③"所谓全盘西化,就是从这根本的原则上着想"④。

第五,全盘西化是吸收西洋文化中的自我完善的精神。用陈序经的话说,西洋文化是"理想的文化中的理想文化"。他曾从"中国文化立场"与"西洋文化立场"两个方面对此作过说明。

从中国文化立场来看,西洋文化是最优越的文化,是进步的文化,中国文化是落后的文化。就文化的纵向来看,较之西洋文化,中国文化望尘莫及,就是与日本文化相比,也是相差很远。从文化的横向来看,中国物质、精神文化都不如人。"我们八十年来在文

---

① 陈序经《关于全盘西化答吴景超先生》,《独立评论》第 142 号,1935 年 3 月 17 日,第 5 页。

② 陈序经《读十教授〈我们的总答复〉后》,麦发颖《全盘西化言论三集》,岭南大学学生自治会研究出版股 1936 年版,第 62—63 页。

③ 陈序经《东西文化观》的第六部《全盘西化的名词与意义》,手抄稿,南开大学图书馆藏。

④ 陈序经《关于全盘西化答吴景超先生》,《独立评论》第 142 号,1935 年 3 月 17 日,第 6 页。

化的改造上所取以为目标的是文化进步的西洋，我们五十年来所常常资以借镜的是东洋维新的日本"。"数十年来，我们的外患日亟，内乱未已，也未尝不是由于我们的西化的程度不够，这就是说我们尚未达到我们的目标"。既然尚未达到目标，那么西洋文化"还是我们的理想的文化"。"西洋文化既是我们的理想的文化，那么全盘西化就不能不谓为理想的文化了"。

从西洋文化的"价值方面来看"，"西洋文化不是绝对的最好文化，不是绝对的完全的文化"，"西洋人对于西洋的文化也有不满意的地方"。不过，尽管如此，如果把中国、印度、非洲各种文化与西洋文化相比，西洋文化"还是最好与完全的文化，而成为中国、印度、非洲的理想的文化"。最值得称道的是，西洋人并未满足现状，而是"继续不断的去设法改善其文化，以求实现其理想的文化"，因此，西洋文化"才有继续不断的能够进步"。"在观念上，在动态上，一个能够有了继续不断的进步的文化，可以说是一种理想的文化"。"西洋的文化既是能够有了继续不断的进步，那么西洋的文化就可以叫做理想的文化了"。"西洋的文化既是理想的文化，那么全盘西化不只是理想的文化，而且是理想的文化中的理想的文化了"①。

由上可知，所谓全盘西化是"理想的文化中的理想的文化"，意为全盘西化不仅要以现实西洋文化为目标，而且更要以"继续不断的进步"的西洋文化为目标。换句话说，全盘西化是要把西洋文化自我完善的精神化为中国所有。正如此，陈序经才会说"要是我们因西化而生出弊病来，那么补救的方法，还是要努力去西化"②。

---

① 陈序经《东西文化观》的第六部《全盘西化的名词与意义》，手抄稿，南开大学图书馆藏。

② 陈序经《从西化问题的讨论里求得一个共同信仰》，《独立评论》第149号，1935年5月5日，第9页。

　　第六，全盘西化不仅是模仿，也是创造。张磬等人以为"全盘西化"较为含混，容易引起人们片面追求"西货"的欲望①。陈序经认为张磬误解了其意，强调自己并不是"主张盲目的全盘和彻底接受西货"，而是更主张接受西方精神文化②。在陈序经看来，西方精神文化的核心是创造精神。他曾说过："西洋文化在近代之所以能够有一日千里的进步，就是因为她的动性较强；二千年来的中国文化之所以停滞不发展，就是因为她的惰性较深。惰性较深，就是表示没有创造力，动性较强，就是表示有创造。因此，有些人且叫中国的文化为保守的文化，西洋的文化为创造的文化。这样看起来，全盘西化，实为中国创造别一种新文化的张本了。"③他强调，"西化的'化'字应当作为一个动词看，而并非只是利用西洋人所已做成的东西，这有些像我们吃了东西，不只是生硬的吞下去，而要消化起来，才对于身体有了益处。""从西洋输入的文化，一经我们肚子里而起消化的作用便是我们自己的文化；因为她是我们自己的东西，而且是我们目前所急需的东西，为什么我们不努力去提倡和发展呢？""要是我们今后不把这些西洋文化当做我们的自己东西，而提倡之，发展之，则我们终没有法子来达到西化的路。至多只会享受西货，而致财竭力尽，长此以往，中国前途，尚何堪问！"④全盘西化"在根本上是要把西洋创造文化的精神吸取过来。有了这种精神，当然不只能创造人家所能创造的文

---

　　① 张磬《中国文化之死路》，广州《民国日报》1934 年 1 月 25 日，"现代青年"，第 834 期。

　　② 陈序经《关于中国文化之出路答张磬先生》，吕学海《全盘西化言论集》，岭南大学青年会 1934 年版，第 21、23 页。

　　③ 陈序经《关于全盘西化答吴景超先生》，《独立评论》第 142 号，1935 年 3 月 17 日，第 8—9 页。

　　④ 陈序经《南北文化观》，《岭南学报》第 3 卷第 3 期，1935 年 5 月，第 74 页。

化,而且可以创造新文化"①。

其实,对陈序经来说,不仅"西货"不是全盘西化,而且"五四"的科学文化、民治文化均不过是片面与皮毛的西化。从这个意义而言,五四运动称不上是"全盘而彻底的西化运动"②。正因为相信全盘西化可以创造新文化,陈序经并不担心中国文化有成为西洋文化附庸的危险③。

通过以上评述,我们可以清晰地看到:第一,虽然陈序经提出的全盘西化论先于其文化学,但全盘西化论中已经包含着文化学中文化弹性、文化惰性、文化产生与发展的理论。第二,所谓全盘西化不过是创造新文化的代名词而已。第三,全盘西化也是一种社会发展观。第四,陈序经将文化认同与民族国家的认同区别开来,全盘西化并不等同于放弃民族国家的主权。第五,他所倡导的文化创新的方式,是希望通过西方视阈而走出中国强势传统文化的滞碍。站在西方文化立场审视中国传统文化,这当然需要打破本族中心主义束缚的勇气。但因此将全盘西化归为民族虚无主义则过于苛求与感性。

二　个人主义与文化主体

上面阐述了陈序经对"全盘西化"本身的限定,以及由全盘西

---

① 陈序经《东西文化观》的第六部《全盘西化的名词与意义》,手抄稿,南开大学图书馆藏。

② 陈序经《全盘西化与皮毛西化》,《全盘西化与五四运动》,手抄稿,南开大学图书馆藏。

③ 陈序经《从西化问题的讨论里求得一个共同信仰》,《独立评论》第149 号,1935 年 5 月 5 日,第 13 页。

化所涵盖的推动文化发展的原则、目标与结果,下面我们将介绍全盘西化的动力机制,即激发文化创造力的精神与具有这种精神的文化主体。对陈序经而言,个人主义是西方文化创造力的源泉。在中国,这种个人主义集中体现在南方青年学生与东南亚华侨的身上。他把学生与华侨视为新文化的创造者。

(一)个人主义

陈序经对西方文化传统中的个人主义有精当的了解,深信个人主义是西方文化创造力的源泉与动力。他强调西方个人主义价值观的确立过程,也就是西方文化发展的过程。中世纪的黑暗是由于教会与帝王控制着精神和世俗世界,个人全无自由可言。由于教会干涉王权,引起帝王的反抗,他们自称为上帝的使者。到 16 世纪末、17 世纪初,英国皇帝詹姆士一世则称所有君王都是上帝。君主势力的恶性膨胀,个人起而反抗,个人主义因之而萌生。其后的宗教改革,导致个人信仰自由,进而冲击帝王专制,引起政治上的个性解放与自由。十字军东征、特别是元朝的西侵,以及随西侵传入欧洲的中国印刷术、火药、指南针,直接引发了西方个人主义。印刷术打破教士、贵族对知识的垄断,书籍能够流传民间,造成思想解放,产生脱离教会和贵族的思想。火药打破武士制度,增强了平民势力,开辟了民治途径。指南针使航海家远渡重洋,开扩了视野。从整个欧洲的历史来看,中世纪的文化所以停滞,就是因为个性受到压制;反之,西洋近代文化之所以能够快速发展,主要是由于个性的发展和个人主义的提倡。洛克、边沁、斯宾塞的著作与法国《人权宣言》等等,都是对个人主义的弘扬的代表。

对陈序经来说,中国文化二千年来的单调、停滞的原因,同样是由于个性不能张扬。在孔家思想的禁锢下,个人主义无从发育生长。"西洋文化之输入,已有三百年的历史,然中国仍照旧的不彻底去改革固有的病弊,而采用西洋文化,不外是中国人仍旧的醉生梦死于孔家复古文化"。个人主义虽然由严复、陈仲甫、胡适介绍到中国,但并未深入人心,中国人仍是照旧地享受西洋的汽车、洋楼,而没有"振作的决心",若长此以往,中国必将亡国。"救治目前中国的危亡,我们不得不要全盘西洋化。但是彻底的全盘西洋化,是要彻底的打破中国的传统思想的垄断,而给个性以尽量发展其所能的机会。但是要尽量去发展个性的所能,以为改变文化的张本,则我们不得不提倡我们所觉得西洋近代文化的主力的:个人主义"①。他还强调,"全盘西化在精神上是要使我们的个性发展,是要学人家的自由原则,所以全盘西化绝不是盲从西洋"②。

正是由于认识到个性与文化发展之间的关系,陈序经强调:"每一个人都有了传播与改造这个文化的责任,而使每一个社会或每一时代的文化,能够不落后,能够有进步。这种每一个人的责任心的认识与觉悟,就是个性的认识与觉悟。假使每一个人都能努力去负起这个责任,就是尊重个性与发展个性。主张尊重这种个性,与发展这种个性的学说,我们可以叫做个人主义。我们应当指出,这种的个人主义,并非自私主义,并非自利主义。这个个人是社会化的个人,文化化的个人。"社会化程度愈高,文化也愈进步。在文化较为进步的社会,个性的发展机会愈多、个性化的程度愈高,则文化也必愈于进步。"个性的发展是文化的进步的度量。不过个人是具体的,社会是抽象的,所以个性在文化上,而尤其是在文化的进步方面来看,尤为重要"③。这样,陈序经就把个性限定在

---

① 陈序经《中国文化的出路》,商务印书馆 1934 年版,第 122、123 页。
② 陈序经《东西文化观》的第六部《全盘西化的名词与意义》,手抄稿,南开大学图书馆藏。
③ 陈序经《文化学概观》第 4 册,商务印书馆 1947 年版,第 78—79 页。

文化层面,个人对发展、创造文化的责任的认同,也就是个性的高扬。

顺便附带提及的是,陈序经对个体的重视,应该与他曾从事过政治学的研究密切相关。他在《国家主权论》中,将主权分为个体主权与由个体委托的社会组织主权,强调"两者有同样的分量",以为"主权就是建基在个人或所有个体的认同之上","未经过个体认同而凌驾其上的主权是不存在的"①。个人价值在陈序经的心中具有至高无上的地位。

陈序经对个人主义与文化创造关系的认识,在某种程度上反映了整个社会的要求。近代许多学人均从欧洲个人主义的发展历程中,或认识到"自由主义是西方文化之神髓,亦其最高成就"②;或以为"站在整个的人类立场说,人类的思想愈自由,则思维的能力愈进步,人类的前途,亦愈有进度"③;或主张通过自由主义的教育,使国人具有"追求真理"、"倡扬解放"、"趋重自然"的品性④。

(二)文化主体

西方进化学派一般均信奉个人主义。在处理个人与团体的关系上,视个人为团体的中心人物,而忽视团体的地位。斯宾塞的"纯粹个人主义",即强调在工业社会中,公民的个性,非但不为社会所牺牲,而且还要得到社会的保护。同时,进化派的个人主义又

---

① Su Ching Chen, *Recent Theories of Sovereignty*, Canton, China, 1929, pp301,302.

② 胡秋原《新自由主义论》,民主政治社 1948 年版,第 81 页。

③ 毛起鵕《主义学术化与学术主义化》,《时代精神》第 4 卷第 6 期,1941 年 9 月 20 日,第 3 页。

④ 尚仲衣《论自由主义与今日中国的教育之前路》,《中山文化教育馆季刊》第 4 卷第 2 期,1937 年,第 733 页。

是与理性主义密不可分①。陈序经虽然不像进化学派忽视团体的作用,但他更重视个体的作用,对理性主义也极为重视。他常说:"文化固然是人类所独有的",但是"设使人类而专靠天然的生产供给,维持其生活,不想努力去改变环境,则文化决不会产生和发展。所以文化的产生,及其发展的程度如何,是与人类是否能够努力,及其所努力的程度如何,成为正比例。"②文化发展即是个人奋斗的延续。

正是缘于上述原因,在文化主体的认识上,陈序经以为,文化创造、模仿都是"要靠了个人或是少数的个人","然后再从个人或少数的个人,而推广到多数或是全数的人们"③。他所谓的"个人",主要是指生活在南方的青年学生和华侨群体之中的"个人"。

1933 年底,陈序经在《中国文化之出路》的演讲中,呼吁南方的青年学生要担负起全盘西化的责任。其理由如下:第一,从地理上看,南方是西洋文化输入中国的门户。汉朝以后,广州即成为中外交通的要道和对外贸易的中心;第二,政治、教育、宗教的文化演进,亦多以广州为起点;比如,最初到中国宣教的利玛窦、新教的传教士马礼逊,或是在广东曾居住过十多年,或是先到广州布道。第一位中国宣道师梁发,最早的留学生容闳、黄胜、黄宽,也都是广东人。1872 年第一批三十名留美学生中,广东人即有九位。革命领袖孙中山即为香山县人;第三,文字革命(通俗文替代文言)很早便由梁任公和严复两人在书信里有所讨论,如果没有戊戌以来梁启超等人为之倡导于前,把古文变成通俗化,五四运动中的文字改

---

① 参见吴文藻《人类学社会学研究文集》,民族出版社 1990 年版,第49、43 页。

② 陈序经《中国文化的出路》,商务印书馆 1934 年版,第 4—5 页。

③ 陈序经《文化学概观》第 4 册,商务印书馆 1947 年版,第 73、76 页。

革,或者不会能有今日之成功;第四,经济方面,福建和广东的侨民对南方的经济影响较大;第五,在城市运动方面,广州不但开中国新城市的纪元,而且是由中国人管理的最西化的一个城市;第六,海员大罢工等劳工运动也是始于南方;第七,中国女权运动兴盛于广州。女子教育在广东十分发达。男女同学以广东为先。1920、1921 年间,广东女子已实行参政运动,广东临时议院便有女子议员;第八,南方人思想最新。如梁启超创办《新民丛报》,开扩中国人的视野,使之明晓世界大势。孙中山先生的思想,根本上也是西化的思想,他希望中国人能成为华盛顿那样的人。

总之,南方是新文化的策源地。青年作为新文化的触媒,有其"先天"优势,要勇于担负起全盘采纳与发展西洋文化的责任①。

陈序经 1936 年在《岭南学报》发表《南北文化观》,着重分析了西化始于南方的原因、南方对于西化的贡献,并较系统介绍容闳、严复、梁启超、孙中山等人的西化观。这些内容实际即是上述陈序经演讲内容的扩充和条理化、系统化。此后,又在该长文基础上,增加南方与西化的都市、西化的宗教、西化的经济等内容,写成三册本的《南北文化观》手稿。他在这些文章中所要说明的是:固有文化的传播是从北到南,而新文化的传播则是由南而北。南方不仅是固有文化的保留所,而且是新文化的策源地,南方文化的真谛就是新文化。南方虽然有康有为的复古、洋博士陈焕章的尊孔,但"这种旧的文化正是日趋于衰微,而新的文化却正趋于兴盛,而所谓旧的文化与新的文化的交替,又不外是中国或东方的文化与西洋的文化的交替"②。有人曾指出广州期刊销售量,"恐怕比中国

---

① 陈序经《中国文化之出路》,吕学海《全盘西化言论集》,岭南大学青年会 1934 年版,第 16—18 页。
② 陈序经《南北文化观》,手抄稿,南开大学图书馆藏。

任何都会还要多"。这也可以从一个侧面反映南方新文化的兴盛①。

陈序经不仅重视南方青年，而且重视一千多万华侨，特别是南洋华侨，在全盘西化中的作用。《南北文化观》、《南洋与中国》等书，以及发表于《今日评论》上的《遏化与华侨》等文章，均集中反映了他的这种思想主张。其荦荦大端者如下：

第一，华侨是西洋文化中的一员与中国西化的媒介。西洋列国征服南洋各国后，在印度、马来半岛、爪哇以至菲律宾各地华侨，遂直接处于西洋人的统治之下。列强在殖民地所设立的种种机构和设施，固然都是为了满足其经济掠夺的需要，"然大体上总可以说是西洋文化的化身，而处处表现出其文化精华所在"。华侨处于这种文化环境中，有意无意地受到西方文化的熏染，进而间接影响于中国本土。华侨有从事开矿、修桥、筑路者，但也不乏管理欧人公司、供职于欧化的学校和政府机关者。遏罗政府中的内阁总理、各部部长，也多为华侨的后裔。遏罗曼谷皇朝的建立，安南河仙的管理，都是得力于华侨。在南洋各处，殖民地政府也依赖于华侨所缴税饷得以维持。西洋人控制着南洋的政治权，工商权则基本为华侨所掌握。华侨是南洋经济的主体，经济力量雄厚。树胶、椰树、甘蔗等种植多为华侨所经营。华人经营的锡矿据 1910 年统计，产量占总产量的 78%。比如，遏罗碾米厂、锯木厂基本为华侨所建立。马莱半岛的胶厂、荷印各处的糖厂，多为华侨所设立。皇宫以至遍地林立的佛寺，也差不多完全由华侨建筑。各种家庭用具也基本都为华侨所制造。华侨被遏罗人称为"东方的犹太人"。南洋的开发与进步即是华侨努力的结果。

---

① 谭卓垣《广州定期刊物的调查》，《岭南学报》第 4 卷第 3 期，1935 年 8 月 15 日，第 2 页。

从中国文化由北到南的发展过程来看,华侨是开疆辟土的先锋,实为中国民族的优秀分子。"凡是到过南洋者几若置身于一现代化的中国里而不觉其为在外国"。华侨不仅在南洋聚居,而且足迹遍布世界。与欧美人相比,华侨智识之固塞固不待言,"然他们若回到本国,或比之本国的人们,却是站在优胜的地位;同时他们在传播西洋文化的功劳上,似又不可忽视"①。

第二,华侨是自觉的西化者。华侨凭藉自身的劳力和智慧,在与自然环境及异族的抗衡中,得以生存和发展,"而不至像美洲马莱半岛的土人的不愿适应于现代文化之下,而致几乎灭亡;则今后以同样的努力,同样的经验,同样的训练,而建设新的祖国,那么对于中国将来必定可以有比较从前更大的贡献"。特别是受到洋人的压迫和西洋近代民族主义的影响,华侨的爱国心要比国内同胞深厚得多。华侨饱尝文化优胜劣败的滋味,"那么华侨应该格外觉悟努力,去提倡西化了"②。

第三,华侨具有坚强的意志、自我奋斗的精神。华侨离乡背景的原因不外为谋生、反抗政治压迫与反叛中国礼教,为了生存,只能自勉奋斗,养成意志坚强的性格和无畏的开拓进取的精神。"这种独立奋斗的精神,用来与一般文化低下于中国的土人相抗衡,则可以克胜土人,而反客为主;用来与文化优越的欧人相接触,则所以造成今日的西化的殖民地"。从中国固有文化角度看,华侨"简

---

① 陈序经《南北文化观》,《岭南学报》第 3 卷第 3 期,1935 年 5 月,第 79—80 页;陈序经《南洋与中国》,岭南大学西南社会经济研究所 1948 年初版,第 42、54、55、56、59、60、61、69 页。

② 陈序经《南北文化观》,《岭南学报》第 3 卷第 3 期,1935 年 5 月,第 85—86、87 页;陈序经《南洋与中国》,岭南大学西南社会经济研究所 1948 年初版,第 44 页。

直就是废民",从新文化或西洋化角度看,他们是"很有希望的人民"①。

第四,华侨是西洋化运动的经济支柱。"华侨的产业,虽在国外,但是他们的财富之影响于国内,尤其是南方各省,很为显明"。他们促进了南方社会的现代化。从这方面看,华侨也可以说是优秀分子。福建的泉州、广东的潮汕、广州四邑以至海南岛,无论城市乡村的设施,与华北各省相比均有天壤之别。这些西洋化的的设施基本是由华侨兴建。广州东山、台山的模范村等新式住宅区的发展之速,均出自华侨之手。厦门、汕头、广州、海口之所以繁荣,直接或间接都与南洋华侨有密切关系。华侨还捐资兴学、开办医院。厦门大学、集美学校、岭南、培正以及许多的公私立学校兴建,海口等地医院的兴建,大都与华侨有着直接或间接的关系。闽粤一般学子均得到华侨的各种资助。中国国际贸易平衡,主要是得力于南洋华侨的汇款。中国革命的成功及抗战均得到华侨的援助。广东沿海一带的乡村,许多家庭费用主要来自南洋。闽粤日常生活也因受到华侨影响而西化,如语言中夹带英语单词等②。

此外,华侨还有较少固有文化恶习等优点,适于开创新文化。

不过,陈序经指出,侨胞有一个致命的弱点,即一般少受教育,或学非所长、学非所用,更得不到工商业的专门教育,仅靠勤俭起家,这样的知识基础,已经难以应付新的局面。南洋各国教育发展事业很快,土著也知勤俭的重要,并且也逐渐有了经营各

① 陈序经《南北文化观》,《岭南学报》第 3 卷第 3 期,1935 年 5 月,第 83—84、82 页。

② 陈序经《南北文化观》,《岭南学报》第 3 卷第 3 期,1935 年 5 月,第 97、83—84 页;陈序经《南洋与中国》,岭南大学西南社会经济研究所 1948 年初版,第 61、62、63 页。

种事业的经验。当地政府的保护政策,如增加人口税、人头税,禁止华侨购置地产,限制了华侨经济的发展,华侨已经不容易与土人竞争,华侨经济自然将逐渐走向没落。他强调要保持华侨的经济地位,只能从教育入手,华侨教育必须要切合华侨的特点和符合居留地的实际状况,激发每一位华侨的自主意识,使他们充分认识到自己在西化中的作用,其关键问题是,要有了解南洋,并且有专业知识的合格的师资力量。他希望政府当局以及社会人士,应该设法奖励一些有识之士与专门人才前往南洋,帮忙华侨发展其经济力量。"假如这千万左右的华侨,能受过现代的教育,发奋有为,则其对于中国的西洋化的努力上,十倍易于西洋人之西化海峡殖民地"①。

在陈序经看来,南方青年学生是奔赴南洋的最佳人选。他鼓励青年肩负起发展南洋的重任②。他要让南方的青年学生的新思想、新知识,与南洋华侨的实力互相结合,构成一个强有力的西化集团,并使这个集团中的每一个人都有奋发向上的个性。

三 西化教育

教育的发展必须有相应的教育方针和教育宗旨为指导。陈序经通过参加教育问题论战,提出了西化的教育方针和宗旨,构成了教育发展的总体性、根本性的原则和目标,规范着教育体制及其发

---

① 陈序经《南洋与中国》,岭南大学西南社会经济研究所 1948 年初版,第 42、72—73、69、74—84 页。

② 陈序经《南洋与中国》,岭南大学西南社会经济研究所 1948 年初版,第 113—114 页。

展方向,以至社会的总体走向只能是全盘西化。

(一)教育方针的西洋化

早在 1932 年 12 月 21 日国民党四届三中全会决议切实发展理、农、工、医与职业教育之前①,同年 5 月 19 日,广州教育专家在中山大学举行会议,便开始讨论有关问题。会议决案第一条为:"停办文法科或减少数量,同时多设职业学校,以适应社会生活之需要。"21 日,岭南大学校长钟荣光,宣布本校将于近期内实行这种教育方针。中山大学校长邹海滨(鲁),在中大纪念周发表演说,报告了 19 日专家会议的概要,特别指出,教育专家在重视职业教育的问题上已达成共识,希望通过这一教育方针,"把中国现在的教育从根上来设法救济"。陈序经从报纸获悉此事后,于 6 月 1 日、2日在广州《民国日报》"现代青年栏",发表《对于现代大学教育方针的商榷》一文。他同意"于基本教育之外再加上一种职业教育",但反对"停办文法科或减少其数量,而代以职业教育"。此时,正在筹办中的广东勷勤大学,仅拟定设立师范学院、工学院、商学院,而文科、法科、理科均未列入计划内。邹海滨也发表言论,拟停办中山大学的文法科。钟荣光、邹鲁等人,虽然也许早有提倡职业教育、废除大学文法科甚至少办大学的打算,但教育方针的最后出台,是受到 4 月间来粤游历的美国哥伦比亚教育学院勒克教授的某些影响②。

---

① 《对于行政院及所属各部会工作报告之决议案》,荣孟源《中国国民党历次代表大会及中央全会资料》下册,光明日报出版社 1985 年版,第 196页。

② 陈序经《对于现代大学教育方针的商榷》、《对于勒克教授莅粤的回忆与感想——续谈现代大学教育的方针》,陈序经《大学教育论文集》,岭南大学 1949 年版,第 55、56、66、67 页。

　　陈序经曾于 4 月 26 日与包括勒克在内的中外学者 40 多人，齐聚岭南大学文理科学院院长梁敬敦府上，共同讨论改造中国的问题。经过 3 个小时的讨论，所有问题归结为："我们对于接受西洋文化的态度，应该如何？"勒克主张部分的选择西方文化。为了消除勒克言论的负面影响，陈序经发表《对于勒克教授莅粤的回忆与感想——续谈现代大学教育的方针》一文，对勒克进行体无完肤的批评。他指出，勒克仅在中国四余月，根本不了解中国实际，其部分西化主张是通过对中国名流调查、统计的结果，缺乏严密的逻辑性，被动地把被调查人的意见当作自己的意见，当作改造中国的意见。他只是名从事大学以下教育的专家，根本不懂大学教育原理。这种人来谈中国教育改造，提出今后所应采纳的教育方针，"岂非太不自量"。"其实文化的改造，是包括教育的改造，他于整个文化的根本看法既是错误，则他对于文化问题中的部分的教育问题，也难免了错误"①。

　　5 月 31 日，天津《大公报》刊载陈果夫在中政会提出改革教育的初步方案。其内容与广州教育专家意见大体相同。只是陈果夫明确提出文法科暂行停办十年。他们都希望政府出面在全国实施这一方针。到 7 月下旬，有关教育方针讨论的文章，仅在广州《民国日报》"现代青年栏"刊登者即有十余篇。此外，有关讨论延及北方。如清华大学蒋廷黻 6 月 12 日在《独立评论》发表《陈果夫先生的教育政策》，燕京大学刘廷芳 6 月 25 日在《明日之教育》发表《陈果夫氏的教育提案八个假说》。蒋廷黻、刘廷芳及一些学人的意见，基本与陈序经相同。另有几篇文章则站在邹鲁、陈果夫的立场上，对陈序经加以指摘与批评。在陈序经看来，这些人对于其论点

---

　　① 陈序经《对于勒克教授莅粤的回忆与感想——续谈现代大学教育的方针》，陈序经《大学教育论文集》，岭南大学 1949 年版，第 68—74 页。

没能充分的认识和了解,把他视为文科法科极端拥护者与大学教育极端提倡者。他又发表《敬答对于拙作〈对于现代大学教育方针的商榷〉的言论》一文,批评对立派没有正确、充分地了解大学教育"究竟是什么东西",并且"把中国和现代世界这两件事情,好象当作风马牛不相及"。陈序经特别指出:"二十世纪世界,好多重要的世界问题,已变成中国的问题了,同时,好多重要的中国问题,也成了世界的问题",中国不能再闭关自守,教育也不例外。他还再次申说自己的观点①。

综观陈序经在这次论战中的言论,其教育方针呈现出西洋化的特点:

第一,以大学教育为本,以职业教育为辅。职业教育与大学教育存在着本质的不同。职业教育的目的在于应用,而大学教育的目的是求知。一为"研习某种技艺以维持目前生活",一为"专为学问而研究学问"。求知未必为了应用,"然要有所应用,则不能不求知"。要在文化发达的世界里,欲增加生产以裕民生,而不提倡大学教育,是行不通的。如果大学教育发达,则用不着提倡职业教育,"因为大学教育比之职业教育还要专门,还要彻底"。只不过由于大学教育太落后,"所以不得不借职业教育来补救一时之急"。大学教育是文明的产儿,"我们不欲与世界各国并驾齐驱则已,否则舍提倡大学教育,增进人民的专门智识莫由!"大力提倡大学教育,刻不容缓②。

第二,文法科作为整个大学教育体系的一个重要组成部分,断

---

① 陈序经《敬答对于拙作〈对于现代大学教育方针的商榷〉的言论》,陈序经《大学教育论文集》,岭南大学1949年版,第76、77、80、78、86页。

② 陈序经《对于现代大学教育方针的商榷》,《敬答对于拙作〈对于现代大学教育方针的商榷〉的言论》,陈序经《大学教育论文集》,岭南大学1949年版,第56、57、58、79页。

不容忽视。教育专家反对文法科的理由,不过以为这两门学科不如农、工、商、理等科实用,不能对国家生活有所贡献。其错误在于他们不懂大学的目的与人生需要的原则。求知虽然常与人生的需要有密切关系,研究结果也常影响人生、社会、文化生活,但研究的目的却并非以实用为目的。人生的需要,并不限于对物质的追求,还有精神的追求与超越。大学依此原则建设,"才不失为大学的使命",一所完备的大学,应当包括各种学科。"因为智识的各方面是互相连带的,而且是互相影响的,所以讲求智识的人,要说这科重要那科不重要,便失去大学教育的真义"。

况且,文法科也有实际作用。一般来说文法两科,包括中外语言文学、历史学、哲学、教育学、社会学、法律、政治学、经济学。如,法律是法治国家的基础;社会学有利于认识社会状况,以便改良社会组织;哲学即人生观,与人的生活与行为密切相关。政治学可以启迪民智①。

第三,大学教育乃文明民族的特征,而且是彻底改造和建设文化的机构。贪图急功近利,"而不愿做彻底的研究",是中国人最大的弊病。曾国藩曾提倡过造船、制械的教育,李鸿章提倡过开矿、筑路的教育,然而,中国仍然败于日本,依然不振。根本原因不外是"见得人家的用,不见到人家的体,只求目前的应用,不想彻底的求知,有其体,得乎知,未必一定是要用,然没有其体,没有其知,试问怎能有其用呢? 舍知与体而求用,不外是缘木求鱼! 若果我们要其知,要其体,则不当惟知其一,而不管其二,其三,则不当惟得一面之体,而不理其整个之体。曾李的机械器用教育,张之洞的中

---

① 陈序经《对于现代大学教育方针的商榷》,《对于勒克教授莅粤的回忆与感想——续谈现代大学教育的方针》,陈序经《大学教育论文集》,岭南大学 1949 年版,第 58、59、60、61、75 页。

学为体西学为用，光绪末年的法政，以及近十余年来的文学狂，差不多总是筑在流水来就散的沙上啊！难道我们到了现在，还不觉悟吗？"大学则通过分科教育，使学生"必须经过一般知识训练"，"对于事物的探求解释，能有精神的判断"，最终改变整个民族浅尝辄止、不求甚解的固疾①。

在教育方针的讨论中，陈序经还尤为强调，教育的要旨在于发展合理的个性。同时，他在论战中也能够尊重个性，指出，"每一个人都有他自己的见解与立场，他自己的环境师承以及个性的特点，所以他的意见和主张，未必要强与他人相同"②。

（二）教育宗旨的现代化

中国新式教育，在 20 世纪前 15 年左右的时间里基本抄袭日本。其后由于留美专研教育的郭秉文、蒋梦麟等人回国进入教育界，以及教育部范源濂、严范荪的赴美考察，致使教育体制转而趋于美国化。一些学者以为忽而日本化，忽而美国化，不如考虑国情，建设自己的特色。教育"中国化"口号，便自 20 世纪 20 年代末开始时兴起来。或提出平民教育，或提出乡村教育，不一而足。1933 年 2 月，旭生在《独立评论》发表文章，以为现行教育制度与社会"完全不适合"，"由无限农村组成的中国，应该创造出来一种农村的教育"③。陈序经读罢此文，颇感失望："我的意想就是假使中国教育而像旭先生所说的要农村化，则这个农村化，还是要现代

---

① 陈序经《敬答对于拙作〈对于现代大学教育方针的商榷〉的言论》，《对于现代大学教育方针的商榷》，陈序经《大学教育论文集》，岭南大学 1949 年版，第 83、65 页。

② 陈序经《敬答对于拙作〈对于现代大学教育方针的商榷〉的言论》，陈序经《大学教育论文集》，岭南大学 1949 年版，第 78 页。

③ 旭生《教育罪言》，《独立评论》第 38 号，1933 年 2 月 19 日，第 5 页。

的,或西洋的农村化;决不是,而且决不应该要中国固有的农村化。其实,近来国人所提倡的农村运动,本来还是近代西洋人对于城市的'畸形'发展的一种反响。这种农村运动,还是西洋人的农村中的事情,并非中国农村的事情。假如是了,那么中国教育,老早已农村化了数千年,用不着我们来呐喊,来提倡了。"①于是发表旧作《教育的中国化和现代化》,陈述自己发展教育的主张:

第一,教育"中国化"口号讲不通。新式教育原本不是中国所固有,它是从国外输入的,适应新的时代、新的中国需要的产物,可以称之为教育的"新时代化"或"现代化"。"除非我们把这个'中国化'的中国,叫做旧的中国,那么'新的'教育这回事,是无从发生的。因为使中国而新了,则中国变为现代化的中国,并非现代的中国化。同样,使中国的教育而新了,那是中国的教育的新化,或现代化,并非教育的中国化。所以把中国和新教育来相提并论而要新教育的中国化,显然是想把没有经过现代化的中国,来化新的教育"。没有经过现代化的中国,不外是旧中国、落后、"古董"的中国,否则,它必定是适合现代的中国。适合现代的中国,就是新的中国。"要是整个中国是新了,是现代化了,那么教育也必定是现代化了,也是新了。同时,这一个中国是用不着现代化的,而这一种教育,也用不着新化,更没有所谓中国化的可能。所以要使新教育中国化,其结果若不是新教育的退后化,至少也是新教育的古董化的危险"。如此说来,"新教育的中国化这句话,本来是自相矛盾的"。

所谓新教育的"中国化",不过是挂起新教育的招牌,骨子里还是复返旧式教育的主张,这是典型的"复古运动"。它一方面打出新教育的招牌,模糊"喜欢于新的人"的视线,另一方面,打出"中国

---

① 陈序经《教育的中国化和现代化》,《独立评论》第43号,1933年3月26日,第12页。

化"的招牌,笼络恋旧的人,在这"新旧过渡的时代"极具诱惑力,成为"最易迎合一般中国人的心理而有开倒车的危险的言论"。教育"中国化"的口号喧闹不已,则不足为奇①。

第二,所谓"国情"并不是一成不变的,只有教育的"现代化"而无教育的"中国化"可言。新教育"中国化"的最大理由,是以为从西洋贩来的教育,难免有些不符合中国的国情和需要,如果能与中国需要与国情相符,则可称为"中国化"。陈序经指出,这种看似正确的观点,"实在是一种很大的错误",其根源在于不了解国情的含义和实质。

所谓"国情",虽然可以包括一切的天然、气候、地理、物产、人种等方面,"然而事实上所指明的,却只能说是文化一方面"。"美洲可以变为第二个欧洲,日本可以跃为强国之一,就是证明自然环境,不但不能限制文化的发展,而且受了文化的征服。假使不是这样,那么比方广州市是不会西化的,粤汉铁路是不会筑成的了"。教育不外是文化这一复杂总体中的一部分,新教育的中国化,或中国教育的现代化,都与文化其他方面有着密切的关系。自东西接触后,中国人感到事事不如人,却又不能闭关自守,以保存固有文化。固有国情已经不适合新的时代,文化也需要现代化,教育自然要现代化。若说国情,或文化的某一部分,或某些部分,是合乎新时代,那么这一部分或某些部分,已变为现代的需要,而非中国所独有,或固有的需要。国情已经发生变化,所谓新教育的中国化也就不可能了。

所谓新教育"中国化"的最大错误,在于以为现在的国情,还是固有的国情,"现在的中国的国情,事实上也已不是中国的固有国

① 陈序经《教育的中国化和现代化》,《独立评论》第 43 号,1933 年 3 月 26 日,第 6—7 页。

情,而且这些国情,正是朝向着新时代化的途程中","不过是从旧的中国国情到新时代中国的国情过程中,逐渐将成为过去的陈迹罢了"。同时,国情论者"又必以为除了文化的教育一部分外,其他的部分像政治,经济等,还是依旧的不变。他们忘记了不但是教育,就是经济政治等,也是趋向着现代化的历程中。要是教育家不愿努力来求教育的现代化,而反要使新的教育,来适合正在变换历程中的旧的政治,经济,或礼教等,以及这些东西所产出的结果,或是所传下来的遗毒,试问我们何不专心去保存旧的教育,以及文化的其他的方面,来维持我们的固有的国情,却要多生枝节的,去采纳新的教育,而致徒劳无益呢? 若说因为了除了教育以外的他方面的文化,已非固有的,所以教育也要变换来适合这一个国情,那么这一个国情,显明非中国固有的国情,而是现代化的国情。现代化的国情是现代的环境,并非中国所独有的,更非中国所固有的。这么一来,中国教育之要现代化,不但是理论上所必然的,而且是事实上所不免的"①。

第三,彻底现代化。从数十年来的新教育史上看,新教育尽管取得一些成绩,不过进步太缓慢。这种迟慢的进步,远远不能适应现实的需要,从某种意义上说,可以视为失败。其原因便是,"教育上的中国化运动",使中国教育不能完全、彻底的现代化,而只能"皮相"的现代化。比如,早期留美幼童受学监监督,互相之间谈经文,相习染,与国内无异。少有机会观察西洋人的教育和生活的真精神,且遭中途遭返的命运。最初的留日学生一般均为速成科,且

---

① 陈序经《教育的中国化和现代化》,《独立评论》第 43 号,1933 年 3 月 26 日,第 7—9 页;陈其津《陈序经未发表的书稿〈全盘西化论〉简介》,陈传汉等《东方的觉醒——陈序经学术研讨会论文选集》,延边大学出版社 2000 年版,第 37 页。

入读于为中国人开办的弘文学馆,基本不懂日文。教育日本化,终成画饼。曾国藩、李鸿章惟务机器教育,固不待说,张之洞的"中体西用","尤为铸成大错的主因"。"他们忘记了直接去仿效西洋,尚恐不能得到西洋教育的真谛,何况是从东洋间接学来? 他们忘记了东洋人能够从西洋直接学来,中国人安有不能的道理? 何况以中学为体,西学为用的信条,来提倡新教育,根本上已经不彻底,而事实上却是趋于复古"。欧战以后,国人见得欧洲满目疮痍,于是大加提倡其东方精神文化。他们对于彻底采纳西洋教育,当然抱着怀疑态度。邹海滨、陈果夫等人提倡停办文科法科,专事发展职业教育,都表示中国人对于现代化的不彻底。"文科法科及无论那科,才在萌芽的时期,就要停办,而专提倡职业教育,又岂非跑回曾国藩李鸿章们那样路吗?""十余年来,大家都以为中国的教育是美国化的。我们以为设使中国的教育而是认认真真的美国化了,那么中国的教育,断不会糟到这么田地"。

陈序经的结论是:"全部的中国文化是要彻底的现代化的,而尤其是全部的教育,是要现代化,而且要彻底的现代化。""惟有现代化的教育,才能叫做活的教育。惟有现代化的教育,才能叫做新的教育"。要做到这一点,首先就要放弃和推翻"中国化"这种似是而非、最易迎合一般中国人心理的危险的言论①。

四　学术西化

从某种意义而言,学术进步直接影响着教育的进步,学术发展

① 陈序经《教育的中国化和现代化》,《独立评论》第43号,1933年3月26日,第9、10、11、12页。

的总体原则影响着教育发展的方向。学术研究的水平是国家综合实力的重要指标。20 世纪上半叶的学者,十分关心学术事业的发展,从不同角度强调学术与强国的关系。贺麟曾指出:"中国百年来之受异族侵凌,国势不振,根本原因还是由于学术文化不如人。""一个民族的复兴,即是那一民族学术文化的复兴。一个国家的建国,本质上必是一个创进的学术文化的建国"①。有人指出:"复兴中国文化,非振兴和提高中国的学术不可。"②但在如何发展学术的问题上,则先后出现了学术"中国化"③和"学术独立"的两种主张。稽文甫在《漫谈学术中国化问题》中有云:"所谓'中国化',只是世界性的文化,经过中国民族的消化,而带上一种特殊的中国味道而已"。杨荣国非常赞同这一主张④。许杰也认为,学术中国化即批判接受中国学术传统的遗产,同时在深入研究的基础上,对欧美学术和思想体系加以扬弃、吸收⑤。时人称学术中国化"是中华民族之自觉的表现",其潜在的意义当不亚于人生观论战及中国社会史论战⑥。

　　稍晚于学术"中国化"口号,"学术独立"口号也面世。1934 年

---

①　贺麟《抗战建国与学术建国》,贺麟《文化与人生》,商务印书馆 1988 年版,第 20、22 页。

②　陈安仁《中国文化建设问题》,重庆国民图书出版社 1943 年版,第 95 页。

③　当时另有种观点认为"学术中国化"是中国共产党传播马克思主义的"口号"。见伯劳《所谓"学术中国化"的剖析》,《大路月刊》第 6 卷第 5 期,1942 年 1 月 31 日,第 35—39 页。

④　杨荣国《学术中国化问题》,李仲融等《现阶段的文化运动》,桂林文化供应社 1930 年版,第 44 页。

⑤　许杰《学术中国化问题》,《文理月刊》创刊号,1940 年 3 月 15 日,第 4 页。

⑥　祁致贤《谈谈学术中国化》,《中央日报》1940 年 4 月 16 日,第 5 版。

末、1935 年初,蔡元培、王云五、任鸿隽等社会贤达,分别在《东方杂志》、《教育杂志》发表文章,主张在大学中创办研究院,使欲求深造者,不必远涉重洋留学海外。1935 年 1 月 13 日,即《中国本位的文化建设宣言》发表的第三天,《申报》发表评论,称"中国之学术文化有独立之必要"的言论,是中国学术界的"新觉悟",以为只要加速研究院的建设,"俾国内大学毕业生之欲求深造者,有所问津。同时务使研究社会科学之学者,不必出洋留学,而学理工等实科者,亦可将留学额数,减至最低限度,务使事实上非出洋不可者,始简一二学有渊源之士,出洋学习,或作一短期之考察,如是则每年千百万之金钱,可作各种研究所科学院之设备费"。评论还对王新命等人的宣言极力赞美,强调"今后欲求中国学术文化之独立与建设,必以自信为关键";评论还指出在"世界各国学问上思想上技术上进步,日新月异",落后之国"望尘莫及"的条件下,欲谋学术文化独立,"固觉甚难","然苟能尽力推动,亦非绝无办法","最显然者,即对于文化之吸收","当视其是否切合于目今国家之需要","当遵循牺牲最少收效最宏之途径以进"①。

1947 年 9 月 7 日,胡适发表其教育十年计划谈话,并以此作为一条争取学术独立之路。谈话大意为:提出取消留学生的派遣,政府用此项经费,在五年内特别培植北大、清华、浙大、武大、中央大学等五所大学。以为耗费大量外汇,供学生"镀金之用","等于不承认自己学术独立"。胡适言论见报后,陈序经首先问难,于 9 月 11 日在天津《大公报》发表《与胡适之先生论教育》。抗战时期,中国专门以上学校由 100 所左右而增到 170 余所。陈序经与胡适一样,批评政府这种只重数量不重质量、大量创办专门以上学校的政

①　《中国之文化建设问题》,马芳若《中国文化建设讨论集》上册,龙文书店 1935 年版,第 11、12 页。

策,但认为胡适所选定的五所大学的标准,是没有根据的,只凭"一点偏私"①;并严厉批评胡适,反对取消留学政策。胡适在 9 月 13 日,发表声明,称"先建设五个大学之拟议,不过为新闻记者问及时的一个私人意见"②。北洋大学李书田也著文对胡适予以攻击。9 月 28 日,天津《大公报》、《中央日报》等报纸,同时发表胡适的《争取学术独立十年计划》一文。平津各报非常重视这一论争,除《大公报》保持缄默外,《益世报》、《民国日报》、《经世日报》、《华北日报》都纷纷发表专题文章。吴元任主张"学术独立"要从三个方面入手:第一,以五倍的留学经费先恢复各大学战前的标准;第二,以理论与实用为标准,合理分配留学生的指标;第三,延聘各国第一流学者,长期在中国讲学。北京大学法学院院长周炳琳以为:"除去对于五个大学的选择外,这个计划,似乎不该引起什么争论"③。平津学人基本都赞成学术独立,并多持上述观点,他们所关心的只是哪所大学应列入十年计划之中④。随后,《中央日报》刊登社论和专文⑤,北平《现代知识》出版"学术独立"专刊⑥,也声援胡适的主张。"学术独立"着实引起了国人的关注。

----

① 陈序经《与胡适之先生论教育》,陈序经《大学教育论文集》,岭南大学 1949 年版,第 1 页。

② 陈序经《公论耶私论耶》,陈序经《大学教育论文集》,岭南大学 1949 年版,第 6 号。

③ 陈序经《公论耶私论耶》,陈序经《大学教育论文集》,岭南大学 1949 年版,第 5 页。

④ 赵镇乾《"争取学术独立十年计划"的论战》,《时与文》第 2 卷第 3 号,1947 年 9 月 26 日,第 16、17 页。

⑤ 社论《争取学术独立的必要与可能》,沙玉彦《学术如何方能独立》,《中央日报》1947 年 10 月 21 日,第 2 版;1947 年 10 月 9 日,第 10 版。

⑥ 陈序经《论发展学术的计划》,陈序经《大学教育论文集》,岭南大学 1949 年版,第 17 页。

　　陈序经在这场论战中稍处于弱势,先后发表过《公论耶私论耶》、《论发展学术的计划》两篇文章。陈序经以为胡适所谓"学术独立"一词并不妥当。学术本身没有国界。"所谓学术独立,会变为孤立,而成为闭门造车的流弊"。胡适在《争取学术独立的十年计划》中曾指出,学术独立必须具有四个条件:第一,中国大学应该担负起"世界现代学术的基本训练";第二,国内应该有足够设备,以便保证受过基本训练的人继续从事研究工作;第三,国内应有各类专门人才与研究机构,从事工业、医药、国防的研究;第四,国内学人与机构要加强对外学术交流①。陈序经以为胡适的"四个条件"中原本没有中国学术要独立于世界之外的含义,只是表示希望中国能够达到这个目标;指出,与其说是争取学术独立,不如改为争取"学术并立"。"我们所要争取的是想与欧美的学术并驾齐驱,或是进一步的去驾而上之,并非独立"②。

　　诚如时人所说,陈序经在这次论战中的最大贡献,在于对留学政策的极力维护。陈序经早已把留学教育纳入其教育思想中。他也曾发表过《论留学》的专论。在他看来,留学教育是全面、系统、深入了解西方的唯一有效的途径,也是向西洋学习的必经之路。具体而言,陈序经的留学思想主要有三点:

　　第一,国内大学学术水平较低,"研究高深学问的机关,又有江河日下之势",实验设备较差,师资力量严重不足,其中师资力量薄弱是根本的问题。"唯一的补救方法,恐怕还是多遣学生出洋留学罢!"通过派遣留学生,既使之了解世界学术发展状况,提高师资素

---

① 胡适《争取学术独立的十年计划》,《中央日报》1947 年 9 月 28 日,第 2 版。

② 陈序经《论发展学术的计划》,陈序经《大学教育论文集》,岭南大学 1949 年版,第 18 页。

质,又可以扩大师资来源。对于胡适提出的以留学经费充实实验室、图书馆的提议,陈序经指出,以为这样便可以赶上先进国家,"那是一个最大的错误","这是八十年前曾国藩的思想,还跟不上五十年前张之洞的留西洋不如留东洋的浅见"。还痛斥说:"三十年前,一般反对出洋留学的是一般不知世界大势的当局,与没有出过国门的士人,而今日一些反对留学的却是好多镀过金,吃过洋面包的人们,自己有了机会去留学,返国之后,又因有了留学的资格,而得到较好的地位,不去鼓励后辈留学也算罢了,还自以为自己学问已驾于西洋人之上,所以劝人不用留学,这是自夸,这是自私,这是自欺欺人!"①

第二,留学教育可以造就出具有西方学养,而又能领导国内潮流并与时俱进的人。始而帮助同治中兴、继而襄助维新、再则赞成革命的容闳,便是这样一位百折不回的代表。相反,仅凭对西方粗略的了解,是不可能从根本上改造中国社会的。陈序经还不厌其烦地提醒胡适:"康有为只靠广学会所出版的一些翻译书籍,而提倡维新,故后来竟成为开倒车的典型人物。梁启超勉强读日文,所以在日本办《新民丛报》的时候,成为国内新思想界的慧星。然而正如梁氏自己所说,对于西洋的认识太浅,只拾日本人所输过的一些唾余,来源容易枯干,结果是一代介绍西洋思想的大师,后来不得不跑回线装书讨生活。最后还大声疾呼,希望中国青年要向东跑,不要学西洋人的把戏。至于胡先生之所以直到现在,还站在学术界的前线,这不只是因为他懂得读西文,而且因为他久住西洋,有了环境的熏染。所以从介绍新思想方面来说,康有为比不上梁启超,梁启超比不上胡适之。这并不是一件偶然的事,我们希望胡

---

① 陈序经《论留学》,《与胡适之先生论教育》,陈序经《大学教育论文集》,岭南大学 1949 年版,第 37、3 页。

先生不要忘记了这一点。"①

陈序经曾经说过：容闳"相信一个人的观念和人格的彻底变化"，与其所处的环境有很大关系，"要彻底西化中国，则不能不先求彻底的西化的中国的国民，能够有了一部分的彻底的西化的国民，则他们返国之后，自然而然会提倡新教育，新政治，新社会，以至新生活"。"派送学生到西洋留学，照他看起来，是彻底西化中国的首先条件"。容闳的经历与观念，深深地影响着陈序经②。其实，陈序经就是想通过留学教育，为中国植入西化的种子。

第三，派遣留学生，才有可能追踪世界先进学术水准。陈序经强调，英国在文艺复兴以后，"学术之能够进步是依赖于英国的留意学生"，直至 16 世纪，英国学术才能逐渐独立。美国自 19 世纪以后，"学术之能够进步，是得力于美国的留德学生"，直到第一次世界大战，美国学术才能独立起来。美国的学术，在世界范围内堪称发达。然而，美国权威学者仍指出，美国的应用科学虽然很为发达，但在理论科学上，尚赶不上欧洲，甚至认为落后欧洲五十年。美国有世界一流的大学，有数百年来的欧洲学术的基础，仍然还在不断地向欧洲派遣留学生。与此相反，中国一些学人孤芳自赏，以为"在学术上凡是西洋各国所有的东西，中国差不多通通都有"，"中国的学术已可独立发展，用不着派学生留学"。陈序经严肃地指出："我们不要忘记中国现在的学术机关，不但在质的方面远不及人，就是量的方面也远不如人。"而目前学术的些许进步，也"不能不说是留学生的功劳"。"今后学术的进步，还要依赖于留学

---

① 陈序经《论留学》，《与胡适之先生论教育》，陈序经《大学教育论文集》，岭南大学 1949 年版，第 35、3—4 页。

② 陈序经《南北文化观》，《岭南学报》第 3 卷第 3 期，1935 年 5 月，第147 页。

生"，"只有急起直追，努力去学，才能及人，才有进步"。"英之于意，美之于德，历史同源，文化同源，文字同源，尚须经过那么久的时期，中国之于西洋，历史不同，文化差异，文字悬殊，而西洋留学生之在中国学术界之能占主要的地位，还是最近二十余年的事情，则今后尚须留学生来推进中国学术的独立，是毫无疑义的"①。

陈序经所坚持的留学政策，得到许多学人的赞同与支持。他们坚持认为："学术独立并不意味着留学的废止"，相反，还要大力促进国际间的学术交流与合作②。

无论在教育西化，还是在学术西化中，都体现着陈序经以"变"为核心的"时境论"与"文化不可分论"的精义，陈序经的学术西化与其教育西化是前后承续的，学术西化可以说是教育西化的具体化。不论他反对教育中国化，还是反对学术中国化，无非是防止复古派借机回潮，并以此提倡全盘西化。

总之，从全盘西化、文化主体、西化教育与西化学术四者关系来看，文化主体是全盘西化的实施者，而合格的文化主体，则是由西化教育、西化学术所造就出来的。我们不妨把它们之间的关系做一个形象化的比喻：全盘西化犹如文化主体的灵魂，西化教育与西化学术则是文化主体的双足。实际上，陈序经确实期盼着能有这样一个巨人，行走在中国的大地上。

---

① 陈序经《论留学》，《论发展学术的计划》，陈序经《大学教育论文集》，岭南大学 1949 年版，第 31、34、35、20 页。
② 潘菽《申论学术独立》，《学识》第 2 卷第 4、5 期合刊，1948 年 1 月 16 日，第 6 页；朱声绂《争取学术独立应有的警惕》，《时与文》第 2 卷第 11 期，1947 年 11 月 21 日，第 7—8 页。

第五章　陈序经的文化心理结构

我们在上面已将陈序经庞杂的思想体系，按照其内在理路加以梳理，即一是"重构"陈序经的文化学；二是分析文化学在中西文化观、历史观与社会观中的反映；三是指出作为中西文化观的核心——全盘西化的内涵、实现全盘西化的主体及保障机制。下面，我们将从文化心理结构的角度，分文化创新与心态、独立品格及心理的集团动力三个方面，着重剖析陈序经文化学与全盘西化论缺陷的内在根源，同时兼及陈序经学术观点的若干变化。

一　文化创新与相关心态

有学者曾指出，民族危机使近代知识分子创造的文化"带有明显的危机压顶的特点"，这种文化心理派生出来的文化，带有"紧张、浮躁、激进、片面"的共同特点①。陈序经作为近代知识分子的

---

① 李泽厚《与刘再复的对谈》，李泽厚《世纪新梦》，安徽文艺出版社1998 年版，第 396 页。

一员也未能免俗,他的身上也都或多或少地留有这些特点的印痕。

(一)实用心理与文化学

我们已经知道,陈序经至少在 1928 年便接受了实用主义,并以之作为评判事物的标准。这种实用主义的心理,集中反映在其文化学体系的构建过程中。

斯宾格勒(Oswald Spengler)及威尔士(Wells)的文化形态说在当时对国人不无影响①,但陈序经并不接受其片言只语。其原因不过是该学说所谓西方文化正处于由盛到衰的转变之论,与陈序经视西方文化为仿效模本相冲突。

我们在第二章曾指出,陈序经的文化学的概念、范畴以至基本原理均取自西方,但体系则是他自己的。通过对其文化学体系的分析,我们很容易看到,一些为社会学、人类学学者所广泛使用的概念、范畴,如文化重心、文化层累、文化圈围等,通过陈序经的体系化后,均具有了明显的指征性、针对性与某种主观色彩。特别需要指出的是,文化不可分论作为陈序经文化学体系的核心理论,不过是西方诸多相关理论中的一种,但陈序经为什么选择这一理论而未选择诸如文化可分论呢?陈序经对此未能给予合理、有力的说明。第三章中西文化观的论述,已经清楚地表明,陈序经的文化学体系确实为全盘西化的确立,提供了"坚实"的理论基础。如果考虑到其文化学体系中的"硬伤",我们有理由说,陈序经在构建文化学的体系中,首先预设了全盘西化的前提,或说结果先行,理论在后。"文化压力说"为我们解释这种现象提供了一把钥匙。

---

① 滕固《威尔士的文化救济论》,《东方杂志》第 20 卷第 11 号,1923 年 6 月 10 日,第 70 页。叶法无著《文化与文明》(上海黎明书局 1930 年初版)第 1 章即谈斯宾格勒的文化史观及批评。

"文化压力说"是美国学者卡尔弗顿（V. F. Calverton）1931 年所提出的,其要义为某一种理论未必有充分的证据,而却能有很大的影响,这便是文化压力的作用。

卡尔弗顿指出:"一种学说被采用,必是他对于人的生活,无论是感情或智慧上,能够应付某种重大需要。"达尔文之前的学者如圣希勒、拉马克等人都提出了进化的假说。但只有到 19 世纪工业革命以后,进化论才能有长足的进展。达尔文的进化论正好适应新的人生哲学的需要。摩尔根的社会进化论出现后,表明 19 世纪的制度不是人类社会的最后阶段,私有财产、家族等都将在下次社会变革中被消灭。魏斯特马克（E. A. Westerwark）提出新的道德观与之抗衡。急进派接受了摩尔根,并不是因为它代表人类学的最后结论,而是因为它适合其社会进化说。中产阶级接受了魏斯特马克,则是由于其主张维护了中等阶级的伦理。这两个学说虽处于相反的地位,然而它们都成为"文化压力",人们不能再对其主张做客观考察了。"像其他的文化潮流一样,情绪的方面驱逐了智慧的方面。批语只发生于敌人而不见于同伴中"。卡尔弗顿强调,文化压力说表明:"观点的兴盛并不是由于其所含的真理,而是由于他适应别种意旨",这种"根本的意旨","能把观念变成文化压力,赋以社会的意义。而这些意义,是比观念本身更为重要的";"文化压力的存在使社会科学的存在不能有客观性"①。

陈序经在考察人类学的发展史时,介绍过这一学说,他指出,卡尔弗顿强调文化压力是社会思想所必须的,"没有这种压力,社会思想不但不能统一与完成,而且没有意义"②。

---

① 林惠祥《文化人类学》,商务印书馆 1934 年版,第 62、63、66、71、72页。

② 陈序经《文化学概观》第 1 册,商务印书馆 1947 年版,第 114 页。

借用"文化压力说",我们也可以在某种程度上说,正是出于要证明全盘西化的合理性,陈序经选择理论和概念的标准只有一个,即用这些理论、概念、范畴所构成的文化学体系,一定要能推导出全盘西化的结论。也就是说,陈序经借用这些理论、概念、范畴的原因,不是由于它们具有科学性,只不过是由于它们适合陈序经的需要。比如,文化圈围这一概念,强调的是各文化圈均应自有其特质,"对于文化之研究,断不能再求普遍的原则,而忽察特殊之精神与现象"。因此,当时有学者指出:"吾国倡言改革者往往昧于此理,常冀以外邦之制度移植于本国,结果淮橘为枳。吾人倘能吸收此会之研究精神,则此弊当渐能矫正欤?近顷吾国言文化运动者,大都似以西洋学说为本位。然欲以西洋学说为本位,良非研究并实地观察西方文化圈之特征不可。同时对于自己文化圈特征之认识实亦重要。否则未免蹈舍己耘人之诮矣。"①文化圈围本身强调的是个性,与陈序经的"文化不可分论"及"一致与和谐"有所矛盾,但在陈序经的文化学体系中,这一概念已经失去其原有的精髓。从这一角度来看,陈序经的文化学体系虽然有较严密的逻辑性,但由于其中的基础理论、概念、范畴带有过强的主观色彩,这一体系的基础的稳固性则难免令人置疑。

实用理性普遍地存在于近代学者中间,但这种实用主义与为一己之私的实用主义还是存在本质区别。比如,孙本文、吴景超等人都未加论证即从西方接受"文化可分论",并以此为理论进行文化论争。难怪陈高傭要说:"没有自然科学的根基而乱讲社会科学,所谓社会科学仍是一种新的玄学。"②也许,因为解决现实问

---

① 颂华《德国之文化形体学研究会》,《东方杂志》第 20 卷第 14 号,1923 年 7 月 25 日,第 140 页。

② 陈高傭《中国文化问题研究》,商务印书馆 1937 年版,第 59 页。

题的迫切需要,迫使学者不得不过早地拿出研究成果,因此,其中当然会有这样或那样的错误甚至理论偏差。陈序经在评析国内学者运用新知识研究文化问题时,曾指出时机尚未成熟:"本来所谓文化学派的社会学之在外国,正是新兴的社会学,他的根基既方几立定,他的目的是想在社会学上得着多少的贡献。所以主张这一派的人,除了从学问上和解决社会学上的难题外,还说不到解决实际的文化的问题。可是在中国,研究的工夫虽很少做过,却是应用来解决实际问题已见端倪了。平心而论,从文化的根本观念上去研究文化,以解决东西文化的问题,本身是一件很好的事。因为东西文化这问题本来就是文化问题之一,而且至少从我们东方人的立脚点来看,她可以说是文化问题中一个最重要的问题。数十年来的中国人之对于这个问题,虽然有了不少的研究和讨论,然而好象是发了无的之矢,而其根本原因就是没有明白文化本身究竟是什么一回事。文化本来是一件很复杂的东西,研究的人若只执一端来度全部,结果总是陷于偏见,于是他对于从这种偏见所得到东西文化的解决的办法,也是自然而然的陷于偏见。现在有人能够从文化本身上来研究文化,再从这些研究的所得,而求所以解决东西文化的问题,比之过去一般讨论这个问题者总算做进一步的工夫。但可惜目下专为解决东西文化问题的著作,尚不容易找出来。而且这些的人们对于文化的根本观念,没有充分的了解,结果他们所谓用科学的文化研究,以解决东西文化问题,也是未能使得我们满意。"①这一论断也恰好可以用于对陈序经自身理论误区的解释。

---

　　①　陈序经《东西文化观》,《岭南学报》第 5 卷第 2 期,1936 年 8 月,第127—128 页。

（二）与全盘西化有关的几种心态

1. 全盘西化与民族自信心

民族自信心是一个民族的精神力量。近代以来，由于西方列强的入侵，中国面临亡国灭种的危险，民族意识与民族自信心遂成为国人关注的焦点。弘扬民族精神，提高民族自信力，以激发民族的爱国热情，是整个国人的共同心愿。孙本文曾指出："一个民族如果丧失自信力，即无敌国外患，亦将自趋衰亡；反之，一个民族如果富有自信力，即使国难如何严重，亦不足以撼动毫末。""欲解除国难，途径甚多，而其中有一必要条件，就是恢复我们民族自信力"。欲恢复民族自信力，"必须昭示我民族过去伟大光荣的史迹"，以文化自豪感提倡民族主义，发展民族精神①。全盘西化论正是在这样的社会环境中出台的，它至少在表面与整个民族的爱国热情格格不入。时人以为"'全盘西化'的主张之出现，就证明是我们自信力的丧失之达于极峰"②。"事事模仿西洋，这真是绝大的危机"，"中国自己信心动摇"，中国文化有毁灭的可能③。但陈序经却指出其全盘西化不仅不会消减民族自信心，反而是增强民族自信心的表现。1941年，他说过："我们相信全盘西化不只可以持久抵抗我们的敌人，而且可以建设一个强有力的国家"④。其原因如下：

---

① 孙本文《中国文化在世界上之地位》，《政治季刊》第 2 卷第 1 期，1937 年 5 月 15 日，第 11、19 页。

② 李长之《迎中国的文艺复兴》，商务印书馆 1946 年版，第 53 页。

③ 胡筠《中国文化之特征》，《新中华》第 1 卷第 3 期，1943 年 3 月，第 20 页。

④ 陈序经《抗战时期的西化问题》，《今日评论》第 5 卷第 3 期，1941 年 1 月 26 日，第 35 页。

第一，全盘西化不是轻鄙中国文化。我们承认自己样样都不如人，也就是承认自己的缺点和错误，惟其如此，才会有改过缺点纠正错误的努力，这样也才有进步的可能。勇于承认和改正缺点、错误的人，才算好汉，才能做君子，才能称为圣人。中国文化与西洋文化的差别，只有程度而非种类的不同，全盘西化不过是追求更高层级的文化生活①。

第二，全盘西化本身即是对中国文化的重视，不可能产生自暴自弃的奴性。中国趋于全盘西化，不过是时间长短问题。中国若不主动加紧全盘西化，则必为列强所胁迫而全盘西化。被动全盘西化必将使中国深陷亡国灭种的境地，遑论固有文化的存亡。如果能主动全盘西化，中国势必在世界文化中占居优越地位，就是我们祖宗曾有过的成就也将因之而彰显。因此，全盘西化决不是自暴自弃。相反，只知享受祖宗所留下的文化，而不想再有所发展，才是自暴自弃的心态②。"所谓民族自信心，是不当筑在祖宗的光荣上面，而是要筑在自己的才能，自己的智慧，自己的努力上"③。

第三，全盘西化能增强民族自信心。"能够全盘彻底的西化，就是激起一种新的民族意识，而适宜于现代的世界"，从而放弃过去固有文化所形成的颓靡不振的民族意识。"相信中国可以全盘彻底的西化的民族是有自信心最强的民族，因为相信中国可以全盘彻底西化的民族是相信西洋民族所能创造的文化，中国人也能

①　陈序经《东西文化观》，《岭南学报》第 5 卷第 3、4 期合刊，1936 年 12 月，第 107、108 页。

②　陈序经《东西文化观》，《岭南学报》第 5 卷第 3、4 期合刊，1936 年 12 月，第 108、109 页。

③　陈其津《陈序经未发表的书稿〈全盘西化论〉简介》，陈传汉等《东方的觉醒——陈序经学术研讨会论文选集》，延边大学出版社 2000 年版，第 18 页。

创造。只有相信中国民族有了这种创造的能力的人,始能自信中国将来的文化不但可以和欧美并驾齐驱且可以超越在欧美成就之上,全盘西化有损于民族自信心之谬说可以不攻而自破矣①。真正的民族自信心,并非自信中国过去的文化优于西洋文化,盲目自信只能做古人和洋人的奴隶②。"民族的精神固然可于文化中见之,她的真谛,并不在于保存文化,而在于创造文化"③。

陈序经的言论绝对没错,与丧失民族气节、妄自菲薄的民族虚无主义有本质的区别。他也曾说过:在国家主义盛行的时期,"国家对于文化的物质与精神各方面的发展","还是以增强国民的爱国心与发展民族的意识为目的"④。但如果把全盘西化放到那个特定的历史年代里,无疑也会在某种程度上消解民族精神和民族自信力,否定原有文化的光荣。

2. 时境论与全盘西化

"时境论"是陈序经解释文化的一个重要理念。他以为时代和环境是"时时处处变迁的",人类要适应这种时代和环境,"不能不时时和处处努力"。"文化既是这努力所得的结果,或是工具,那么文化本身上就是动的,不是静的。因为文化本身是动的,所以一切的文化,都是动的,西方文化固是动,东方文化也是动"。"世间没有静的文化,静的文化是死的文化"。因此,陈序经极力强调抛弃旧文化、创造新文化:"过去的文化,是过去人适应时代环境的产物,现代的文化,是现在人适应时代环境的产物。要想适应现代的时境,则不能不采纳现代的文化,同时也不能不排除旧时代环境的

①　陈序经《全盘西化与民族意识》,手抄稿,南开大学图书馆藏。
②　陈序经《评张东荪先生的中西文化观》,冯恩荣《全盘西化言论续集》,岭南大学 1935 年版,第 116、117 页。
③　陈序经《中国文化的出路》,商务印书馆 1934 年版,第 104 页。
④　陈序经《文化学概观》第 2 册,商务印书馆 1947 年版,第 147 页。

文化。"如果固守几千年前的文化,"以为不此之图,则民族也随之而亡"。"殊不知我们四千五百年前的祖宗,没有固守而且改变和抛弃五千年前的文化,我们的民族还能繁殖不断,以至如今。那么文化沦亡,则民族难存之愚见的错误,是很显明的了"①。亚细亚文化具有悠久的历史和光荣,不过是"过去的历史和光荣,是亚洲过去的人所做的历史所得的光荣。你们生在千数百年后,不自努力振作,去显出你们的能力和光荣,不但是太过自暴自弃,弄到样样都不如人,试问还有什么面目来对着你们的祖宗,说起祖宗的光荣,岂不是愈显得自己的丑拙吗?"②

涂尔干曾指出,实用主义的真理观的宗旨即是"变":(1)"真理不能是不变的,因为实在本身就不是不变的;所以,真理在时间上是变化的。"(2)"真理不能是'一',因为'一'不符合多样化的心灵;所以真理在空间上是变化的"③。陈序经的"时境论"不过是实用主义在文化学上的反映,将真理的绝对性阉割殆尽,只承认相对真理。时境论原本具有辩证法的睿智。李树青同样承认时境论,其文化观却与陈序经迥异。④ 但由于实用主义作祟,以及严防复古思潮回流的潜意识的影响⑤,陈序经在运用时境论解决实际问题时,过分地肯定绝对运动而否定相对静止,导致他过于注重文化的

---

① 陈序经《东西文化观》,《岭南学报》第 5 卷第 2 期,1935 年 5 月,第 107—108、109、110 页。

② 陈序经《人的文化与物的文化》,《独立评论》第 49 号,1933 年 5 月 7 日,第 125 页。

③ 〔法〕爱弥尔·涂尔干著、渠东译《实用主义与社会学》,上海人民出版社 2000 年版,第 116 页。

④ 李树青《蜕变中的中国社会》,商务印书馆 1945 年重庆初版,1947 年上海初版,第 182、184 页。

⑤ 陈序经《文化学概观》第 3 册,商务印书馆 1947 年版,第 105 页。

历时性与文化创新,而忽视文化的共时性及民族精神积淀与弘扬。诚如陈序经所言,文化的真谛在于创造文化①。这一点为当时许多学者所赞同。朱谦之曾说过:"过去文化须经过现生命的重新创造,即将过去文化涌现于现在生命之中,而后才有存在的意义,不然所谓过去文化是糟粕而已","所谓民族文化复兴","就是民族文化的创造"②。但是,如果笼统地说"东方之所以衰败到这个田地,就是因为东方人不忍放弃他们所谓祖宗数千年来传下那些特性特质"③,则是混淆了民族精神与传统文化的区别。民族凝聚力既是历史的,也是现实的,两方缺一不同。

3. 代价补偿论与全盘西化

因为文化不可分,吸收西洋文化的益处的同时,也必须接受与其相关的弊端。这是陈序经立论的基本点。他以为,一般只想要西方科学与民主而不想要其军国主义与金力主义的观点行不通。军国主义与金力主义,都和科学"有了密切的关系","他们不外是互相关系,互相影响"。况且,在世界各国的军国主义和金力主义猖獗之时,也只能用军国主义与金力主义去防备、抵抗它们。如果我们觉得"西洋文化是合用了","'赛'先生是好了","那么要享'赛'先生所给与我们的利益和快乐,应当也要受受'赛'先生发脾气时所给与我们的多少痛苦和烦闷"④。

当吴景超与陈序经商讨如何估定西方文化价值时指出,由于

---

① 陈序经《东西文化观》,《岭南学报》第 5 卷第 2 期,1935 年 5 月,第 109 页。

② 朱谦之《文化哲学》,商务印书馆 1935 年版,第 264、265 页。

③ 陈序经《人的文化与物的文化》,《独立评论》第 49 号,1933 年 5 月 7 日,第 13 页。

④ 陈序经《东西文化观》,《岭南学报》第 5 卷第 3、4 期合刊,1936 年 12 月,第 63、64、65 页。

西方文化瑕瑜互见,对西方文化的的吸收必须取长补短,不能把糟粕吸收过来①。正是基于上述原因,陈序经强调指出:"在事实上,我们现在早已吸收了很多糟粕,而且这些糟粕,不易除去,故应当再把精华吸收过来,而成为整个西化。"②所付出的代价,必须通过全盘西化补偿回来。

代价论作为社会学的一个研究领域,是"指人们在价值实现和价值创造的过程中,基于自身社会选择基础之上,为追求一定的价值目标而损害或牺牲一些价值和由此造成的与社会的价值取向相悖的消极后果"③。康德曾指出,各民族、各地区走向"世界历史"进程的社会转型是一个充满着痛苦代价的历史过程④。布莱克、韦政通、英国历史学家爱德华·卡尔等人也都曾指出,人类在迈向现代化的路途中,每一步都必须付出高昂的代价⑤。不过,代价论实与全盘西化之间无必然的内在联系,它们分属于不同的问题域。

4. 全盘西化并不是要把中国人变为西洋人

陈序经认为:"相同的民族固是往往有了相同的文化,可是相同的文化,并不一定就有相同的民族","文化不一定成为民族的基

---

① 吴景超《答陈序经先生的全盘西化论》,《独立评论》第 147 号,1935年 4 月 21 日,第 3、4 页。

② 陈序经《从西化问题的讨论里求得一个共同信仰》,《独立评论》第149 号,1935 年 5 月 5 日,第 11 页。

③ 李钢《社会转型代价论》,山西教育出版社 1999 年版,第 59—60 页。

④ 康德著,何兆武译《历史理性批判文集》,商务印书馆 1991 年版,第18 页。

⑤ [美]布莱克著,段小光译《现代化的动力》,四川人民出版社 1988 年版,第 38 页;转引姚蜀平《现代化与文化的变迁》,陕西科学技术出版社 1988年版,第 4 页;[英]爱德华·卡尔著,吴柱存译《历史是什么》,商务印书馆1981 年版,第 160 页。

础,而民族却往往成为文化的基础"。如果五十年后的中国,能够积极采纳西方的文化,而根本、彻底以至全盘的西化起来,中国的民族并不会变为西方的民族,"因为假使这个民族的意义是偏于生物的观念。而与文化,有了根本的不同之处"①。所谓全盘西化是指西洋的文化而言,而非指西洋的人种而言。前者完全是一个文化的问题,而后者却是一个生物或生理的问题②。他同时强调:"文化是人类的创造品,我们要作文化的主人,不要作文化的奴隶。"③

不论陈序经的主观意愿如何,仅仅从这一点而言,全盘西化后的中国人很有可能不过是一个"黄皮香蕉":"中国人的肤色"加"白种人的意识形态"。

5. 全盘西化是不以人的意识为转移的趋势

陈序经以为西化是一个自然历史过程,因此,他指出:"'在这优胜劣败的文化变动的历程之中',理智往往也是'无所施其技'的。我们三百余年来的理智,岂不是告诉我们不要基督教吗?然而,结果究竟如何?"④胡适曾对陈序经的这一言论表示不满:"我不信'理智'的作用是像陈序经先生说的那么渺小的。在各种文化接触的时期,有许多部分的抗拒与接受确然是不合理性的","但文化上的大趋势,大运动,都是理智倡导的结果,这是毫无可疑的。如文学革命的运动,如女子解放的运动,都是理智倡导到了一个很高的程度,然后引起热烈的情感,然后大成功的。最明白的例子是

---

① 陈序经《文化学概观》第 2 册,商务印书馆 1947 年版,第 143、144 页。
② 陈序经《东西文化观》第六部《全盘西化的名词与意义》,手抄稿,南开大学图书馆藏。
③ 陈序经《抗战时期的西化问题》,《今日评论》第 5 卷第 3 期,1941 年 1 月 26 日,第 39 页。
④ 陈序经《全盘西化的辩护》,《独立评论》第 160 号,1935 年 7 月 21 日,第 15 页。

苏俄十七年的大试验,无论在经济方面,思想方面,宗教方面,政治方面,教育方面,都是由'理智'来计划倡导","所以我们必须承认,在文化改革的大事业上,理智是最重要的工具,是最重要的动力"。他特别指出:"我们理想中的'充分世界化',是用理智来认清我们的大方向,用理智来教人信仰我们认清的大方向,用全力来战胜一切守旧恋古的情感,用全力来领导全国朝着那几个大方向走。"①陈序经立即与胡适通信,表示自己并非"轻视理智",指出上述所谓理智是"固有的理智",也即"我们三百年余年来不要基督教的理智"。此外,"还有一种'西化'的理智,这就是像我所说'我们今日承认基督教比我们的道教佛教高明的多的理智'。而况所谓'优胜(西)劣败(中)的文化变动的历程之中'的认识,就是一种'理智'的认识。正是为了这种认识,我们才主张全盘西化"②。

理智对胡适与陈序经来说有不同的意指。胡适所强调的是,学习西方离不开相应的引导,而陈序经强调的是,理智只能顺应西化的自然过程,既然历史上已经出现西化的趋向,人们只能"理智"的认识这一潮流,并要把自然而然的西化,较变为人为的、主动的西化,至于西化的内容则是全部的西方文化。

人类文化的变迁本来即是理智与非理智共同作用的结果,但如若说文化进步,则主要应该是人类理性的产物。陈序经的错误在于把文化变迁完全视为自然自主的结果。

6. 矫枉过正

陈序经以为自明中叶以来的西化之所以发展缓慢而不彻底的

---

① 胡适《答陈序经先生》,《独立评论》第 160 号,1935 年 7 月 21 日,第 16 页。

② 耿云志《胡适遗稿及秘藏书信》(35),黄山书社 1994 年版,第 346—347 页。

原因,便是由于折衷和复古思潮从中作梗,因此,他在 20 世纪 30—40 年代期间,都不断地与折衷派及复古思潮进行论战。其中,他认为似是而非的折衷派更具有破坏性和更大的危险性。因而在《中国文化的出路》、《南北文化观》、《东西文化观》以及各种言论中,都不惜笔墨、口舌详加评论。他指出,折衷派貌似西化,实则骨子里毫无西化的实质,一般调和中西之长往往成为取吸中西之短[1],"受西洋影响不够彻底",反而产生出各取所需的思想误区,贻误中国发展的大好时机[2]。曾经主张彻底西化、反对复古与折衷的梁启超,便是因西化不彻底,而抛出《复古平议》、《欧游心影录》,重又退回到折衷的立场[3]。因此,只有全盘西化才能给中国带来生机。这种心理在前面的相关论述中都有所反映。

其实,从激进到保守如梁启超者,并不是仅因为西化不彻底,而是因为社会条件的变动。王亚南对此类现象曾给予明确而较为科学的解释:"思想既随人类社会关系而转化,一种社会关系在未确立以前,对于思想的要求,与既确立之后,对于思想的要求,就颇不一样了。前者是要求其激进而彻底,后者则要求其保守而调协,在这一转化上,思想之狼,乃变为思想之羊了。于是,在既经确立的社会关系母胎里,又孕育着一次社会关系的胎盘,同时,这软化为保守的思想,又将招来一种使其感到'危险'的对头,这样,新的

---

① 陈序经《关于全盘西化答吴景超先生》,《独立评论》第 142 号,1935 年 3 月 17 日,第 8 页。

② 陈序经《东西文化观》,《岭南学报》第 5 卷第 3、4 期合刊,1936 年 12 月,第 114 页;陈序经《抗战时期的西化问题》,《今日评论》第 5 卷第 3 期,1941 年 1 月 26 日,第 40 页。

③ 陈序经《南北文化观》,《岭南学报》第 3 卷第 3 期,1935 年 5 月,第 184、179 页。

思想危机问题发生了。"①因此,陈序经的解说是不能令人信服的。

当时也有学者指出折衷的弊害,以为这是没能"消化"外来文化所致,因此,不论是"国家社会机体",还是"个人智慧",都要培养一种极坚的"消化力",较好的方式莫如"中国本位文化建设"②。相同的前提却得出不同的结论,由此看来,不同文化派别中都存在一定的主观因素。

7. 文化加速发展说与全盘西化的急切心理

陈序经在《文化学概观》曾介绍过"文化逐渐加速的学说",他的文化观实际上也受到这一学说的影响。所谓文化加速说,是由康德较早提出的。康德以为,由于文化进步速度的不断加快,每个文化时代所经历的时间也随之愈短。牟勒来挨(Muller - Lyer)在康德的基础上继续加以说明。他把人类社会曾有过的历史分为古代、中世纪、新时代、最近时代四个时期,并指出这四个时期各自经历的时间分别为约 5 千年、1 千年、约 350 年与 150 年。他要说明的是,文化的初期所经历的时间最长,此后,各个时代所经历的时间逐渐缩短。乌格朋、罗卫(R. H. Lowie)也对这一学说加以解释。乌格朋指出造成这一现象的原因,是由于人类社会的发明日益增多,而一个发明往往又会连锁引起许多新的发明。罗卫指出,文化本来是生长很快的,可是一旦发展到某种程度后,她却以一种意料不到的速度向前发展。陈序经认同这一学说,以为"文化发展的加速的理论,直到现在与最近的将来,大致是没有错误"③。

---

① 王亚南《现代思想危机论》,《读书杂志》第 3 卷第 5 期,1933 年 5 月 1 日,第 2—3 页。

② 尹哲生《今后中国文化之动向》,拔提书店 1935 年印刷,第 4、18、68 页。

③ 陈序经《文化学概观》第 3 册,商务印书馆 1947 年版,第 148—149 页。

对陈序经而言,中国文化是落后、停滞与缺乏弹性的,西洋文化则是进步、发展和富于弹性,并且代表着世界文化发展的方向。随着西方文化的加速发展,中国文化将益加落后与被动。如何快速缩短中西文化之间的差距呢? 符合逻辑的答案只能是全盘西化。

二 独立品格

真正的学者无不具有遗世独立、不阿世趋时的人格魅力与追求"真理"、诚服"真理"的学术旨趣。陈序经身上充分体现着这种人格独立与学术品格独立的学者风范。

(一)人格独立

对中国自由主义影响深远的杜威曾指出,真的个人主义就是个性主义,与只顾自己利益、不管群众利益的假的个人主义有着本质的区别。它有两种特性:一是独立思想;二是个人对于自己的思想、信仰要负完全责任,不怕权威,只认真理,不顾个人自身的利害得失。胡适把这两点进一步解释为充分发展个人的才能与养成自由独立的人格,张熙若在 1935 年 5 月 5 日《大公报》发表《国民人格之养成》一文,称个人主义具有"养成忠诚勇敢的人格的用处";"此种人格在任何政制下都是有无上价值的,都应该大量的增益的","今日若能多多培养此种人才,国事不怕没有人担负"。胡适非常赞同张熙若这番肺腑之言,指出自由独立的人格是"社会进步的最大动力"。"思想的转变是在思想自由议论自由的条件之下个人不断的努力的产儿。个人没有自由,思想又何从转变,社会又何从进步,革命又何从成功呢?"胡适还指出这种个人主义就是自由主义①。胡适在1948年对武昌公教人员的公开讲演中,极力宣扬自由主义,尤为强调:"中国历代争自由最大的失败就是只注意思想言论学术的自由,忽略了政治的自由";"所谓政治自由,就是要实现真正的民主政治,否则一切基本自由都是空的,能实现才能获得保障";"中国历史上早有自由主义的传道遗风,就是缺乏争取政治自由的热力"②。胡适对自由主义的理解代表着那个时代的主潮。

陈序经对个人主义推崇备至。作为文化学理论的建构者,他对个人主义的弘扬则更多地体现在其文化学理论中。比如,其文化学的"一致与谐"理论中即贯穿着个性独立的精神。陈序经在其论著中指出:"从文化的精神方面来看,相同与差异,同样的是必需的。就以一般人所谓思想来说,思想完全不同,对于文化的发展上,固有阻碍,思想完全相同,对于文化的进步上,也有阻碍。因为思想相同,才能合作,而思想不同,才有分工。近来有些人极力主张思想统一,其实,思想若是真正统一起来,那就不是思想了。所谓统一思想,就是强迫他人去相信某人的思想,结果是变为信条。"③

为了实现个性独立、解放,陈序经还把自由放在人类进化的历程加以考察,指出"自由和天演其实是一件东西的两方面","自由是空间的观念,天演是时间的观念","天演由于变化,而变化出自一争一择;然而一争一择,又必基于自由"。"人若不能自由,则个性不能发展,个性不能发展,则没有自由竞争,没有自由竞争,则对于文化上的换故创新,必无从以生。旧的文化既不能改换,新的文

①　胡适《个人自由与社会进步》,《独立评论》第150号,1935年5月12日,第3、2、4、5页。

②　胡适《自由主义与中国》,天津《大公报》1948年10月7日第5版。

③　陈序经《文化学概观》第4册,商务印书馆1947年版,第5页。

化既无从发生,则结果是沿旧蹈常。这种文化不但不能进步,抑且背乎天演的原理"。因此,"能够自由者不但足以自存,而且足以胜人。反之没有自由的,不但无以胜人,而且恐将无以自存"①。

由此可知,陈序经对个人主义的理解与杜威、胡适等人对个人主义的描述没有本质的差别,只有程度深浅的不同。我们在第四章也曾论述过陈序经的个人主义的文化创造观。实际上,陈序经不仅对这种个人主义大加宣传,而且自己身体力行。1941 年,国民党为加强对西南联大的控制,通令各院院长都必须加入国民党,时任法商学院院长的陈序经则拒不服从,声称"如果一定要我参加国民党,我就不做这个院长"②。陈序经一生践履父亲所谓不要参政的庭训,没有从对文化的批判转入对现实政治的批判,也不像胡适那样积极参与现实的政治活动,似乎以为文化问题解决了,一切问题都能迎刃而解。这一点与当时大多数自由主义知识分子大不相同。

陈序经虽然不是一名肩负文化与政治双重使命的"标准"的自由主义者,我们至少也可以把陈序经称为具有自由主义倾向的学者,或者借用张东荪对自由主义的分类方法③,称其为文化自由主义者。

---

① 陈序经《南北文化观》,《岭南学报》第 3 卷第 3 期,1935 年 5 月,第 170,171 页。

② 林元《碎布集》,文化艺术出版社 1991 年版,第 41 页。

③ 张东荪将自由主义分为政治自由主义与文化自由主义。政治自由主义即为"单纯的自由主义","可以形成一个党";文化自由主义只是一个"态度","而不是具体的主张","是人类文化发展上学术思想的生命线"。见张东荪《政治上的自由主义与文化上的自由主义》,《观察》第 4 卷第 1 期,1948 年 2 月 28 日,第 3、4 页。

（二）学术品格的独立

学术品格的独立是人格独立在学术上的反映。近代许多学者都注重学术品格的独立，呼吁"学术自由"①，要求"权力退出学术的花园"，提倡自由研究的精神，反对学术成为政治的附庸②。陈序经同样反对权力对学术的干预，强调要保持学术的独立性。

在教育体制方面，他反对政府盲目将私立大学改为国立大学，以为这一政策将消灭不同的办学风格与特性，并对这一政策的出台表现不满。他指出，"教育当局不是万能的"，"对于各大学的特殊的地方与特殊的贡献，未必能够处处顾及，而部令的颁布，又往往偏于标准化、划一化，结果不只是使各大学逐渐趋于机械化公式化，而且往往使其内部的发展，有了很大的窒碍"。"何况部长的更换，不只对于大学的校长以及教职员有所波动，就是对于大学教育的政策上也有所影响。学工科的人若作了部长，很容易偏重于工科，学过文科的人若作了部长，也许又偏于文科，这种因人施政的病弊，在我国目前的情形之下最易发生，而在尚未上轨道的大学里，也最易受其影响"③。

1947 年，胡适发表"教育十年计划"谈话，这一计划得到蒋介石、张群与朱家骅的支持。陈序经以为其非，公开指出："若说胡先生这个计划，曾得了蒋主席、张院长以至朱部长的赞同，而遂可以谓为公论，这也是一个错误。""就使蒋主席张院长以至朱部长代表

① 赵镇乾《"争取学术独立十年计划"的论战》，《时与文》第 2 卷第 3 号，1947 年 9 月 26 日，第 16、17 页。
② 董祚楷《学术独立与研究自由》，《自由论坛》（原《湖北论坛》）第 3 卷第 3 期，1948 年 3 月 1 日，第 9、11 页。
③ 陈序经《论国立大学与私立大学》，陈序经《大学教育论文集》，岭南大学 1949 年版，第 30 页。

了我国的政府,而赞同了胡先生所提议的意见,这也只能说是政府的言论,而非社会的公论。何况,政府的言论之于社会的公论,往往可以处于相反的地位呢？不但这样,政府的代表人物,既是随时可以变更,所谓代表政府言论,也可以随时变更"。"其实,专仰政府的鼻息,以讲求学术独立,从学术的立场来看,是一件致命伤的事情"。"二千年来,中国学术之所以因循固塞,而不能放异彩者,也无非是出于政府的专制"。但是,"二千年来的专制政府用了力量去推动孔孟的言论,而孔孟的言论,尚不能成为社会的公论,在今日正议民主的时代,而欲以政府的言论去霸占社会的公论,这未必能够成功啊"①。陈序经指出,合理的办学应该一要鼓励成绩卓越的院系自由发展,二要注意根据地域特性设置相关专业②。

直到 1957 年,陈序经仍然保持这种学术品格。他在"鸣"、"放"中,还曾批评高校的一些党员的工作作风,指出决不能把学校生活政治化,"学术并不等于政治";学校管理要纳入法制轨道;管理者要学会如何办理高等教育,要深入研究各国教育制度,切莫把"所熟识的一套搞政治运动的经验,硬套到高等学校上去";不能把阅读外文资料"当为有资产阶级的思想来看待"③。

除了不惧怕权力与政治权威外,陈序经也不迷信学术权威。1932 年,教育方针论战之时,刚三十岁的陈序经,不惜冒犯顶头上司校长钟荣光,坚决反对教育专家的会议议决案。他毫不留情地

---

① 陈序经《公论耶私论耶》,陈序经《大学教育论文集》,岭南大学 1949 年版,第 9—10、10—11 页。

② 陈序经《论发展学术的计划》,陈序经《大学教育论文集》,岭南大学 1949 年版,第 22—23 页。

③ 陈序经《我的几点意见》,《南方日报》1957 年 6 月 14 日,第 3 版。

指责与会专家根本不了解职业教育与大学教育之间的关系①。他也曾当面指出美国教育专家勒克的教育改革方案的错误，著文指责勒克迎合群众心理的不负责任的态度②。

在有关文化问题研究方面，陈序经根本不相信扰动国人视听的罗素、杜威所宣扬的东方精神文化优越论。1928 年，陈序经与杜威曾晤谈欧班那，得知杜威已有所改变其原来主张。此次晤谈后，陈序经更坚信自己的主张。他指出，罗素、杜威来中国时，时值欧战刚结束，欧洲人目睹战争疮痍，以为西洋文化已经破产，于是主张向东跑，罗素、杜威则把这种变态心理带入中国。由于他们生活于中国最洋化的社会环境中，没有机会对中国做深刻、严密的考察，而且，因为在欧洲受冷遇的他们在中国则受到热情款待，罗素说过若说中国没有好处，好象是很对不住东道主。于是捧出所谓精神文化、静的文化来为中国做面子③。

不作"调人"，也是学术品格独立的表现之一。在文化论争中，陈序经不仅与折衷论者激烈交锋，而且严肃地与同情全盘西化论者辩驳。主张根本西化的张佛泉为此曾说过："主张'全盘'西化的陈序经先生却是非常之认真。凡他认为稍与他不同的，他全不肯马马虎虎收为同志。胡适之先生和我都明白表示非常赞助他的主

---

①　陈序经《对于现代大学教育方针的商榷》，陈序经《大学教育论文集》，岭南大学 1949 年版，第 56 页。

②　陈序经《对于勒克教授莅粤的回忆与感想——续谈现代大学教育的方针》，陈序经《大学教育论文集》，岭南大学 1949 年版，第 69 页。

③　陈序经《对于勒克教授莅粤的回忆与感想——续谈现代大学教育的方针》，陈序经《大学教育论文集》，岭南大学 1949 年版，第 73 页；陈序经《东西文化观》，《岭南学报》第 5 卷第 2 期，1936 年 2 月，第 76—77 页。

张,但他总以为我们还不够彻底。"①

上述学术品格独立的特点,都源于陈序经"为学问而求学问"的治学态度。他所谓"为学问而求学问",当然不是埋头书斋不问现实,而是指在严谨、充分研究的基础上,再对现实问题发表意见。近代许多学者都持这一主张。钱智修曾指出:"功利主义最害学术者,则以应用为学术之目的,而不以学术为学术之目的。"②陈序经曾把这种治学态度作为自己的护身符。他在与张磬的论辩中,声明"我为学问而求学问",指责对方说:"你所求的学问,既不是为学问而求学问,那么那种学问,除了舞文弄墨,徒事宣传以外,又给过社会民众多少利益呢?"③

学术品格的独立,能使学者较客观地正视自己的研究结果,并且能够随着研究的不断深入而修改以前的结论。陈序经在晚年逐渐放弃全盘西化论便充分体现了学者的学术自觉意识。1952 年 10月,在知识分子思想改造中,陈序经曾三次公开向岭南大学生师生检讨,因未能"过关",被迫写下《思想批判》长文。其中回忆说:"我向来怕思想斗争,一九五○年夏天,广州高等学校在岭大开办教师暑期研究会的时候,一位同事曾以非常兴奋的情绪,向我建议要好好的用马列主义的观点,检查我的全盘西化论。当时我淡然置之,一笑了事。我心里暗想,我对于这个问题,久已不谈,他何以旧事重提……我以为全盘西化的内容,知道最多的是我自己,他人

---

① 张佛泉《西化问题的尾声》,麦发颖《全盘西化言论三集》,岭南大学学生自治会研究出版股 1936 年版,第 104 页。

② 转引许纪霖、田建业《一溪集:杜亚泉的生平与思想》,三联书店 1999年版,第 63 页。

③ 陈序经《关于中国文化之出路答张磬先生》,吕学海《全盘西化言论集》,岭南大学青年会 1934 年版,第 26 页。

未必那么深刻去了解我的主张。"①应该说此时的陈序经还未改变全盘西化论的主张。而到1957年前后,他已经逐渐放弃了文化不可分论和全盘西化论。

1957年,陈序经在批评高校一些党员不了解中外古今教育发展史,缺乏办理高等教育的经验时指出,各国高等教育都有其传统,苏联高等教育"利用过沙皇时代资本主义的教育遗产来做底子",东德柏林大学仍冠以唯心论的个人主义者威廉洪堡的名字,中国旧书院制度,"也有其一定的优点";"许多党员同志,把中国数十年来的高等教育,当为完全从英、美、德、法、日搬过来,也是一种不完全符合事实的看法,三十五、六年前,我在大学的时候,比方生物系的教授,也开始采集中国各地的标本。在社会科学方面,社会调查工作也有萌芽。所以三十多年来,我们在教学上、在研究上,以至在教育制度上,已多少能结合到中国实际情况,并不见得全部盲从资本主义国家。而且,在解放前,也不见得绝对排斥苏联的好办法。现在要积极去学习苏联的先进教育经验,是无可疑的。但对于可以肯定的过去成绩,似乎不须要全部否定"②。如果说这一事例还不足以说明陈序经全盘西化论立场的转变,那么20世纪60年代初陈序经自己则已明确表态。时值香港《大公报》副总编陈凡来广州为副刊《艺林》组稿,与陈序经等人在梁宗岱家聚谈。席间友人以玩笑口吻问陈序经:"校长还想全盘西化吗?"陈序经答曰:"当时提倡全盘西化很片面,不切实际的,外国好的东西只有结合我国实情才能为我所用。"③

---

① 转引陆键东《那一代人》,陈传汉等《东方的觉醒——陈序经学术研讨会论文选集》,延边大学出版社2000年版,第74页。

② 陈序经《我的几点意见》,《南方日报》1957年6月14日,第3版。

③ 黄克夫《怀念陈序经先生》,陈其津《我的父亲陈序经》,广东人民出版社1999年版,第297页。

　　也许有人会以为陈序经放弃全盘西化是当时的大环境使然，其实，虽然不能否认环境对陈序经的影响，但我们认为他放弃全盘西化论的缘由，更多是出于学者的良知。陈序经的"晚年变法"在其东南亚古史研究与《匈奴史稿》中都留下深深的印痕。

　　陈序经视文字为文化接受的关键和表征，直到晚年也未改变这一观点。比如，他在分析越南"汉化"问题时指出，秦末越南既已采用中国文字，"那么中国的文化的其他方面之输入越南，是无可疑的"①。青年时期的陈序经极力支持中国文字罗马化。但这时他对一国的文字也相当尊重，并且对此有了新的理解。陈序经通过对蒲甘王朝的研究，指出其独创的文字更能表现其民族精神。他在研究匈奴语言成分时，发现匈奴语虽然自成一个系统，但其中也有东胡、西北其他外族与汉人的语言成分，同时匈奴语言也影响到丁令、东胡、突厥、通古斯、蒙古等外族。陈序经已经注意到文化既是一个系统，但其内部成分也是可分的。通过语言承认了每一民族的特性。他也注意到匈奴在风俗习惯方面影响到中原②。同样表明文化要素是可分的。

　　通过对蒲甘接受外来字母而保留固有语言的实证研究，陈序经更明确说明文化是可分的。他在《藏缅古史初探》中指出："蒲甘或缅甸文字的发展，是这个民族文化的发展的一种特征。当时与现在的字母虽然采自印度化的得楞字母，但其语言或方言，是这个种族的固有东西，语言是民族特征之一，它代表了民族的意识，代表了民族的风习，也代表了民族的社会制度与一些物质生活上的事物。在蒲甘王国建立之前，这些东西已存在，其社会或部落建立

---

　　① 陈序经《海阳桥》，陈序经《越南问题》，岭南大学西南社会经济研究所 1949 年版，第 12 页。

　　② 陈序经《匈奴史稿》，天津古籍出版社 1989 年版，第 90、92、365 页。

之后,在自发尤其是有意的推动之下,更表现出来。蒲甘或缅文逐渐代替了得楞文,说明其文化也正在发展。"①林邑史的研究也说明了文化的可分性。陈序经指出:"林邑虽采用梵文,但其说话却是固有的语言","尽管林邑的文字是印度化,但在林邑的语言中却保留了不少的固有成分"②。

　　陈序经对东南亚的研究突出说明文化是可分的。东南亚受印度文化影响的区域最广,除越南北部外,印度影响几乎无处不在。缅甸、遏罗、老挝、柬埔寨、马来半岛、印度尼西亚,都是印度化很深的国家。印度影响东南亚最为深远的是佛教和文字。印度经典输入后,巴利文、梵文在其早期成为当地的文字。缅甸等地使用印度文。骠文与缅甸文是印度化的文字。远在越南半岛的东边的林邑也使用梵文。扶南早期的文字、新近的柬埔寨都是印度文字。除越南或交趾或菲律宾外,几乎所有地方均使用巴利文、梵文,或是印度化的文字。文学、法律、尤其是与宗教有关的风俗、习惯、节日,也都受到印度的影响。伊斯兰教传入以后,马来半岛、印度尼西亚以及菲律宾的一些地方,在宗教与生活的某些方面,出现伊斯兰化。

　　中国与东南亚的交往始于周秦。受中国文化影响的地方,主要只是越南,而且,古代越南的中圻,为印度化的林邑国占据,南圻所谓交趾支那,也原为印度化的扶南国的领土,印度化的地方实占了绝大部分。东南亚在宗教、文字、文学与风俗习惯等方面印度化,然而,在经济、政治或军事方面,东南亚却受中国很大影

　　①　陈序经《藏缅古国初释》,陈序经《陈序经东南亚古史研究合集》下卷,香港印书馆(香港)有限公司 1992 年版,第 1140 页。
　　②　陈序经《林邑史初编》,陈序经《陈序经东南亚古史研究合集》上卷,商务印书馆(香港)有限公司 1992 年版,第 397 页。

响。在历史上尤其是在欧洲的殖民主义者未侵占东南亚之前,中国的政治的安定与否,往往是与东南亚的政治的安定与否,是有关系的。当然中国的语言、文学以及风俗习惯,也传播至东南亚的好多国家。东南亚日常生活用品、农具、铁器、灌溉方法多来自中国。越南在 20 世纪初使用罗马化拼音后,很多专有名词仍采用中国的语言。暹罗文字虽梵化,但一些读音仍与中国相同。暹罗戏剧受到潮州剧影响。《三国演义》、《西游记》等文学作品,也为暹罗等处人民所喜爱。阿拉伯对于东南亚的影响,主要是在宗教方面,但两者贸易往来极为密切①。

陈序经对匈奴接受汉文化的研究,则表明文化的接受程度与一个民族原有的文化底色相关。匈奴与中国开始接触的可考年代当在公元前 3 世纪。两汉时期,由于战俘、降将、使者、互市、杂居、和亲、通婚、遣子入侍等因素,匈奴在一些方面有汉化的趋势,如与汉朝书牍往来用汉字,称单于为天子,单于谥号为"若鞮"(孝),逐渐衣锦帛,穿井筑城,治楼藏谷,仿汉族器具,喜好汉人乐器,开始注意老有所养。单于重视名号,官制分为左右,尚左等等。但陈序经指出:"在中国古代历史上,汉族以外之最强大、与汉族的关系最密切、接触时间又最长久的各族是匈奴,而所受汉族文化的影响又较少者也是匈奴","匈奴的文化,在整个体系上,并不见得受汉族文化的影响",从总体而言,这些影响很多是表面、个别的。汉族对匈奴的影响主要表现在衣、食方面。匈奴作为一个游牧的部族,"在根本的生活方式上与汉族不同",相反,它

---

① 陈序经《东南亚古史初论》,陈序经《陈序经东南亚古史研究合集》上卷,商务印书馆(香港)有限公司 1992 年版,第 116、117、119—120、121、124、125、128、133、134 页。

在文化上主要受到波斯等国的影响①。

　　陈序经对东南亚一些国家接受不同宗教状况的研究,同样说明这一问题。研究显示,虽然历经数百年的熏染,原本信仰印度教或伊斯兰教者,转而信仰基督教的为数并不多。菲律宾只有在未信仰伊斯兰教的地区以外,天主教才能大行其道。在宗教信仰比较薄弱的越南,也有不少人相信天主教。西洋文化虽然随殖民主义传入东南亚,"可是已经信佛教或伊斯兰教的国家里,基督教(包括天主教)并没有把佛教与伊斯兰教的固有地位,取而代之"②。

　　陈序经对林邑的研究,说明文化的吸纳本身包含有自主或非自主意识的筛选性。林邑的地理位置,大致相当于越南的中圻,介于扶南与中国所属的交趾之间,公元 2 世纪末叶建国,历时达 1400 年之久。当林邑建国的初期,扶南已经印度化③,并且正强盛起来。林邑是獠人在扶南的帮助下建立的,自然受扶南印度化的影响,采用过印度的种姓制。林邑建国之初在中国汉朝的象郡象林县,后来逐渐扩充领地到顺化一带。这些属地已经为中国统治至少有五百年的历史。中国的文化,也早已输入到这些地方,中国人民移居于这些地方的也较多,如马留人在语言、饮食上,与中国别无二致。在这样环境下,林邑文化成为一种中印混合文化,不过,其中印度成分更多一些,生活方式、宗教信仰都保留下来。这是一种非自主意识的文化融合。中国人范文称王林邑时期,也是林邑受汉化影

---

　　① 陈序经《匈奴史稿》,天津古籍出版社 1989 年版,第 151、144—151、143、153 页。

　　② 陈序经《东南亚古史初论》,陈序经《陈序经东南亚古史研究合集》上卷,商务印书馆(香港)有限公司 1992 年版,第 87 页。

　　③ 详见陈序经《扶南史初探——古代柬埔寨与其有关的东南亚诸国史》,陈序经《陈序经东南亚古史研究合集》上卷,商务印书馆(香港)有限公司 1992 年版,第 517、650—657、692 页。

响最大的时期,但范文提倡中国文化制度时,却仍保留梵文。作为国王也必须要维持这个国家深受印度影响的传统,否则他可能遭到林邑人的反对。至于中国文化对于林邑的影响,主要是在物质文化方面①。这一情形则又说明文化演进也是自主选择的结果。通过分析,陈序经似要指出,一个种族或民族的最初的文化背景,决定着其文化成分的核心内容;同时,也反映出中国精神文化的渗透力并不如想象的那样强劲。

在有关蒲甘宗教的研究中,陈序经尤为强调文化的新旧兴革与新旧包容。研究表明:蒲甘人在逐渐发展固有文化的同时,在宗教上也开始一种新的运动。蒲甘最初信奉从直通传入的南宗佛教,后来接受从锡兰输入的后宗佛教,两者虽然均为小乘佛教的支派,但后者的教规、教仪与前者大异其趣。陈序经因此指出:"我们谈蒲甘的十二世纪下半叶的文化革命,我们不能过分强调其新的方面,而忘记了新的文化的运动中,是包括了好多旧的东西。后宗佛教是新的东西,但是前宗并不因之而消灭。"②文化创造已然是在旧有基础上的创造。

陈序经的全盘西化论、文化学体系的核心与基础是文化不可分论,他此时一方面已经注意到文化是可分的,但他另一方面却仍然对"一致与和谐"、文化弹性论坚信不疑(有关内容详见第三章),可能正是由于这一原因,使他陷于不知道是应该从整体上放弃文化学,还是对其予以修订的矛盾之中,陈序经也从未谈到应该如何重新看待其早年文化学体系的问题。上述对匈奴与东南亚的研

---

① 陈序经《林邑史初编》,陈序经《陈序经东南亚古史研究合集》上卷,商务印书馆(香港)有限公司 1992 年版,第 337、339、394—396、425—426 页。

② 陈序经《藏缅古国初释》,陈序经《陈序经东南亚古史研究合集》下卷,香港印书馆(香港)有限公司 1992 年版,第 1142 页。

究,虽然未直接涉及到全盘西化,但文化接受的实质是一样的,这些研究都从不同方面推翻了陈序经全盘西化论的理论基础,从侧面反映了全盘西化论的松动。此时的陈序经也更加注重对民族情感的尊重,曾自称是"深深钦佩柬埔寨人民的创造才能的一位"①。他研究东南亚史一个重要目的便是:"使东南亚的人民,更加了解他们过去的光荣历史,使他们对于今后利用他们丰富的资源去建设他们的祖国,更加有了信心";"尤其是在帝国主义者诬蔑东南亚各国人民以为他们没有什么文化,没有创造文化的能力的时候,我们应该用历史的事实去驳斥他们,使他们明白在他们的祖宗还正处在中世纪的黑暗时代的时候,东南亚的好多国家,如柬埔寨,如爪哇,文化艺术已经达到很高的地位"②。对东南亚尚且抱持这样的热情,何况对自己的祖国?!

矛盾普遍存在于事物之中,矛盾双方在一定条件下可以互相转换。学者独立品格在特定的情景下有时也会转化为偏执,造成认识的误区。正是这种"为学问而求学问"的态度,曾使陈序经甘愿作全盘西化的殉道者。他说:"在这种尚未彻底的社会里,欲认真从西化上有所建立,并非像做一件平常的事情那样容易。这种环境之下的人,假使他是一位意志坚强的,而始终要向彻底西化的路途走,往往要成为时代的牺牲者。因为一方面他既没有西洋文化的环境来培养与发展他的天赋才能,而使西洋人或西化的人去崇拜他;一方面他因为了痛骂本国文化,不但复古者流,要反对他,

---

① 陈序经《扶南史初探——古代柬埔寨与其有关的东南亚诸国史》,陈序经《陈序经东南亚古史研究合集》上卷,商务印书馆(香港)有限公司1992年版,第515页。

② 陈序经《东南亚古史初论》、《扶南史初探——古代柬埔寨与其有关的东南亚诸国史》,陈序经《陈序经东南亚古史研究合集》上卷,第7、6、15、513页。

就是讲折衷的人,也要骂他。"①因此,我们可以理解,为什么陈序经不信基督教,却对基督徒的坚韧人格深表钦佩。他曾赞扬梁发在政府禁令、社会非难、家庭反对的背景下,仍能努力作一名模范基督徒的独立不依、坚忍不拔的个性②。他对二十余年在疍民中传教的特杜女士充满敬意,"更加佩服"她的"服务社会的精神",认为她是"一位意志坚强的人"③。陈序经在论证全盘西化论中,难免也会"为赋新词强说愁"。其表现有如下数端:

第一,传统知识只是全盘西化的靶子。陈序经在《南北文化观》、《东西文化观》中征引了难以枚举的传统典籍,从传统学术分类来看,经、史、子、集无所不包。四书、五经、二十五史、方志、笔记、札记及《册府元龟》、《太平御览》等大型类书的内容,在陈序经的著作中均俯拾即是。以此可见,陈序经实际具有丰厚的传统学问的背景。然而,他引经据典,不过是为了说明全盘西化的合理性,因而他按主观意愿截取材料,并对征引的内容均作片面、消极诠释,凸显传统文化的现实弊端。比如,孔子在他眼中完全是十恶不赦的罪人、中国倒退的总根源。他决不可能像胡适那样把孔子视为"自由主义的先锋"④,甚至将儒学情结内孕在实用主义思想之中⑤,对中国典籍所作的价值判断而不是事实判断,也便很容易地推导出中国事事不如人。

---

① 陈序经《评张东荪先生的中西文化观》,冯恩荣《全盘西化言论续集》,岭南大学 1935 年版,第 115 页。

② 陈序经《南北文化观》,《岭南学报》第 3 卷第 3 期,1935 年 5 月,第 103、104、107—108 页。

③ 陈序经《疍民的研究》,商务印书馆 1946 年版,第 160,162 页。

④ 胡适《自由主义与中国》,天津《大公报》1948 年 10 月 7 日,第 5 版。

⑤ 张允熠《胡适实用主义思想中的儒学情结》,《二十一世纪》1998 年第 2 号。

站在传统上①反传统,是陈序经论证全盘西化的一个重要特点。他曾说过:"历史是一个储藏室,那里有无数的实例来说明我们的论点。"②陈序经是这样说的,也是这样做的。从站在传统反传统的角度而言,陈序经的实用理性在此达到无以复加的地步。

第二,逻辑混乱。陈序经为说明文化不可分论,曾说"设使我们以为好多的罪恶和病弊,都是由军国主义和金力主义产生出来的罪恶和弊病,所以应当反对,那么'赛'先生和'德'先生也造出不少的罪恶和弊病来,我们也应该反对他们了"③。其错误在于忽视了前提与结果的不可逆推性,同时混淆科学、民主与军国主义、金力主义的本质区别。

陈序经在以文化区域的扩张解释全盘西化时,更是矛盾层出。他说:"区域的观念,从文化上看起来,是相对的而非绝对。因为文化进步,则文化区域可以改变。……现代的中国,固因交通的利便而使各处的文化,趋于相同,将来的世界,也许因接触的频繁,而使各国的文化,趋于相同。我们承认,无论怎样相同,总免不了有其差异,不过美洲的文化,既可以变为欧洲的文化区域,那么其他各处的文化,也可以变为欧洲的文化区域。正如中国的文化,可以伸张而代替南方的南蛮的文化。那么西洋的文化,也可以伸张而代

---

① 陈序经不仅有较厚实的传统学养,而且还是比较传统的中国人。见寒山碧《陈序经外张的"西化"和内敛的传统》,陈传汉等《东方的觉醒——陈序经学术研讨会论文选集》,延边大学出版社 2000 年版,第 205—208 页;陈序经也曾称赞家塾的教育之功效,见陈序经《文化学概观》第 2 册,商务印书馆 1947 年版,第 112、141 页。

② Su Ching Chen, Recent Theories of Sovereignty, Canton, 1929, p301.

③ 陈序经《东西文化观》第 5 卷第 3、4 期合刊,1936 年 12 月,第 64—65 页。

替亚洲的东方的文化。文化是变化的,所以文化区域也是变化的。"①

其中,浅显的逻辑矛盾即是,他一方面说各国文化将趋同,另一方面则又说同中有异。他根本抹煞欧美文化的历史传承性,掩盖了"其他各处的文化"与美洲文化的本质区别,把"其他各处的文化"硬性地等同于美洲文化,进而似乎"逻辑性"地得出"其他各处的文化"也将欧洲化。此其逻辑矛盾之二。整个论证仅具有三段论的形式,但是大、小前提自相矛盾及牵强附会,结论自然也是错误的。此其逻辑矛盾之三。

陈序经也说过一些几近强辩的话。如为强调汉字罗马化,他曾说:"若说中国语文是不能西化,则我们又怎能会学西文呢? 若说中国语文是我们固有的东西,所以定要保存,那么我们何不提倡固有的结绳与古文,而要白话文呢? 我们何不提倡较为近于古音的固有的广东话,而要国语呢?"②当然,作为一个三十岁出头的年轻人说些偏锋之辞在所难免,但在文化论争中说出这样的话,则有失论战的严肃性。不过,这决不是陈序经一人之失,整个文化论争中都充满这种气息。

第三,凡是有西化趋势即是全盘西化。典型的例子是陈序经以为乡村建设根本便是全盘西化,以此反证乡村建设行不通。他指出,乡村建设运动"无非是想把美国的种子,介绍到中国来。可是这么一来,他们的目的,并不像梁先生所说乡村运动和建设的目的是欲以乡村为主体为根据的中国的高度文化,加上西洋的现代文化上而成为一种新的文化,反之他们的目的是西洋化,也许彻底

---

① 陈序经《文化学概观》第 3 册,商务印书馆 1947 年版,第 12 页。
② 陈序经《从西化问题的讨论里求得一个共同信仰》,《独立评论》第 149 号,1935 年 5 月 5 日,第 10 页。

西洋化,全盘西洋化"。而办教育、医院等都是全盘西化的表现。"假使他们的目的不是这样——彻底西化全盘西化,那么定县的试验科没有意义,无疑的且要失败,因为他们若只是以保存中国固有的乡村的文化来做他们的运动和试验的目的,那么这种运动,这种试验,在中国已有了好几千年的历史,用不着他们再来费了宝贵的光阴,劳苦的工夫的和有用的金钱呵!"进而驳斥说:"明明白白是走在西洋化的路,偏偏要说是中国的路,中西合璧的路,世界未曾开辟的路,这是谎话,这是矛盾。我以为梁先生的最大错误,是他把目的与手段这两件东西,弄得不清不楚。目的是要西化,而且要彻底与全盘西化。至于如何达到这个目的,那是手段或方法的问题。"①陈序经以偏概全,模糊西化与全盘西化的区别,借此耸动视听。因此,本位文化论者责难陈序经将本位文化能容纳部分西化当作全盘西化的论证方式为"指鹿为马太过滑稽"②。如果仅谈"欧化"的事实、不谈全盘西化的主张,则不易树敌③。

第四,谈到文化问题往往看不到文化内在的连续性。陈序经重视对学术脉络的梳理,1949 年出版的《社会学原理》便是其代表作。他在探讨社会学的起源时,没有忘记"人类的智识与思想的发展,是有连续性的。二十世纪的智识与思想,是与十九世纪的智识与思想有了连带的关系。十九世纪的智识与思想,又与十八世纪的智识与思想有了连带的关系。如此类推以至于人类最初的智识

---

① 陈序经《乡村文化与都市文化》,《独立评论》第 126 号,1934 年 11 月 11 日,第 17 页。

② 李俚人《再论中国本位的文化建设——兼质陈序经王西徵两先生》,《文化建设》第 1 卷第 14 号,1935 年 7 月 10 日,第 10 页。

③ 张星烺著《欧化东渐史》(商务印书馆 1934 年初版、1947 年 3 版),并未遭受学界攻击。

思想,都有了连带的关系。社会思想当然不能算作例外"①。这种
"连带"关系是对全盘承受的根本否定。然而,当他宣传全盘西化
时,基本上从未曾提到过中国文化的连续性的问题。

第五,常识性的错误与抑中扬西。陈序经曾将中美作物、牲畜
的杂交改良以产生优良品种的实验视为"笑话"。甚至在此基础
上,继续推论出"农产如此,整个文化,也何尝不是如此"的结论。
还将中国棉花向地生长能减少雨水侵蚀的优良特性,喻为"正像垂
头丧气的老大要死的人一样"②。中医"摸脉开方"也不过"好象赌
博式的彩票一样"。中国文字结构文法也不及西洋③,赞成废止汉
字。与此相反,他对西方则有过于理想化的倾向,"始终觉得与其
吹鸦片,打麻雀,不如跳舞;与其崇拜道教佛教,不如信仰基督教",
藉此证明"全盘西化的理论,并非凭空造出来的"④。

陈序经甚至还曾把手工业混同于工业。"都市固是工业的展
览处,可是都市尚未发生或发达的原始社会,工业也许已很进步。
比方美洲土人所制作的土器,非洲土人所铸造的铁具,苗黎的刺
绣,以及他们或其他的原始社会的人们在工业的其他方面的出品,
在人类文化史上所占的位置,都很重要"⑤。

陈序经的偏执不仅反映在文化选择方面,而且反映在如何处

---

① 陈序经《社会学的起源》,岭南大学西南社会经济研究所 1949 年版,
第 43 页。

② 陈序经《乡村文化与都市文化》,《独立评论》第 126 号,1934 年 11 月
11 日,第 17 页。

③ 陈序经《东西文化观》,《岭南学报》第 5 卷第 3、4 期合刊,1936 年 12
月,第 105、106 页。

④ 陈序经《关于全盘西化答吴景超先生》,《独立评论》第 142 号,1935
年 3 月 17 日,第 3、4 页。

⑤ 陈序经《乡村文化与都市文化》,《独立评论》第 126 号,1934 年 11 月
11 日,第 13 页。

理中国与东南亚各国之间的关系方面。陈序经出身于华侨家庭，有许多亲属、友人散居东南亚一带，他对东南亚有着天然的亲近感。东南亚在地域上与中国毗邻，双方交界地区的民族同源，一些国家曾是中国的藩属，有丰富的天然资源，东南亚与中国有较为密切的双方互惠的贸易往来①，更是华侨的第二故乡，华侨在一些国家成为经济支柱。由于东南亚各国民族主义思潮的兴起，加之日本、法国等宗主国的调唆②，狭隘的民族情绪陡然而起，暹罗有些主政者甚至宣扬唐代的"南诏"是他们的祖国③。20 世纪 30 年代以来，暹罗、越南等国都先后出现大规模的排华运动，大批华侨被迫迁返国内。然而政府对排华事件处理不力，也缺乏专门部委管理华侨事务④。

　　种种原因促使陈序经在国内较早地开展东南亚华侨的研究⑤，1937 年便发表《进步的暹罗》，警醒国人"不要忘记，我们的南邻的野心未必减于我们的东邻"⑥。以后又发表系列专著和论文，除了我们在以上章节所提到的外，还出版了《越南问题》，并在昆明出版的《今日评论》、《新动向》，重庆出版的《新经济》、《外交研究》等杂

---

① 　陈序经《南洋与中国》，岭南大学西南社会经济研究所 1948 年初版，第 53、66、67 页。

② 　陈序经《海阳桥》，陈序经《越南问题》，岭南大学西南社会经济研究所 1949 年版，第 8 页；陈序经《南洋与中国》，岭南大学西南社会经济研究所 1948 年初版，第 102 页。

③ 　陈序经《暹罗与中国》，商务印书馆 1941 年版，第 24 页。

④ 　陈序经《南洋与中国》，岭南大学西南社会经济研究所 1948 年初版，第 47、73、89—92 页。

⑤ 　岑家梧《关于暹罗华化问题》，陈序经《越南问题》，岭南大学西南社会经济研究所 1949 年版，第 70、71 页。

⑥ 　陈序经《进步的暹罗》，《独立评论》第 235 号，1937 年 5 月 23 日，第 12 页。

志上,发表《暹罗与汰族》、《暹罗与日本》、《越南与日本》、《暹罗华化考》,对东南亚的排华的历史与现实根源加以分析,告戒暹罗等国,不要因排华赶走华侨,损害自身的经济利益,应停止排华行为①,共同抵御日本的侵略②。同时,陈序经一方面建议政府设立专门机构管理华侨事务,设法保护华侨,做好归国华侨的安置工作③,一方面希望华侨在祖国重新创业。

陈序经的言论和立场充盈着深厚的爱国主义情怀,然而,却也向青年发出这样的极具煽动性的号召:"青年们! 我们不要忘记:南洋是我们的属地④,安南与我国毗连,在历史上又是我们版图的一部分。暹罗自明朝到清初,还是我们的藩地。连了暹罗这个国名,都是我们所赐与。马来半岛、苏门答腊、婆罗洲、爪哇、吕宋都曾为我们的属国。……青年们! 我们不要忘记:南洋是我们的宝库,南洋的经济力量,从来是操在南洋华侨之手。……荷属各处的石油,菲律宾群岛的蔗糖,马来半岛的树胶与锡矿,暹罗安南的米与木,都是世界上最著名的产品。我们今后应怎样去保持我们的固有经济地位,怎样去发展这些宝藏,这都是我们而尤其是我们的青年的责任! 青年们! 我们不要忘记:南洋是我们的乐园,南洋的风景,是世界著名的。……青年们! 我们不要忘记:我们有了恢复我们的属地的责任,我们不要忘记:我们有了保护我们的宝库的义

---

① 陈序经《暹罗与日本》,《今日评论》第 2 卷第 17 号,1939 年 10 月 15 日,第 262 页;陈序经《暹罗与汰族》,《今日评论》第 2 卷第 1 期,1939 年 6 月 25 日,第 9—11 页。

② 陈序经《越南与日本》,《今日评论》第 4 卷第 11 号,1940 年 9 月 15 日,第 166 页。

③ 陈序经《暹罗与中国》,商务印书馆 1941 年版,第 115 页。

④ 张忠绂在《关于暹罗排华问题》一文中对此也有所论述。见《独立评论》第 153 号,1935 年 6 月 2 日,第 10—11 页。

务,我们不要忘记:我们有了享受我们的乐园的权利!"①

当然,陈序经研究东南亚,终究离不开文化关怀。陈序经在研究中发现,"近代文化的各方面的发展,是得力于国家以政治的力量去发展,却是一件无可怀疑的事情";"历史的教训,是一个民族或国家的政治的兴衰,不但对于本国的文化的兴衰,有了密切的关系,而且对于文化的向外发展,也有了重大的意义。一个国家,在政治上如能统治别的国家,则其文化,也必能影响别的国家"②。他在《中国与南洋》一文主要谈论的议题,便是由于华侨少受教育而又仅注意经济发展,未能在东南亚大力宣传中国精神文化,因而马来亚等地受中国文化影响很小,易导致民族隔阂,强调"这是我国政府与人士所不可忽视的一个重要问题"③。

希望中国政府重视以"政治力"汉化暹罗等国家。国家是历史的概念,也是现实的概念。恢复华侨在东南亚的经济地位与重新把东南亚纳入中国政治势力范围,两者之间毕竟有着本质的区别。

我们难以确定陈序经是否有劝说政府以武力征服暹罗等国的意图,但他的保护华侨、维护中国利益的言论不免带有极端民族主义的情绪。然而,他还是尊重历史,以为老挝只是由中国单方面列入土司,因而,承认老挝从来便是一个独立国家④。

独立品格是把双刃剑。没有独立品格,随波逐流者,永远不可能迈入学者行列;具有独立品格的学者,亦并不一定是"真理"的代

① 陈序经《南洋与中国》,岭南大学西南社会经济研究所 1948 年初版,第 113—114 页。

② 陈序经《文化学概观》第 2 册,商务印书馆 1947 年版,第 147、51 页。

③ 陈序经《中国与南洋》,天津《大公报》1948 年 5 月 16 日,第 2 版"星期论文"。

④ 陈序经《掸泰古史初稿》,陈序经《陈序经东南亚古史研究合集》,商务印书馆(香港)有限公司 1992 年版,第 1025 页。

言人,可能恰是"真理"的背叛者。真正学者的独立品格,就在于不断检讨自己的学术理路,以叩问学术的"本真"。纵观其学术经历,陈序经先生无疑具备这样的品格。

三　文化心理的集团动力

"集团动力学"是美国社会学家卢因 20 世纪上半叶在大量的心理实验的基础上所创立的学说,即指某一群体内部成员之间,互相提出问题,讨论问题,逐渐形成一种为成员完全接受的意见,并能主动向外界传播、灌输他们的信念①。这一概念颇有几分像托马斯·库恩在《科学革命的结构》一书中提出的"范式"。两者都强调共性,表明一个集团内部各成员间享有共同的原则、思维方式、价值取向。用这一学说考察陈序经时,我们会发现他之所以形成全盘西化论,能够在反对的声浪中坚持全盘西化的主张,除了有其文化学理论和独立品格支撑外,也得到了包括陈受颐、卢观伟、吕学海、冯恩荣、麦发颖等人在内的志同道合的友人与学生的襄助。陈序经的理论与观点,许多都是在与陈受颐、卢观伟等人共同探讨的基础上形成的。吕学海等人则在文化论战及相关论争中,都执守在陈序经的周围,帮助陈序经回应来自不同方面的攻击,同时传播全盘西化论。由此,他们在充盈"自由讨论精神"②的校园中,扭合成一个全盘西化论的集团。

---

① [法]莫里斯·迪韦尔热著,杨祖功、王大东译《政治社会学——政治学要素》,华夏出版社 1987 年版,第 36、41 页。
② 陈序经《首次大学周会陈校长训词》,《岭南大学校报》,康乐再版号第 82 期,1948 年 9 月 20 日,第 1 版。

　　陈序经全盘西化论的形成与卢观伟、陈受颐两人密切相关。陈序经与陈受颐在美国时即已是知心密友。1928 年,陈序经接受陈受颐的建议,两人同去岭南大学任教职。当时,卢观伟也是刚回国执教。卢观伟、陈受颐、陈序经虽分别任教于哲学系、国文系与社会学系,却常在一起讨论文化问题①,并先后应邀在岭南大学每日半小时的晨会上,发表关于文化问题的学说,共同主张彻底地接受西洋文化。卢观伟曾分析、批评中国、印度与欧洲文化的特质,指出东方文化特别是中国文化"有很多根本缺陷",与西欧文化相比,"真是望尘莫及"。陈受颐甚至把中国文化视为"莽原"。冯恩荣那时开始认识陈序经等人。作为岭南大学一年级学生,他虽然感到"全盘西化"论是个"很新的刺激",却抱持怀疑态度,常常反诘陈序经等人,但最后为陈序经等人的观点所打动,以至成为全盘西化论的积极拥护者②。卢观伟看到许多青年学生"对于今日中国必须要走欧化的活路的理由,常常发出有疑惑的质问",便再三劝说陈序经将其在德国所作的《中国文化的出路》一文以单行本出版,以启发学生明辨事理。陈序经遂应其要求在旧文基础上写成《中国文化的出路》一书。应该说陈序经在书中贯穿了卢观伟和陈受颐的主张。卢观伟曾说过:"我以为这本书,可以说对于我们的问题,做了一个很好的理论的总结算。"陈序经在与陈受颐的通信中也说过:我文章中的缺陷,"免不得要令你和观伟兄不满意","不过,我的信仰和结论,却是你们所赞同的。其实,是你们的。我不

---

　　①　陈其津《我的父亲陈序经》,广东人民出版社 1999 年版,第 56—57 页。

　　②　冯恩荣《全盘西化的意义》,《全盘西化言论续集》,岭南大学 1935 年版,第 1—2 页。

过是拾了你们的余唾罢"①。陈序经在发表相关文章之前,一般均
先征求陈受颐的意见。因此,陈序经曾感慨系之地说过:"在全盘
西化的运动中,陈受颐先生不只是一位很热心的推动者,而且是一
位后台老板呵!"②

　在陈序经眼中,"天性刚直"、"意志坚强"、"好学深思"、"最有
学者的涵养与风度"的卢观伟,主张全盘西化有其历史背景。卢观
伟少小随在日本经商的父亲客居东瀛,曾就读于孙中山与梁启超
在横滨创办的大同学校,能流利说、写日文。早年受到维新革命志
士的思想行为的影响,同时也亲眼见到日本维新的政治与西化运
动,后回国并考入岭南大学。大学期间,结识陈序经。大学毕业
后,留学英、美及欧洲各处,专攻哲学,对英美哲学尤有兴趣。卢观
伟是名基督徒,但并不重视宗教上的外在形式,其提倡而力行的是
宗教的热情与精神,认为西洋哲学在其文化上占有重要的地位,
"而基督教在其哲学上又占很重要的地位"。五四时期,与陈受颐
等人在岭南大学刊发《南风》杂志,提倡新学术,鼓吹新文化。卢观
伟不仅鼓励陈序经提倡全盘西化论,而且自己常在广州、香港各处
讲演,极力提倡全盘西化③。1931 年后,卢观伟定居香港,但他与
陈序经仍是声息相通,相互激励,使陈序经"时时都受他的思想的

---

　① 陈序经《中国文化的出路》,商务印书馆 1934 年版,卢观伟"序",第 1
页;陈序经"代序",第 3 页。
　② 陈序经《东西文化观》第五部《全盘西化论史略》,手抄稿,南开大学
图书馆藏。
　③ 陈序经《东西文化观》第五部《全盘西化论史略》的"绪言"(原为一
叠散稿,从内容判断,将其作如是观),南开大学图书馆藏;陈序经《悼卢观伟
先生》,《岭南大学校报》康乐再版号第 86 期,1948 年 11 月 14 日,第 1、2 版。

影响,时时都受他的精神的感化"①。

与卢观伟相比,陈受颐主张全盘西化,则中经脱胎换骨的蜕变。陈受颐在旧学上多少受到家学的某种影响。其叔祖陈澧,字兰甫,号东塾,是广东著名的经学家②。道光十二年(1832年)中举,曾任河源县学训导,后为"南方研究旧学问的大本营"学海堂学长数十年。至老,主讲菊坡精舍。为学力排汉、宋门户之见,会通汉、宋之学,凡经史子集、天文、地理、乐律、算术无不研究,而于经学尤有专长。著述颇丰,有《汉儒通义》、《声律通考》、《汉志水道图说》、《东塾读书记》等遗世。光绪末年,书院停废,菊坡并入应元书院,改为"存古学堂",并于菊坡遗址设陈东塾先生祠。存古学堂成为清季岭南学术的又一重镇③。

陈受颐的父亲较为开明,曾把陈受颐兄弟四人先后送入岭南小学读书。陈受颐由此完成了从小学到中学、大学的系统化的"岭南"式教育。岭大教育制度完全仿美,教学用书、授课"差不多全用英文",陈受颐受到严格的英语基础的训练,其写、说英文的水平"比一些美国教授好得多"。大学期间,他皈依基督教。岭大毕业后,即留校任教于国文学系。性情温和。在中西文化的熏陶下,陈受颐"不知不觉中而却又自知自觉成为一个中西合璧的人物","他免不了有了折衷调和的趋向"。一直到出国留学前,他

---

① 陈序经《悼卢观伟先生》,《岭南大学校报》康乐再版号第86期,1948年11月14日,第2版。

② 陈序经《东西文化观》第五部《全盘西化论史略》,手抄稿,南开大学图书馆藏。

③ 伦明等《辛亥以来藏书纪事诗》,北京燕山出版社1999年版,第17,289—290页;容肇祖《学海堂考》,《岭南学报》第3卷第3期,1934年6月30日,第40—43页。

"对固有文化有过相当的留恋,相当的尊重"①。巧合而又具有象征意味的是,1924 年,因广州政变,兰甫故居焚毁,东塾书楼及《东塾丛书》等均付之一炬②。就在这一年,陈受颐留学美国,入芝加哥大学,专攻比较文学。陈受颐与陈序经在美国时经常见面,都对东西文化特别是中西文化问题颇有兴趣。美国高质量的生活水准给两人强烈冲击,他们都承认"教育是文化的度量",并开始讨论全盘西化的问题。陈受颐曾进修于芝加哥大学,并在该校讲授过两门课程。1929 年 5 月,陈受颐在岭南学生组织的思想学社出版的论文集中,发表《十八世纪法兰西之中国观》一文,反对复古逆流。他指出,"释太虚、陈焕章之流正在把东方的精神文明的福音努力向西方输进","假如东方文明可以救世,那么西欧北美早已超度了"。陈受颐特别重视明末清初中西交通史的研究,且是"最有成绩一位"。通过比较研究,他指出中国"三百年前就已应该全盘西化"③。1931 年发表《十八世纪欧洲之中国园林》一文,指出 18 世纪英、法、德虽然受到中国园林的影响,但当时异军崛起的中国园林,"实在不尽是当时华化兴味的一面",而是各国时代精神变动的表征。同时指出中国园林所以在国外衰落的重要原因即在于:(1)中国人没能"严谨"说明园林艺术的"实施和实施的步骤";(2)中国派园艺"介乎法荷旧派,与新起的情感派之间,一方面既不能满足旧派的要求,另一方面又须抵抗情感派的攻讦","中国派因为中庸的缘故,所以适宜过渡时期的精神,及

①　陈序经《东西文化观》第五部《全盘西化论史略》,手抄稿,南开大学图书馆藏。

②　伦明等《辛亥以来藏书纪事诗》,北京燕山出版社 1999 年版,第 277—278 页。

③　陈序经《东西文化观》第五部《全盘西化论史略》,手抄稿,南开大学图书馆藏。

乎过渡时期已完,而浪漫派的势力加长,则她很自然地不能复保固有的位置了"①。

陈受颐还经常在课堂及师友之间谈论中西文化问题。陈序经曾说:陈受颐"对全盘西化主张说得最动听,而其影响于朋友学生最大"。惜无关于全盘西化的专论发表。1930 年前后,北上燕京大学任教,后为北京大学史学系主任。1935 年,在本位文化与全盘西化的争论中,曾应天津扶轮社之约作过一次题为《国人对于西化的态度的趋向》英语演讲,认为复古主张已经完全没有前途可言,即使折衷也应趋于重西轻中的折衷,最后指出,国人的西化态度是渐趋于全盘西化的②。1936 年曾发表《西洋汉学与中国文明》,强调西洋人研究中国文化,"不是崇拜或宣传中国文化","西洋汉学家不见得对中国有特殊的好感",以此驳斥主张提倡祀孔读经的人所谓西方崇拜中国古代文明之论;进而指出:"我们的唯一路向是往前走,是自新。'敝帚自珍'的态度是于'空前国难'毫无补益的,勉强说人家正在宝爱我们的敝帚,更是近于扯谎而无聊。想保存旧文化,先要旧文化能保存我们。'留得青山在,不怕没柴烧',只要民族康强前进,将来自有超越往古的新文明,敝帚自有它在博物馆中的地位,我们无须替它担心。"③

陈序经不仅在思想认识、学术上得益于陈受颐,而且还从陈受颐由中西调和者到全盘西化论者的转变中感受到精神的力量。"我们而尤其是诗书世传的家庭的的陈受颐先生,还要从西

① 陈受颐《十八世纪欧洲之中国园林》,《岭南学报》第 2 卷第 1 期,1931 年 7 月 8 日,第 37、69 页。

② 陈序经《东西文化观》第五部《全盘西化论史略》,手抄稿,南开大学图书馆藏。

③ 陈受颐《西洋汉学与中国文明》,《独立评论》第 198 号,1936 年 4 月 26 日,第 9、8、11 页。

人所设立的中学读起,读完大学之后还要跑到外国再求高深的学问,那么不只是我国的教育非要西化不可,就是我国的文化的其他方面也非要西化不可"①。陈序经等人正是由于共同的志趣而相交,因互相丰富彼此的思想而结成一个全盘西化论这一集团的核心。

需要指出的是,我们在这里无意说明卢观伟、陈受颐等人仅仅是因为留学的经历而深染反传统的特色。梅光迪曾留学美国,"西洋文学的修养,比一个普通美国教授还好",并在哈佛大学任教多年②,却强调"昌明国粹,融化新知"。辜鸿铭也曾留学德、法、英诸国,然后成为复古派的代表。他们之间的分歧在于人文主义与自然主义的对立。梅光迪接受了白璧德追求人格完美的新人文主义,辜鸿铭深受以宗教与道德为其思想中心的卡莱尔的影响③,而卢观伟、陈受颐则与陈序经一样,过多地关注并接受了生存竞争的进化论思想。

1934 年初,陈序经的《中国文化之出路》在广州《民国日报》刊载后,引起激烈的批评。王峰、林潮、张馨、陈安仁、何汝津、王衍孔、穆超等纷纷著文,驳斥全盘西化论,陈序经等人随之应战。在全盘西化论的集团中,卢观伟、陈受颐主要是为陈序经提供理论支持,吕学海、冯恩荣、麦发颖等学生由于是在与陈序经等人的密切接触后,始转化为全盘西化论的积极支持者与崇拜者,不太可能继

---

① 陈序经《东西文化观》第五部《全盘西化论史略》,手抄稿,南开大学图书馆藏。

② 郭斌龢《梅迪生先生传略》、贺昌群《哭梅迪生先生》,罗岗、陈春艳《梅光迪文录》,辽宁教育出版社 2001 年版,第 243,265 页。

③ 梅光迪《九年后之回忆》,罗岗、陈春艳《梅光迪文录》,辽宁教育出版社 2001 年版,第 45 页;兆文钧《辜鸿铭先生对我讲述的往事》,《文史资料选辑》第 8 辑,合订本第 37 册,中国文史出版社 1989 年版,第 176—178 页。

续发挥和完善全盘西化论。他们主要是运用陈序经的理论与言论，更多的则是围绕具体实例寻找反证，各自发挥所长，与论敌交锋，帮助陈序经阻挡方方面面的批驳，宣扬全盘西化论。吕学海、冯恩荣、麦发颖还分别主编《全盘西化言论集》、《续集》和《三集》，为全盘西化论制造声势，为陈序经提供精神力量。总体而论，他们在这样一些方面协助陈序经与论敌争辩：

第一，批评折衷论者的"取长补短"说。陈安仁即持折衷调和说，以为要保存"中国固有的优良文化"，具体来说即是要保存为"世界许多学者所称道"的优美的文学、"与及所附丽之历史学哲学艺术学"、建筑、饮食与古代政治哲学①。吕学海指出，中国固有的文学，"简直是死文学"，"以古人的个性为自己的个性"，缺少"活气"、"骨气"，中国文学不足与西方比美。西方只称道我们的文学，但并不模仿。陈序经在《再开张的孔家店》一文里对此早有阐述。如果说中国文学优美，那么胡适等人为何要倡导文学革命。并指出鲁迅曾说过："中国书虽有劝人入世的话，也多是僵尸的乐观；外国书即使是颓唐的厌世，但却是活人的颓唐和厌世。我以为要少——或者竟不——看中国书，多看外国书。"以此作为自己立论的依据；同时强调文学以外的其他方面，"一经拿来和人家比较，一比拿来重新估价，已不是好东西，已是毫无值得保存的余地了"，甚至西洋文化的任何方面，"都比中国文化的任何方面高明许多。人家的长处，长过我们的长处；人家的短处，短不过我们的短处。西洋博爱的观念，远胜过中国'仁'的观念，一本国际公法，一本社会主义，也远胜过万篇礼运大同；讲到治国平天下，'半部论语'，何能比美一本法意，契约论或君王论？再就彼此的所谓短处来讲，人家

① 陈安仁《中国文化的生路与死路》，广州《民国日报》1934 年 1 月 30 日，"现代青年"，第 837 期。

的军国主义,也远不及畏怕抵抗主义之没有勇敢和廉耻;跳舞好过搓麻雀,离婚好过纳妾侍,含雪茄也胜过吸鸦片烟。要是我们肯虚心承认事实的话,我们还有什么堂皇的东西可以向人夸耀?"中国的出路只能是全盘西化①。

穆超也以实例加以说明折衷调和的必要,为陈安仁助阵。其例子为:浙江建设厅向地方推广外国新蚕种,但因蚕农不会养育而造成利益损害,于是暴动、毁种。穆超因此以为全盘西化行不通②。吕学海则指出这一实例恰好证明折衷的危险。他以为,从全盘西化角度来看,输入西洋的新蚕种,"对于一般没有现代的西洋的科学智识和思想习惯等的人民,也应加以相当的训练","使他们的智识和思想习惯等也都西化现代化",从而才能产生效益;借此强调"中国文化的一方面要西化,中国文化的其他各方面也都西化"。中西文化有不同的系统,一个进步的西洋文化与一个落后的中国文化,"并无'折衷'的必要,也无'调和'的可能",社会混乱现象无一不是折衷调和的结果③。

非斯则以为中国西化是必然,但只想要西方的科学与"哲学的科学",而不要西洋的"麻醉药"文化④。不过他却未对"麻醉药文化"与"哲学的科学"做出解释。吕学海指出非斯的主张"简直是行不通",强调西方处处比中国进步,"单去吸收人家的科学"远远不

---

① 吕学海《评中西文化讨论的折衷派》,吕学海《全盘西化言论集》,岭南大学青年会 1934 年版,第 72—80 页。

② 穆超《再论〈全盘西化〉》,广州《民国日报》1934 年 7 月 12 日,副刊,第 81 期。

③ 吕学海《为〈全盘西化〉论答客难》,《全盘西化言论续集》,岭南大学 1935 年版,第 57—58、62、61 页。

④ 非斯《全盘西化和其他》,广州《民国日报》1934 年 7 月 23 日,副刊,第 89 期。

够;更主要的是,文化是一个整体,不可分割,要吸收西洋的科学,"不得不连西洋文化的其他方面",甚至也会将西洋文化的负面因子附带吸收过来①。

论争几近白炽化时,冯恩荣同吕学海一道,坚决反对折衷论调,强调文化是整个的,"中学固是一致的,西学也是一致的,调和或折衷,中西二元的结婚,是永也不可能的事",申明陈独秀、胡适的所谓彻底的西化,"仍然是不免于畸形"。"为要补救以前这个失败,所以今日之中国,是要有全盘彻底的西化的必要"②。

第二,批评西方精神文化不如中国论。王衍孔承认西方的物质文明"是无可非议的",感到"我们的生活不独无条理而且丑陋",但以为西方精神文化优劣参半:"西方的精神生活的变化主义,固能令人对于一切事物,有丰富精密的认识,驾驭环境有敏捷稳健的能力;但机智精巧而心地不纯朴的人,每诡计百出,私心极重。有利可图的地方,无论手段如何残酷卑劣,亦不惜为,所以现时的西方社会虽有组织,而实以个人的利益为前提。"③吕学海以为此话毫无根据,指出中国人在国难当头和抵制劣货运动的期间,仍有所谓汉奸、奸商"诡计如故,私心如故","平时更无论矣",国人根本没有资格批评西方道德败坏;至于说"机智精巧"是西洋文化的病症则更荒唐,西方正是因"机智精巧"而发达,"人家的短处即是人家的

---

① 吕学海《为〈全盘西化〉论答客难》,《全盘西化言论续集》,岭南大学1935年版,第74—75页。

② 冯恩荣《全盘西化的意义》,《全盘西化言论续集》,岭南大学1935年版,第7页。

③ 王衍孔《东西文化之分析》,广州《民国日报》1934年2月15日,"现代青年",第849期。

长处"①。

第三,批判整理国故、恢复固有文化的主张。何汝津说过"应坦白的承认这一种表现宗法封建社会商业资本社会意识形态的中国旧文化,是不能与现代资本主义文化社会主义文化抗衡的"。但却以为"假使中国民族是不会灭亡的话,那么中国未来的新文化,一定不是欧美资本主义的文化,也不是苏俄社会主义的文化,是有她的独特的文化的;而这种独特的文化,也不能不包含着旧文化的原素",因而主张"整理国故"②。吕学海驳斥何汝津昧于文化发展和变换的道理,并进一步指出:"须知过去不适时宜的东西,就已成为文化史上的陈迹了,虽经整理,然'国故'仍是'国故'",在旧文化废墟中是找不出现代文化的因子的。③

从欧洲归来的何永佶在岭南大学演讲,反对全盘西化,指出欧洲人已经开始怀疑自己的文明,"更有趣的,即是他们改革的主张,与中国固有的思想不谋而合,不约而同。"他主要以唐芮(R. H. Tawney)1920 年出版的《夺取的社会》一书作为西方倾向于东方的例证。何永佶在演讲中对回复固有文化多有同情④。吕学海为打消其言论在学生中的影响,立即予以还击。吕学海指出,唐芮的思想与孔孟的思想根本不同。比如,孔孟虽有责任之名,但与唐芮所指不同。唐芮所谓的责任是指个人对社会负责,包含现代

① 吕学海《评中西文化讨论的折衷派》,吕学海《全盘西化言论集》,岭南大学青年会 1934 年版,第 81—83 页。

② 何汝津《文化问题中的几个具体问题》,广州《民国日报》1934 年 2 月 19 日,"现代青年",第 851 期。

③ 吕学海《评中西文化讨论的折衷派》,吕学海《全盘西化言论集》,岭南大学青年会 1934 年版,第 83—84 页。

④ 何永佶《西方化的讨论》,广州《民国日报》1934 年 11 月 30 日,副刊,第 180 期。

的团体观念;孔孟的责任仅是指个人对个人的负责。在"权利"方面,孔孟反对权利,唐芮则讲人与人"相互的权利",他所反对的只是"片面的权利"与特权,"不是一般的权利"①。他告诉读者何永佶的错误例证只能推演出错误的结论。

第四,鞭挞以民族、国情相异而反对全盘西化的主张。张君劢承认,中国文化任何方面都不如人,都不能适应时代的需要,"中华民族,以其文化之本存也,而晏然无事,则亡无日矣"。但反对全盘西化。其理由为:"世之可以移植者制度而已条文而已名词而已,其不可移植者为民族心理。同一社会主义也,在英为工党,在德为社会民主党,在俄为饱雪维几党,与所谓橘逾淮而枳者,受同一之限制矣",不同的民族有不同的政治、法制与学术系统。中国当务之急是须有一新的伦理价值为立国的标准。其新价值标准有五:由静到动、由虚到实、由精到粗、由少数到多数、由身家到团体②。

吕学海对此首先指出,文化是由物质与精神两个方面构成,双方密不可分。中国既然能够在有形的物质方面移植、西化,那么自然也能在精神方面移植。其次,他指出张君劢所谓的"动"、"实"、"精粗兼重"、"多数"、"团体"皆是西洋文化之特征,亦是西洋民族心理之所以发达之原因。张氏的新伦理的标准根本就是西洋的伦理标准。伦理尚能移植,民族心理当然可以移植。民族心理是随着社会环境的变化而变化,改变民族心理即要全盘西化,再则,虽然"同一社会主义"在不同国家有不同形式,而本质均为"民治"③。

---

① 吕学海《读〈西方化的讨论〉后》,《全盘西化言论续集》,岭南大学1935 年版,第41—42、45、46 页。

② 张君劢《学术界之方向与学者之责任》,广州《民国日报》1934 年 6 月16 日,副刊,第 63 期。

③ 吕学海《读张君劢先生〈学术界之方向与学者之责任〉后》,《全盘西化言论续集》,岭南大学 1935 年版,第 32—33、34、35 页。

穆超则强调中外国情不同,所以不能吸收西洋文化。吕学海对此反诘道:我们能够吸收与儒、佛、道观念"不相容"且"打破数千年的中国文化基础"的基督教,帝制、科举能够废除,还有什么"国情"可以阻止我们吸收西洋文化呢?!①

林潮也曾指出:"依中国环境需要,以定西洋文化之吸收种类及吸收程度,以定本国文化的基础。"②冯恩荣辩驳说,从环境一说观照西洋文化,西洋文化有许多方面"不适宜于中国国情",然以此非议全盘和彻底的西化,"是昧于文化整个之理,和未彻底研究过中国现在的环境的原故"③。中国固有的国情,已经不适合新时代的需要。既然固有的文化不适合现代的环境,只有全盘西化。"若说中国现在的文化,或文化的一部分,或许多部分是合乎新时代,那么这一部分或许多部分,已变为现代的,而非中国的独有,或固有的了。在这种情形之下,我们再不要嚷着中国化的名词"④。

第五,批评反对模仿西方文化而仅主张创造新文化的论点。张君劢以为每一民族应当追求政治、学术上的独立,不能步人后尘,亦步亦趋,反对全盘照抄西方。⑤ 吕学海对此反驳说:创造的第一步便是模仿,文化创造必须要在全盘西化后才能展开;而创造文化的精神本身即是西洋文化的精髓。因此,中国第一步应全盘西

---

① 吕学海《为〈全盘西化〉论答客难》,《全盘西化言论续集》,岭南大学1935年版,第60页。

② 林潮《评陈序经博士论中国文化之出路》,广州《民国日报》1934年2月1日,"现代青年",第839期。

③ 冯恩荣《对于一般怀疑"全盘和彻底的西化"的批评》,吕学海《全盘西化言论集》,岭南大学青年会1934年版,第68、69页。

④ 冯恩荣《全盘西化的意义》,《全盘西化言论续集》,岭南大学1935年版,第8页。

⑤ 张君劢《学术界之方向与学者之责任》,广州《民国日报》1934年6月25日,副刊,第69期。

化,与西洋并驾齐驱,再接受西洋的创造精神,创造出比西洋文化更高的文化①。

冯恩荣在论战中也十分强调文化创造,主张西化不是模仿而是创造的过程,要学习西方文化"基本的精神"、"整个的思想和系统",否则,"只学她的实际的果,是劳而无功的方法"。但他指出:"一切文化都不是突然产生出来的。现代的西洋文明是从二千年孕育出来的文明。十五六世纪的文艺复兴运动,与其说是希腊罗马的文艺的复活,不如说是文化上一种新生。不错,欧洲现代的文明,如果没有希腊,罗马与基督教的严密的训练是产生不来的。"②其意不过为,西方的创造精神同样源于西方的整个文化背景,因而学习西方的创造精神,归根到底仍是要全盘西化;强调"文化的演进与适应,未必一定要经过人家已经过的阶段,而可以直接的模仿人家已达到的最高的水准,甚至可以创造出比人家更显赫的阶段来"③。

第六,驳斥全盘西化一词不恰当的主张。吴良尧以为全盘西化一词是"十足的错误";全盘西化只有在野蛮民族与被征服的民族中才能实现,在有"健全文化"的中国是行不通的。中国只不过因有文化惰性而未能"与时代一同演进,而结果成为当今落伍的文化"④。吕学海指出,中国作为落伍民族,与野蛮民族落伍没有本质

---

① 吕学海《读张君劢先生〈学术界之方向与学者之责任〉后》,《全盘西化言论续集》,岭南大学 1935 年版,第 35、36、37 页。

② 冯恩荣《全盘西化的意义》,《全盘西化言论续集》,岭南大学 1935 年版,第 12—13 页。

③ 冯恩荣《关于全盘西化论的比较方法》,《全盘西化言论续集》,岭南大学 1935 年版,第 19 页。

④ 吴良尧《〈全盘西化〉乎!》,广州《民国日报》1934 年 7 月 20 日,副刊,第 87 期。

的不同,中国文化全盘西化与野蛮民族吸收外来文化"有同样的意义和理由"。他还强调,如果东方民族能够全盘西化也便不会亡国,中国倘若全盘西化,至少"能与今日的日本争长挈大";一旦亡国,只能吸收西洋文化的皮毛。中国若不全盘西化,恐怕有亡国之灾①。

家驹也赞同吴良尧的观点,进而指出,"除被征服的民族外,从未有全盘接受别种文化的。所以日本明治维新,可谓努力接受西洋文化,但日本文化何尝全部变为西洋化?"②冯恩荣则批评家驹的论点是"糊涂"、"似是而非"的论调。他指出,在不同圈围的文化里面,"只见有程度高低的不同,而没有成分的分别。设使在同一圈围的文化当中,如在欧洲文化系统里面,无论其文化是怎样的分歧,混杂,骚乱,而'一致与和谐'的原则,都是千真万确的"。全盘西化的主张,"必然地是活的,模仿而又创造的"。日本所以不能全盘西化是"中了中国思想千多年的遗毒"③。

张磐、谢扶雅以为,全盘西化一词"不言手段",只重目标,过于笼统④。卢观伟则指出,"三十年前,既可用'维新'等用语和主张,则今日则不可不用一更积极更彻底的用语和理论,以指导今日仍有'盲人骑瞎马'的危险的中国及东方应走的途径"。全盘西化一

---

① 吕学海《为〈全盘西化〉论答客难》,《全盘西化言论续集》,岭南大学1935年版,第64—65、66、67页。

② 千家驹《略论陈序经博士研究中国文化出路之比较方法》,广州《民国日报》1934年6月1日,副刊,第56期。

③ 冯恩荣《关于全盘西化论的比较方法》,《全盘西化言论续集》,岭南大学1935年版,第20—21页。

④ 张磐《中国文化之死路》,谢扶雅《为中国文化问题进一解》,广州《民国日报》1934年1月25、22日,"现代青年"第834期,831期。

词的优点,在于从理论上注重将西方文化整体的输入①。

卢观伟还对张佛泉的根本西化加以修正。张佛泉反对调和论,主张根本西化,即在采取某一文化单位时,须要全盘采取,而"不容只取一部分",但对于其他任何的单位,尤其枝叶的单位,不一定需要采取②。卢观伟指出,这种全盘是"文化单位的全盘,而不是文化全部的全盘",这不合乎文化不可分论,文化是"单位"的整体。如果要意识地促进落后的发展,全盘西化"也许能免去'选择'方式因割裂的去取而生出的种种流弊吗?"③

1941 年,伍启元同样以为全盘西化的名称"不通",强调必须抛弃这种拜洋主义与自卑主义。他指出陈序经之所以提出全盘西化,是因为他认为文化不可分。他强调,文化不可分只能说明文化是一个有机体,它与文化是否能部分接受并不相关④。吕学海则指出,全盘西化"无不妥之处",中国对于西化的态度"被内外新环境的要求每代确有每代的进步","所谓'全盘西化'的积极意义,就是要'西化'的进程中,注重将来文化的各种主张不可少的要素,应有尽有的,完整平匀的,形式内容兼备的,精神物质一体的输入"⑤。

第七,反对全盘西化不合社会趋势说。非斯明确指出:"中国今日应否西化,应否全盘西化,看'社会的趋势'而定,假如社

①　卢观伟《我们要一个新文化哲学》,吕学海《全盘西化言论集》,岭南大学青年会 1934 年版,第 137 页。

②　张佛泉《西化问题之批判》,《国闻周报》第 12 卷第 12 期,1935 年 4 月 1 日,第 5 页。

③　卢观伟《趋于〈全盘西化〉的共同信仰》,《全盘西化言论续集》,岭南大学 1935 年版,第 174、175、176、177 页。

④　伍启元《论"全盘西化"》,《今日评论》第 5 卷第 5 期,1941 年 2 月 9 日,第 71、72 页。

⑤　吕学海《我们对于西化的态度》,《今日评论》第 5 卷第 9 期,1941 年 3 月 9 日,第 142 页。

会趋势是不需要这些西化等,那么即使地理环境相同,任你怎么去'创造或模仿',终究是'不随意'地,出人意外而来,鸦片战争便是一例。"①吕学海指出:"我们承认'社会的趋势'或社会的实况,可以'影响'我们的思想和主张,但不能完全'决定'我们的思想和主张;因为我们的思想和主张也可以'影响''社会的趋势'或社会的实况。"社会趋势有两种,一种是世界的,一种是国内的。中国应该按照世界的社会趋势全盘西化,而不应按照国内的社会趋势而复古、折衷。辛亥革命、五四运动、国民革命运动,不都是与当时国内的一部分趋势背道而驰吗?②

冯恩荣则在对西化历史回顾的基础上,指出西化运动已经成为史实,"而且每一个时期比每一个时期觉悟,西化的程度亦比前时深",进一步全盘西化是中国文化发展的趋势。中国从感觉器物、制度的不足,已经"从文化根本上感到不足"。西化是中国社会的总趋势③。

第八,反对经济史观。王峰的立论与张磐的《中国文化的死路》、《在文化运动战线上答陈序经博士》两篇文章一样,都是从经济史观批评陈序经的主张,以为文化完全是建筑在经济基础之上的。他指出,西洋近代文化是资本主义社会的产物和反映,文艺复兴、宗教改革、政治革命,"都是资本主义代替封建社会而起",现今西洋文化已经到了一个没落的时期,没有必要也不可能移植到中国,而中国也没有资本主义社会的经济基础,西洋文化也不可能在

---

① 非斯《全盘西化和其他》,广州《民国日报》1934 年 7 月 23 日,副刊,第 87 期。

② 吕学海《为〈全盘西化〉论答客难》,《全盘西化言论续集》,岭南大学 1935 年版,第 71—72 页。

③ 冯恩荣《全盘西化的意义》,《全盘西化言论续集》,岭南大学 1935 年版,第 4—5 页。

中国立足①。冯恩荣对此辩解说："欧洲那些的改革运动,都有了很长远的历史,如果没有希腊,罗马,基督教那二千年的孕育,是产生不出来。"中世纪末叶欧洲各民族的自觉、城市的兴起、十字军的东征和元朝的西征,都是产生欧洲近代文化、文艺复兴、宗教改革的主要原因。西洋文化虽有缺陷,但"谁都要承认西洋文化的优点多于中国文化的优点","生产过剩的血管破裂,不是比没有生产的贫血和麻木来得痛快吗?"况且即使资本主义没落,西洋文化也不会没落②。

　　吕学海承认西方文化并非尽善尽美,但认为"西洋文化在今日世界诸文化区域上,是个较好的文化罢了"。正是西洋文化并非理想文化,所以全盘西化是务实、能够实现的举动,"纯无半点乌托邦之思想"③。

　　由于陈受颐北上、卢观伟移居香港,因此,在这场混乱的笔墨官司中,则由吕学海领衔为陈序经助阵。陈序经这一文化集团中的学生军,在辩论中不乏偏激言辞,也有感情用事逞一时之快的浮躁之举,吕学海的《读〈在文化运动战线上答陈序经博士〉后——代陈序经先生在文化运动战线上答张磐先生》④,基本没有太多观点,流于空疏的口角之争。不过,参加文化论战的人普遍都有这种缺

---

　　①　王峰《评陈序经先生的〈中国文化之出路〉》,广州《民国日报》1934年1月30日,"现代青年"第837期。

　　②　冯恩荣《对于一般怀疑"全盘和彻底的西化"的批评》,吕学海《全盘西化言论集》,岭南大学青年会1934年版,第64—65、67页。

　　③　吕学海《评中西文化讨论的折衷派》,吕学海《全盘西化言论集》,岭南大学青年会1934年版,第84—85页。

　　④　详见吕学海《读〈在文化运动战线上答陈序经博士〉后——代陈序经先生在文化运动战线上答张磐先生》,吕学海《全盘西化言论集》,岭南大学青年会1934年版,第42—54页。

弊。吕学海除在文化论战中与陈序经共命运外,还曾支持陈序经反对乡村建设运动。1939 年,他在谈论地方自治问题时,指出"近代文化的创造和发展,她的本家与重心,几乎没有离开过城市的",推进地方自治只能从城市开始,反之,从乡村入手只能失败①。其目的仍是维护全盘西化的主张。陈氏集团的诸般努力并未扭转全盘西化论的式微趋势。

实际上,除吕学海等集团内部人之外,谢扶雅、张君劢、严暨澄、张佛泉、沈昌晔、区少干、郑昕、黄尊生等人也赞同或同情于全盘西化②,但均为陈序经一派视为异己而水火不容。

当然,我们虽然能够把以陈序经为首的主张或赞同全盘西化论者视为一个文化集团,但并不等于说他们之间便没有任何分歧。即以陈受颐为例,除在全盘西化论大方向与陈序经相同外,还在下列问题上与陈序经达成共识:第一,以为"学术早已国际化",主张学术西化,反对"学术独立"之说;第二,重视文法科的建设。以为过于重视理工科,"不免要影响整个学术生命的健全";人文科学与社会科学,"跟整个民族的思想生活消息相通","正是促进物质建设以至一般改革的双轮"③。然而,他们对某些文化问题的见解还是有所差异:第一,在文化发展趋势上,陈序经认为中国文化缺乏弹性,唐代以后中国的文化便是停滞而无发展。陈受颐则不太同意这一论断。这一点在陈受颐所写的一篇书评中有所反映。英国

---

① 吕学海《论促进地方自治应自城市始》,《今日评论》第 1 卷第 20 期,1939 年 5 月 14 日第 9、8 页。

② 陈序经《一年来国人对于西化态度的变化》,麦发颖《全盘西化言论三集》,岭南大学学生自治会研究出版股 1936 年版,第 131、147、148、152、156、158 页。

③ 陈受颐《中国的西洋文史学》,《独立评论》第 201 号,1936 年 5 月 17 日,第 36 页。

人费次者洛德（G. P. Fitzgerald）的《中国文化小史》是一本通俗历史读物，内容从上古至满清。作者"为了侧重十九世纪中西关系的缘故，无形中把中国古代以至明末的文化形容成一个半生不死的毫无变化的大废物"，并且略写政治史，而突出"每代的思想和宗教"、"国外的交通和影响"、"经济的状况"及艺术，"让英国街道上的人们也知道中国文化在过去几千年中是常在衍变而不是完全静止的"。陈受颐认为该书作者能以"客观"的态度动态地描述中国，并指出其所持的"同情"中国的态度，是该书的一个"最大成功"之处①。第二，陈受颐似乎比陈序经对中国文化抱有更多的同情。撰写过《鲁滨逊飘流记》的丹尼尔·笛佛，曾出版《鲁滨逊飘流记续集》、《鲁滨逊感想录》，刻意"咒诅"、"调笑"中国的官吏、绅士、宗教、长城、学术，以为中国文明与欧洲相比，"事事瞠乎其后"。陈受颐曾发表论文，分析笛佛对中国文化"攻击和鄙夷"的社会背景与个人经历，指出笛佛的思想是其宗教信仰、爱国热情、商业兴趣和善于报章炒作等各方面特性的综合反映②。第三，陈序经同情以至支持废除汉字，陈受颐则似乎更注重浃肌沦髓的西化。陈受颐曾说过：将来中国西洋文史学发达、"走上轨道"的"正则"，是"教室内的演讲一定也改用国语，至少是大部分如此"。"西洋文史学中的许多专名和术语还未有标准的汉译，中国大学教室里一时还不能不暂时继续采用西洋语文讲演的办法，然这只是万不得已，只是权宜，并不是西化。真正的西化，要能用本国的语言，透彻的，自由

① 陈受颐《费次者洛德的中国文化小史》，《独立评论》第 189 号，1936年 2 月 23 日，第 17、16、20 页。
② 陈受颐《鲁滨逊的中国文化观》，《岭南学报》第 1 卷第 3 期，1930 年 6月 20 日，第 1—31 页。

的讲授和讨论西洋文史学"①。

不过,他们两者的这些"分歧"只是同中之异,按照陈序经的"一致与和谐"理论,他们可能正是由于类似的交锋而结合得更加紧密。尽管如此,陈序经曾偏执全盘西化而不能自拔,一个重要原因就是受到这个集团力量的左右。这一事实是难以否定的。

通过以上三节的论述,我们可以较清楚地看到这样的事实:由于陈序经的实用心理、偏执的心态,以及集团动力的推动,陈序经才在全盘西化的道路上越走越远,其文化学也才会有不可避免的理论偏差。

---

① 陈受颐《再谈中国的西洋文史学》,《独立评论》第 205 号,1936 年 6 月 14 日,第 19 页。

结语:转型期的思考

随着西方社会学、人类学等相关学科的分化,到 20 世纪上半叶,文化学日益脱离其母体而呈现出成为一门独立学科的趋势。曾留学海外的若干从事社会学、人类学的中国学者,与个别从事其他专业的学者,不仅敏锐地把握住西方学术演化的脉动,而且在不同程度上引介、创立了自己的文化学。陈序经作为其中的一员,曾系统地论证了文化学建立的可能性、必要性,因而视野宏阔,为他能够构建出一个较为全面而系统的文化学体系铺垫了理论基础,提供了可资借鉴的知识系统。陈序经还通过对学科分类的重新整理,从内容与形式上为文化学划定了自己的研究领域,在知识形态上确立了文化学的独立地位。也正是在这一过程中,陈序经确立了主要从宗教、政治、经济、伦理等方面加强文化研究的路向,其文化重心与文化层累说便是由这一研究路向所决定的。

从某种意义上来看,有什么样的价值观,便有什么样的理论体系,而价值观在很大程度上又往往取决于其背后的知识结构。陈序经早年受到过严格的美国社会学知识的系统训练,具备较厚实的理论基础,具有运用社会学理论研究社会问题的能力。他在对社会问题的研究中逐渐形成了辩证法与实用主义相结合的原则立场及"语源分析"的方法,为其从事文化学研究,提供了基本的价值准则与论证方式。由于深受美、德社会学、人类学的陶染,陈序经以辩证法、多元论与实用主义的价值取向审视进化论、传播论与批判学派,一方面接受进化论中的"划一"、"进步"观与比较研究法,而抛弃其渐进观,承认文化发展的突变论,另一方面又接受传播论中的文化起源多元论,同时,接受批判学派的文化独立起源说、文化决定论与历史研究法,逐步形成了自己的以辩证发展观与文化多元主义为中心的"新进化论"思想。陈序经的"新进化论"虽然并不一定完全等同于美国文化学之父怀特的"新进化论",但两者之间在"文化决定论"这一核心问题上并无根本分歧。新进化论是陈序经文化学体系的基础,是他探寻人类文化发展以及破解不同地区、不同民族之间文化差异的一般法则的理论。

陈序经在进化论的基础上,从西方社会学、人类学中借取一系列概念、范畴、基本原理,按照文化的"静"、"动"与"复杂总体"的三重特性,将其加以重新整合,形成自己的文化学体系。在这一文化学体系中,理论基础是进化论,核心概念是文化,关键理论是文化不可分论,解说模式则是文化成分、文化重心、文化发展、文化层累及"一致与和谐"论。陈序经的文化学体系在表面上应该算是一个较为严密的逻辑体系,然而其中有一些陈序经或无法修补或未意识到的致命缺陷,如调和"唯物"与"唯心"的文化多元论,使其新进化论在认识社会走向的层面退化为生物进化论,他所认定的文化走向呈现宿命的色彩,动摇了文化学体系的基础;而文化概念、文化弹性说及"一致与和谐"中的自相矛盾,则在很大程度上否定了其文化学体系的有效性。

陈序经构建文化学的目的即是为了证明全盘西化论。在1934年初到1936年之间与1941年前后,他运用其还未成系统的文化学,两次与不同的文化观展开毫不妥协退让的论战。在论战中,陈序经的文化不可分论、一致与和谐、时境论、文化概念等理论均遭到体无完肤的攻击。在文化创造论愈加盛行后，为了更有力说明全盘西化论的正确性，他又在原有文化层累说的基础上提出了文化重心说与文化弹性说，以此进一步增强全盘西化论的合理性。

陈序经不满足于抽象的理论构建，他还在历史研究中寻找文化发展的内在动因与例证。他的匈奴史研究与东南亚古史研究，实际上是社会学、人类学的研究。他之所以称其为史学研究，无非是要体现其研究中的历史观，以及突出其以史实为根据，擅长纵向考察的研究方法。在历史研究中，以大量的史实，传达出弱势文化融入强势文化、西化、文化传播与发生、文化弹性、文化与种族的关系等诸多方面的文化观念。这些史学著作在某种程度上即是文化学研究的延续。

陈序经具有强烈的社会参与意识，而这种实践特性又是与其重视文化学研究分不开的。从 20 世纪 30 年代起，他便十分重视对西南社会的研究。陈序经曾应用人类学、文化学的方法，开展对疍民的调查研究，打算从具有"初民"色彩的西南各族文化中，发掘出新的资料，印证西方学说或发现与之相异的文化发展特点，进而以此了解中国文化的发展背景。同时，他还以种族平等与共享的文化观念，要求保障疍民的政治、教育等权力。华侨问题是陈序经西南社会研究中的另一个重点。他不仅强调要保护华侨的利益，而且通过华侨"土化"的事实，强调文化不进则退的原则。

文化学与社会改造观同样可以相互支持。陈序经在乡村建设运动的论战中，凭藉文化学中的时境论、文化不可分论、文化进步说、文化发展动力论，反对乡村建设运动中的复古趋势、以农立国说，主张西化乡村。同时，他从文化中心的角度，强调乡村西化要始于都市。陈序经后来也将文化中心论补充到其文化学体系中。

全盘西化论是陈序经的文化学所能推导出来的唯一结论。全盘西化是陈序经文化观的核心内容,有着明确的内涵。陈序经曾对此有过较为明确的说明。在他看来,全盘西化包含着有关中国社会发展的一切理论构想,它既是一种不容置疑的文化主张,也是一种象征意义上的文化发展的终极目标。全盘西化是积极追求文化进步的超越传统文化、超越西方文化的乐观向上的精神。西洋文化的弹性与共性是全盘西化的基本特质,而西洋文化中的自我完善与创造精神则是全盘西化的核心之所在。全盘西化就是创造新文化。

陈序经不仅规定了文化发展的原则、目标、结果,而且把个人主义视为文化创造的精神动力,把南方学生和华侨视为中国新文化的创造者。陈序经十分重视教育,把教育作为实现全盘西化的重要手段。在教育方针与宗旨的论战中,他阐扬西化的教育理念与彻底西化教育的紧迫性,主张通过教育启迪民智、改造民族劣根性,极力反对教育"中国化"的口号。学术发展的原则在某种程度上影响着教育发展的方向。在"学术独立"的论战中,陈序经强烈反对"学术独立",主张与西方学术共同发展的"学术并立"说,强调留学教育不仅能使中国跟上世界学术发展的步伐,而且能够为中国造就出既具有西方学养、又能与时俱进的人才。在这种教育方针与学术方针的规范下,中国社会的总体走向只能是全盘西化。

中国近代知识分子在民族危机的压迫下,纷纷提出救亡兴邦的主张,其中许多主张并非建立在扎实的理论基础之上。陈序经提出全盘西化论时,便没有一个完整的文化学体系,他的文化学体系是在论战中逐渐形成的,也即是结论先行,理论在后。因而,其文化学体系中的概念、范畴虽然来自西方,但通过陈序经的体系化后,或失去原有意蕴,或呈现出明显的倾向性。而文化不可分论不过是西方文化学理论中的一种,但陈序经并未对采借这一理论做出有力的解释。从总体来看,陈序经在文化学的构建中,难免有为实用心理所驱使而任意吸纳西方学理的嫌疑。而他的全盘西化论中更是充满了实用、片面、浮躁、激进、急迫的心理。

学者的魅力来自人格独立与学术品格的独立。陈序经崇尚个人主义与思想自由,是一位具有自由主义倾向的学者。与此相应,他崇尚学术自由,反对行政对学术的干预,不惧怕政治权威,不迷信学术权威,不做"调人",主张"为学问而求学问"。这种学术品格的独立使他能正视自己的研究成果,不断修正自己的理论误区。他在晚年虽然未声明放弃文化学体系,但明确表示抛弃全盘西化论。陈序经在匈奴史、东南亚古史研究中,一方面承认"一致与和谐"、文化弹性说,一方面也承认文化可分论。在很大程度上,正是由于这种理论矛盾,使他既未表示放弃文化学体系,又能否定全盘西化论。学术品格的独立,在特定的历史条件下也会转化为偏执的思想意识。这种偏执曾使陈序经甘愿做全盘西化的殉道者,极端而执拗地为全盘西化辩护。

陈序经能够提出文化学体系,并在一片反对声中坚持全盘西化论,在很大程度上得益于他所处的小集团的鼎力相助。陈序经的全盘西化论与文化学的最初理念,都是在与卢观伟、陈受颐的互相讨论中所确立的。而在文化论战最激烈的时候,吕学海等人则竭尽全力为陈序经抵挡锋芒,运用陈序经的理论为全盘西化辩护。陈序经之所以能坚信全盘西化论与文化学体系,甚至曾陷于偏执与理论误区之中而不能自拔,一个重要的原因就是受到这个集团力量的左右。

综上所述,我们可以得出这样一个结论,由于理论基础的偏差、体系内部的自相矛盾、过强的目的性与指向性、以及实用主义的价值取向等因素的影响,看似完整而自成体系的陈序经的文化学,实际上并不能真正成为严格意义上的学术体系,也不可能为全盘西化论提供有力的理论支撑。在一份由陈序经指明冼玉清代填的 1951 年的履历表中,专业特长一项仅为"社会人类学"。这也许便是陈序经自认为其文化学还未成熟的反映。令人费解的是,陈序经从未对文化学一词做出自己的诠释。也许他认为这是不言自明的。然而,对某一学科名词的简明诠释,往往却涵盖着诠释者的学术立场与学术境界。我们也许可以把这一点作为陈序经文化学不成熟的另一种表现。

陈序经的文化学体系是中国近代社会转型与西方社会学、人类学等学科分化的产物。作为社会转型的产物,它需要解决现实的文化问题;作为学科分化的产物,它需要把这些学科中所出现的重视文化研究的共同特点统摄起来。由于中国近代社会处于过渡时期,许多问题的发展趋势并不十分明朗,而西方学术的分化也仍不够充分,因此,陈序经的文化学自然不可能完满,还只能处于一门新兴学科的萌发期。尽管如此,陈序经的文化学体系,毕竟反映了他所处的那个特定时代的文化学发展的最高水平。

无论是从确立时间,还是从体系化与完整性来看,陈序经的文化学都走在了世界的前头。西方文化学之父怀特,在其标志性成果《文化的科学》中,虽然着重阐述文化观,指出文化是一个有生命、有规律的自成一格的系统,强调其功能在于使人类适应自然界,以保证种的生存和延续,并且结合若干实例,论述了人与文化的关系,特别还从科学发展史和科学方法论的考察之中,提出并论证创立文化科学的构想。不过,以十篇论文结集而成的《文化的科学》仍未脱离人类学的范畴①。与具有统合各学科特点的陈序经的文化学不可同日而语。

怀特曾说过这样的话:"对于像'文化学'一词这样的创新,中

----

① 参见[美]L. A. 怀特著,沈原等译《文化的科学——人类与文明研究》,山东人民出版社 1988 年版,"译序"、"著作按语",第 1—4 页。

文显然比英语更为适宜。在中文里，'文化学'就是'文化'与'科学'之合。这两组词都是普通的中文词汇，它们的组合不会使中国学者感到刺耳，也不会伤害他们的感情。"而在西方，文化学一词意味着"它违背了心理学和社会学先前的律令"，"心理学家与社会学家都不乐意承认，在他们的领域之外，还存在着与人类行为有关的问题；他们自发地敌视和反对要求他们承认其独立性的新兴科学。然而，也许最为重要的是，文化学否认和拒绝一种哲学，这一哲学多年以来为人所珍重并仍然鼓动和培育着许多社会科学家以及普通人。这就是陈旧的和至今仍受到尊重的人类中心论和自由意志的哲学"①。中国文化学所以能比西方较早地成为一门独立的学科，也许正因为没有西方那样的学术背景的束缚。"中国的问题根本就是文化的问题"的观念，则使中国学者肩负着神圣的使命感，满怀救国热情全力打造中国的文化学。

陈序经的文化学体系在国内也是处于领先水平。"陈序经是梁漱溟之后中国第一个可以将他的对中国文化的挑战和对其他立场的批评建立在自己的、相当系统的文化理论基础上的人"②。德国汉学家柏克对陈序经的文化学成就的评价颇为中肯。在近代中国，专门从事文化学研究的人凤毛麟角。据 1947 年统计，全国高校中讲师以上的教授社会学的教师共计 141 人，而仅有陈序经、孙本文、黄文山等人以文化学研究为职志。以文化学研究确立学术地位的还有时任史学教授的朱谦之。不过，比较而言，曾受学于文化社会学家乌格朋的孙本文③，主要是向学术界系统引介西方文化

① ［美］L. A. 怀特著，沈原等译《文化的科学——人类与文明研究》，山东人民出版社 1988 年版，第 390—391 页。

② ［德］Klauss Birk 著，马川译《现代化与西化——中国三十年代中期关于"全盘西化"问题的一场论战，1992 年中文译稿，第 15 页。

③ 陈定闳《孙本文社会学理论体系简论》，《江海学刊》1984 年第 6 期。

社会学的最新成果,正是他最早将文化社会学介绍给中国①。在《社会学原理》中,详细介绍了社会的文化基础、文化性质、文化模式、文化区域、文化与社会的关系、文化的起源与传播、文化累积、文化变迁、文化失调、文化惰性等知识②。有关黄文山的情况,我们在前面有所介绍,他主要的贡献是论证文化学体系建立的可能性与必然性。直到 1969 年他才在台湾出版《文化学体系》一书,对西方人类学、民族学、社会学中的文化学派加以评判,并且较为全面地总结自己的文化学。

朱谦之则将其文化学研究冠以文化哲学一名③,表明其研究"综合"了学术界中社会学、教育学等学科的"倾向于'文化主义'"的"因子",强调以此作为东西文化讨论的"骨子",才能体现学术发展与文化研究者的立场的时代性,说明中国文化发展的"新倾向","并谋建设未来之世界文化"④。他在对文化进化、文化类型、文化分期、文化地理分布加以介绍的基础上,"把那些思想因子直接搬来,按照自己的构想重新作了一次组合"⑤。1948 年,朱谦之还出

---

① 许妙发《论孙本文在旧中国社会学界的作用和影响》,《社会》1984 年第 1 期;刘洪英《孙本文对社会学中国化的贡献》,《徐州师范大学学报》第 24 卷第 1 期,1998 年 3 月;欧阳湘《孙本文构建的中国理论社会学体系》,《益阳师专学报》1999 年第 3 期。

② 孙本文《社会学原理》,商务印书馆 1947 年版,上册,第 226—255 页;下册,第 186—220 页。

③ 朱谦之曾说过:"文化学,文化哲学或文化社会学虽然名词不同,本质上却同为研究文化的历程,类型,法则和集团生活的产品的学问,不过合言之为文化学,分言之则为文化哲学和文化社会学。"见朱谦之《文化社会学发端》,《中山学报》第 1 卷第 8 期,1943 年 1 期,第 48 页。

④ 朱谦之《文化哲学》,商务印书馆 1935 年版,"序",第 2、8、15 页。

⑤ 秦一散《一种时空对应的文化寻绎——朱谦之文化思想探略》,《福建论坛》1990 年第 5 期。

版《文化社会学》一书,以此作为《文化哲学》的"姊妹篇"或"续篇",强调"两书在同一态度同一方法同一体系之下做成,所不同者,《文化哲学》分析研究的是知识的类型,《文化社会学》分析研究的是社会的类型"①。不过,从文化学体系的完整性来看,朱谦之略逊陈序经一筹。

通过简单地比较,我们可以毫不含糊地说陈序经是中国文化学的真正草创者。

虽然陈序经的文化学存在诸多的缺弊,但我们并不能因此否定其应有的学术价值。陈序经最大的贡献在于,他虽然从西方照搬过来相应的概念、范畴,但他并未死守西方的概念、范畴,而是将其重新诠释,增添新的内容。比如,新进化论的形成、文化圈围含义的变化等,这些我们在上面已经有过分析、评介。陈序经对西方概念加以新的解说,在某种意义上,可以将其视为学术"本土化"的尝试,符合文化理论中的"刺激传播"理论。克娄伯对此曾做过如下说明:"当一种特质或丛体的观念被借用,而实际内容不被借用时,就发生了一种特殊的传播,这种情况,称之为'刺激传播'。"②实际上,"刺激传播"不仅有利于学术发展,而且促进了人类社会的发展。而陈序经从"静"、"动"两方面分析文化的办法及"静—动—总体"三位一体的分析模式也是可取的。外国学者曾指出:"文化研究必须坚持文化分析的原则。首先是要探讨一个文化特性所发挥的实际功能及其存在的可能性,这可以说是静态分析。另一方面,我们要从各种文化要素和文化特性的矛盾冲突来探讨

---

① 朱谦之《文化社会学》,中国社会学社广东分社 1948 年版,第 191 页。
② [美]克莱德·M. 伍兹《文化变迁》,河北人民出版社 1989 年版,第29 页。

文化的动态发展,以及促使文化变迁的内部矛盾和外在动力。"①这一解说符合唯物辩证法的分析原则。

当然,陈序经既关心中国问题的本土意识,又注重对西方学说改造的分析思路,在学理上也应该成为社会学、人类学等学科"中国化"的模板。

如果祛除文化多元主义、文化不可分论、实用主义的哲学基础等缺弊,能够对文化学中的每一概念、范畴的使用,加以严密的论证与限定,陈序经的文化学有可能成为一个真正的学术体系。

此后,由于种种原因,大陆学人构建文化学体系的工作长期停滞。1952 年的院系调整便是其中的一个重要原因。它使全国高校 20 个社会学系减到只剩中山大学与云南大学两个社会学系。文化学与社会学存在着的天然联系,社会学的受损必然殃及文化学研究。直到 20 世纪 80 年代末 90 年代初,随着"文化热"的持续发展,学者们才重新关注与文化学相关问题的研究。到目前为止,这类研究有两条思路:一是文化哲学,一是文化学。如果以专著来论,从事文化哲学研究的代表主要是许苏民、刘进田、洪晓楠等人;从事文化学研究的代表主要是顾晓鸣、郭齐勇、杨镜江。

文化哲学更多地重视文化发展的原则性问题。所谓文化哲学,即是从哲学视界对文化作总体的根本的观念把握与建构,它所注重的是文化的最普遍的本质②。许苏民曾从文化发生论、文化结构论、文化发展论、文化动力论等方面阐释文化哲学。刘述先则从文化本体、文化的基本矛盾、文化类型、文化变迁、文化作用等方面加以论述。洪晓楠对中西文化哲学发展史较为重视,中国近代的

---

① 戴维·波普诺著,刘云德、王戈译《社会学》上册,辽宁人民出版社 1987 年版,第 168 页。

② 刘进田《文化哲学导论》,法律出版社 1999 年版,第 1、4 页。

文化保守主义、自由主义、激进主义都融入其文化哲学之中①。

文化学研究更重视文化学自身整体的运动规律。顾晓明之功是重提建立文化学的必要性。其主张观点是认为,由于文化的自律性、多向度性及与生产力、生产关系、上层建筑的不相属性,决定必须有一门独立学科统摄文化研究②。郭齐勇曾从文化本质入手,全面介绍了文化人类学学派,阐述了文化的多样性、文化类型与模式、文化研究的方法论、文化结构与功能、文化的涵化与整合、文化的继承与创造,提出应从辩证唯物论的原则认识文化问题。杨镜江除了阐明这些问题外,特别强调文化的民族性与时代性、传统文化与现代化的关系问题③。

很遗憾,任凭我们如何诠释,在现在成果中都找不出像陈序经那样的富于原创性的文化学体系。我们以为应该将文化哲学与文化学的研究综合起来,重新开启构建文化学体系的新篇章。文化哲学与文化学本身便有血亲关系,它直接与民族学、人类学、社会学的兴起与发展密切相关,这些学科则为文化哲学提供了有关文化的发生、文化的结构、功能、价值、文化的模式及多样性等大量的第一手资料④。况且,现有的文化哲学实际上无异于文化学研究⑤。不过,我们承认文化哲学的原则性,有助于消除文化学中的

---

① 参见许苏民《文化哲学》,上海人民出版社 1990 年版;刘进田《文化哲学导论》,法律出版社 1999 年版;洪晓楠《文化哲学思潮简论》,上海三联书店 2000 年版。

② 顾晓鸣《有形与无形:文化寻踪》,上海人民出版社 1989 年版,第 26、25 页。

③ 参见郭齐勇《文化学概论》,湖北人民出版社 1990 年版;杨镜江《文化学引论》,北京师范大学出版社 1992 年版。

④ 许苏民《文化哲学》,上海人民出版社 1990 年版,第 6—8 页。

⑤ 荆学民《文化哲学三形态检讨》,《求是学刊》2000 年第 4 期。

人为的主观性的影响。

我们认为重新构建文化学,必须坚持辩证唯物主义的原则立场,并应该着重注意以下两点:

第一,放弃陈序经式的大文化观,恢复物质基础的独立地位,在此基础上,将文化合理分类。我们以为孙本文对文化的理解较为科学。他把文化分为物质文化与非物质文化两大类。凡人力所创造之具体的实物,称为物质文化。物质文化可细分为三类:(1)调适于自然环境而产生的,例如,房屋、衣服、桥梁、器具等;(2)调适于物质文化而产生的,如升降机、起重机、印刷机、打字机、碗、箸、刀、叉等用具;(3)调适于社会环境而产生的,如国旗、党旗、徽章、印信、纪念碑、报章、书籍等。

"凡人工所创造之抽象的事项",称为非物质文化。非物质文化同样也可细分为三类:(1)调适于自然环境而产生的:如:宗教是人类对于自然环境的一种信仰的表现;哲学是人类对于自然环境的一种系统的解释;科学是人类对于自然环境的一种系统的说明;(2)调适于物质文化而产生的:如,使用机械器具的方法等;(3)调适于社会环境而产生的:如,语言、风俗、道德等。语言是人类在共同生活中为交流意思而产生的工具;风俗是为便利生活所采用的共同的行事方法;道德是公认的行为正规;法律是为维持秩序而制定的行事规则①。

孙本文虽然否定唯物史观,但他的这种分类法却是建立在唯物辩证法基础之上的,他实际上承认了物质对意识的决定作用。

---

① 孙本文《文化与社会》,东南书店 1928 年版,第 3 页;孙本文《社会的文化基础》,序,载孙本文《社会学的基础》上册,世界书局 1931 年版,第 27、28、29 页。

孙本文的分类法似乎要比我们常用的器物、制度、精神文化三分法①要精细而全面。

第二,文化既是可分的,又是不可分的。1935 年,寿生便指出文化是可分单位的②。张佛泉则说得更为详细:"文化是近乎有机体的,是有系统的","可以分成单位","采纳另一文化时须以单位为本,而这些单位是不容妥协的。你若采取某一单位,你便须全盘采取她,而不容只采取她的一部分,一阶段。但采取了这一单位之后,却不见得必需采取其他任何单位。换言之,我以为同一单位不能妥协,但不同的单位却有许多可以同时并存。所以我所主张的,不是同一单位前后段的妥协,而是不同的单位的调和;不是纵的折衷论,而是横的并存论"。"所以只广泛地说,'文化的各部分,有的是分不开,有的是分得开',在我们看来是不够的"③。许苏民对此有更为精到的解释:"从文化的时代性来看,文化确实是不可分的,每一时代的物质文化、制度文化、精神文化是一个有机联系的、不可分割的整体;从社会文化的多元性的方面来看,文化又是可分的,社会各阶级、阶层或社会集团的文化都具有其相对独立性。文化既可分,又不可分,二者统一于是类在文化离析与文化整合的客观辩证运动中的历史性选择,一切都按人类实践发展的具体历史条件为转移,一切都按社会发展的客观要求为转移。"④

---

① 这种三分法不仅为大陆学者所公认,而且也为台湾学者所认同。比如,台湾大学教授傅佩荣便持这一观点。见傅佩荣《文化的视野》,台湾立绪文化事业有限公司 1997 年版,第 15—21 页。

② 寿生《文化单位论》,《独立评论》第 153 号,1935 年 6 月 2 日,第 5 页。

③ 张佛泉《西化问题之批判》,麦发颖《全盘西化言论三集》,岭南大学学生自治会研究出版股 1936 年版,第 11、13、14、15 页。

④ 许苏民《文化哲学》,上海人民出版社 1990 年版,第 181 页。

　　直到 21 世纪的今天,中国还仍然处于社会转型之中,而文化学等学科"本土化"的工作也还远未结束。重新回顾陈序经的文化学体系,对我们构建新时代的文化学,特别是探索建立在科学的文化学基础上的社会发展观不无裨益。

主要征引史料及参考文献

一、档案、手抄稿

岭南大学档案,全宗号 38,广东省档案馆藏。

岭南大学陈序经材料,38—4—5,广东省档案馆藏。

陈序经《中国问题与文化问题》,手抄稿,南开大学图书馆藏。

陈序经《文化基础与基础文化》,手抄稿,南开大学图书馆藏。

陈序经《全盘西化与皮毛西化》,手抄稿,南开大学图书馆藏。

陈序经《全盘西化与民族意识》,手抄稿,南开大学图书馆藏。

陈序经《全盘西化与五四运动》,手抄稿,南开大学图书馆藏。

陈序经《物质文化与精神文化》(以上六篇论文首尾相连而抄写在一起,却未冠以总名),手抄稿,南开大学图书馆藏。

陈序经《东西文化发展的比较》,手抄稿,南开大学图书馆藏。

陈序经《东西文化分析的比较》(以上两篇内容相关联),手抄稿,南开大学图书馆藏。

陈序经《东西文化观》跋,手抄稿,南开大学图书馆藏。

陈序经《中国文化观》,手抄稿(有复本),南开大学图书馆藏。

陈序经《中国西化观》(一),手抄稿,南开大学图书馆藏。

陈序经《中国西化观》(二),手抄稿,南开大学图书馆藏。

陈序经《东方文化观》,手抄稿,南开大学图书馆藏。

陈序经《南北文化观》(三),手抄稿,南开大学图书馆藏。

陈序经《西洋文化观》,手抄稿,南开大学图书馆藏。

陈序经《东西文化观》第一部《复古主张的批评》,手抄稿,南开大学图书馆藏。

陈序经《东西文化观》第二部《折衷办法的批评》,手抄稿,南开大学图书馆藏。

陈序经《东西文化观》第三部《西化态度的发展》,手抄稿,南开大学图书馆藏。

陈序经《东西文化观》第四部《西化态度的发展》,手抄稿,南开大学图书馆藏。

陈序经《东西文化观》第五部《全盘西化论史略》,手抄稿,南开大学图书馆藏。

陈序经《东西文化观》第六部《全盘西化的名词与意义》,手抄稿,南开大学图书馆藏。

陈序经《中国文化观》,手抄稿,南开大学图书馆藏。

无名散稿(从内容来看,应该是《东西文化观》第五部的"绪言"),手抄稿,南开大学图书馆藏。

二、史料性论著

张奚若《主权论》,上海商务印书馆 1925 年。

许啸天编辑《国故学讨论集》上、中册,上海群学社 1927 年。

孙本文《文化与社会》,上海东南书店 1928 年。

谢颂羔编《文化的研究》,上海广学会 1928 年。

李仲融等著《现阶段的文化运动》,桂林文化供应社,1930 年。

叶法无《文化与文明》,上海黎明书局 1930 年。

孙本文主编《社会学大纲》上、下册,上海世界书局1931年。

孙本文《社会学的基础》上、下册,上海世界书局1931年。

王礼锡、陆晶清编辑《中国社会史的论战》第1辑,上海神州国光社1932年。

黄文山《西洋知识发展史纲》,上海华通书局1932年。

杨幼炯《社会科学发凡》,上海大东书局1933年。

毛起鵷《社会现象概论》,上海大东书局1933年。

梁漱溟《中国民族自救运动之最后觉悟》,上海中华书局1933年。

林惠祥《文化人类学》,上海商务印书馆1934年。

伍启元《中国新文化运动概观》,上海现代书局1934年。

吕学海《全盘西化言论集》,岭南大学青年会1934年。

张星烺《欧化东渐史》,商务印书馆1934年初版、1947年3版。

冯恩荣编《全盘西化言论续集》,岭南大学1935年。

马芳若编《中国文化建设讨论集》上、中、下册,上海龙文书店1935年。

朱谦之《文化哲学》,上海商务印书馆1935年。

尹哲生《今后中国文化之动向》,上海拔提书店1935年。

千家驹编辑《中国农村经济论文集》,上海中华书局1936年。

麦发颖编《全盘西化言论三集》,岭南大学学生自治会研究出版股1936年。

陈高傭《中国文化问题研究》,上海商务印书馆1937年。

苏渊雷《民族文化建立论》,独立出版社1942年。

陈安仁《中国文化建设问题》,重庆国民图书出版社1943年。

李树青《蜕变中的中国社会》,商务印书馆1945年重庆初版,1947年上海初版。

李长之《迎中国的文艺复兴》,上海商务印书馆1946年。

乔启明《中国农村社会经济学》,上海商务印书馆 1947 年。

孙本文《社会学原理》上、下册,上海商务印书馆 1947 年。

孙本文《当代中国社会学》,胜利出版社公司 1948 年。

孙本文《现代社会科学趋势》,上海商务印书馆 1948 年。

朱谦之《文化社会学》,中国社会学社广东分社 1948 年。

胡秋原《新自由主义论》,民主政治社 1948 年。

张静庐编辑《中国现代出版史料》乙编,北京中华书局 1955 年。

章炳麟《章太炎全集》第 4 卷,上海人民出版社 1985 年。

荣孟源《中国国民党历次代表大会及中央全会资料》下册,光明日报出版社 1985 年。

黄文山《文化学体系》,台湾中华书局 1986 年。

贺麟《文化与人生》,北京商务印书馆 1988 年。

林同济、雷海宗《文化形态史观》,台湾业强出版社 1988 年。

中国文化书院学术委员会编《梁漱溟全集》第 1 卷,山东人民出版社 1989 年。

吴文藻《吴文藻人类学社会学研究文集》,民族出版社 1990 年。

林元《碎布集》,文化艺术出版社 1991 年。

柳卸林编辑《世界名人论中国文化》,湖北人民出版社 1991 年。

中国第二历史档案馆编《中华民国史档案资料汇编》第 5 辑第 1 编,文化(1)、(2),江苏古籍出版社 1994 年。

耿云志主编《胡适遗稿及秘藏书信》(35),黄山书社 1994 年。

西南联大北京校友会编《国立西南联合大学校史——1937 至 1946 年的北大、清华、南开》,北京大学出版社 1996 年。

[德]H. 李凯尔特著,涂纪亮译《文化科学和自然科学》,商务

印书馆 1996 年。

李瑞明编《岭南大学》，岭南（大学）筹募发展委员会 1997 年。

王国荣等编辑《20 世纪中国学术名著精华》，学林出版社 1998 年。

许纪霖、田建业主编《一溪集：杜亚泉的生平与思想》，三联书店 1999 年。

陈其津《我的父亲陈序经》，广东人民出版社 1999 年。

伦明等撰《辛亥以来藏书纪事诗》，北京燕山出版社 1999 年。

冯友兰《中国现代哲学史》，广东人民出版社 1999 年。

郑大华《民国乡村建设运动》，社会科学文献出版社 2000 年。

罗岗、陈春艳编辑《梅光迪文录》，辽宁教育出版社 2001 年。

[日]关荣吉著，张资平、杨逸棠译《文化社会学》，上海乐群书店 1930 年。

[美]爱尔乌德著，钟兆麟译《文化进化论》，上海世界书局 1930 年。

[美]高登卫塞著，陆德音译《社会科学史纲》，上海商务印书馆 1930 年。

[英]斯密司等著，周骏章译《文化传播辩论集》，上海商务印书馆 1937 年。

[英]马凌诺斯基著，费孝通等译《文化论》，上海商务印书馆 1946 年。

[美]威廉·詹姆士著，陈羽纶、陈瑞禾译《实用主义》，商务印书馆 1997 年。

[美]E. 哈奇著，黄应贵、郑美能编译《人与文化的理论》，黑龙江教育出版社 1988 年。

[美]L. A. 怀特著，沈原等译《文化的科学——人类与文明研究》，山东人民出版社 1988 年。

〔法〕古郎士著,李玄伯译《希腊罗马古代社会研究》,上海文艺出版社 1990 年。

〔美〕斯密司等著,周骏章译《文化的传播》,上海文艺出版社 1991 年。

〔法〕爱弥尔·涂尔干著,渠东译《实用主义与社会学》,上海人民出版社 2000 年。

三、史料性论文

陶孟和《文化之嬗变》,《大中华》第 2 卷第 8 期,1916 年 8 月 20 日。

郑振铎《海士氏的社会学》,《新社会》第 12 号,1920 年 2 月 21 日。

杨贤江《社会学发达的大势》,《民铎》第 2 卷第 2 号,1923 年 6 月 1 日。

滕固《威尔士的文化救济论》,《东方杂志》第 20 卷第 11 号,1923 年 6 月 10 日。

颂华《德国之文化形体学研究会》,《东方杂志》第 20 卷第 14 号,1923 年 7 月 25 日。

许仕廉《科学之新分类法》,《现代评论》第 3 卷第 66 期,1927 年 3 月 13 日。

《国学辑林征稿宣言》、《中国国学研究会简章》、《中国国学研究会纪事》,《国学辑林》第 1 期,1926 年 9 月。

刘叔琴《从自然的社会学进向文化的社会学》,《东方杂志》第 23 卷第 19 号,1926 年 10 月 10 日。

张东荪《西方文明与中国》,《东方杂志》第 23 卷第 24 号,1926 年 12 月 25 日。

张崧年《文明与文化》,《东方杂志》第 23 卷第 24 号,1926 年

12 月 25 日。

杨幼炯《社会科学与出版界》,《现代评论》第 5 卷第 117 期,1927 年 3 月 5 日。

萨孟武《文化进化论》,《东方杂志》第 24 卷第 23 号,1927 年 12 月 10 日。

刘弄潮《唯物主义底警钟响了——忠告适之先生》,载谢颂羔编《文化的研究》,上海广学会 1928 年。

《发刊词》,《国光》第 1 期,1929 年 1 月。

杨幼炯《社会科学运动之意义》,《中央日报》1929 年 10 月 16 日,“社会科学运动”,创刊号。

章渊若《新中国之建设与社会科学运动——中国社会科学会之使命》,《中央日报》1930 年 3 月 16 日,“社会科学运动”,第 11 期。

陈受颐《鲁滨逊的中国文化观》,《岭南学报》第 1 卷第 3 期,1930 年 6 月 20 日。

[日]松本润一郎著、李剑华译《霍布浩斯的社会学说》,《社会学刊》第 2 卷第 1 期,1930 年 10 月。

潘光旦《文化的生物学观》,《东方杂志》第 28 卷第 1 号,1931 年 1 月 10 日。

陈受颐《十八世纪欧洲之中国园林》,《岭南学报》第 2 卷第 1 期,1931 年 7 月 8 日。

吴景崧《近年来美国社会科学界》,《中央日报》1931 年 11 月 9 日,副刊“社会科学运动”,第 84 期。

旭生《教育罪言》,《独立评论》第 38 号,1933 年 2 月 19 日。

王亚南《现代思想危机论》,《读书杂志》第 3 卷第 5 期,1933 年 5 月 1 日。

胡适《建国问题引论》,《独立评论》第 77 号,1933 年 11 月

19 日。

古楳《乡村崩溃与乡村建设》,《新中华》第 1 卷第 23 期,1933 年 12 月 10 日。

谢扶雅《为中国文化问题进一解》,广州《民国日报》1934 年 1 月 22 日,"现代青年",第 831 期。

张磐《中国文化之死路》,广州《民国日报》1934 年 1 月 25,"现代青年",第 834 期。

陈安仁《中国文化的生路与死路》,广州《民国日报》1934 年 1 月 30 日,"现代青年",第 837 期。

王峰《评陈序经先生的〈中国文化之出路〉》,广州《民国日报》1934 年 1 月 30—31 日,"现代青年",第 837—838 期。

林潮《评陈序经博士论中国文化之出路》,广州《民国日报》1934 年 1 月 31、2 月 1 日,"现代青年",第 838、839 期。

许仕廉《中国乡建中心论质疑》,《申报月刊》第 3 卷第 1 号,1934 年 1 月 15 日。

许仕廉《中国乡建之事功与进行方法讨论》,《申报月刊》第 2 卷第 2 号,1934 年 2 月 15 日。

何汝津《文化问题中的几个具体问题》,广州《民国日报》1934 年 2 月 19 日,"现代青年",第 851 期。

冰生《文化东西南北论》,《新中华》第 2 卷第 6 号,1934 年 3 月 25 日。

容肇祖《学海堂考》,《岭南学报》第 3 卷第 3 期,1934 年 6 月 30 日。

穆超《再论〈全盘西化〉》,广州《民国日报》1934 年 7 月 12 日,副刊,第 81 期。

王衍孔《东西文化之分析》,广州《民国日报》1934 年 2 月 15 日,"现代青年",第 849 期。

家驹《略论陈序经博士研究中国文化出路之比较方法》,广州《民国日报》1934 年 6 月 1 日,副刊,第 56 期。

张君劢《学术界之方向与学者之责任》,广州《民国日报》1934 年 6 月 16、25 日,副刊,第 63、69 期。

吴良尧《"全盘西化"乎!》,广州《民国日报》1934 年 7 月 20 日,副刊,第 87 期。

非斯《全盘西化和其他》,广州《民国日报》1934 年 7 月 23 日,副刊,第 89 期。

《乡建工作讨论会在定县开幕详纪》,天津《大公报》1934 年 10 月 13 日,第 1 张第 4 版。

何永佶《西方化的讨论》,广州《民国日报》1934 年 11 月 30 日,副刊,第 180 期。

杨幼炯《如何建设三民主义的社会科学新系统》,《中山文化教育馆季刊》创刊号,1934 年。

吴景超《建设问题与东西文化》,《独立评论》第 139 号,1935 年 2 月 24 日。

张佛泉《西化问题之批判》,《国闻周报》第 12 卷第 12 期,1935 年 4 月 1 日。

胡适《试评所谓"中国本位的文化建设"》,《独立评论》第 145 号,1935 年 4 月 7 日。

吴景超《答陈序经先生的全盘西化论》,《独立评论》第 147 号,1935 年 4 月 21 日。

熊孟飞《谈"中国本位文化建设"之闲天(三)》,《文化与教育》第 52 期,1935 年 4 月 30 日。

胡适《个人自由与社会进步》,《独立评论》第 150 号,1935 年 5 月 12 日。

陶孟和《国粹与西洋文化》,《独立评论》第 151 号,1935 年 5

月 19 日。

张忠绂《关于暹罗排华问题》,《独立评论》第 153 号,1935 年 6 月 2 日。

寿生《文化单位论》,《独立评论》第 153 号,1935 年 6 月 2 日。

李俚人《再论中国本位的文化建设——兼质陈序经王西徵两先生》,《文化建设》第 1 卷第 14 号,1935 年 7 月 10 日。

胡适《答陈序经先生》,《独立评论》第 160 号,1935 年 7 月 21 日。

张熙若《全盘西化与中国本位》,《文化建议》第 1 卷第 11 号,1935 年 8 月 10 日。

王南屏《陈胡二先生"全盘西化"论的检讨》,《文化建议》第 1 卷第 11 号,1935 年 8 月 10 日。

谭卓垣《广州定期刊物的调查》,《岭南学报》第 4 卷第 3 期,1935 年 8 月 15 日。

陈受颐《费次者洛德的中国文化小史》,《独立评论》第 189 号,1936 年 2 月 23 日。

杨骏昌《论乡村建设运动》,《独立评论》第 198 号,1936 年 4 月 26 日。

陈受颐《西洋汉学与中国文明》,《独立评论》第 198 号,1936 年 4 月 26 日。

陈受颐《中国的西洋文史学》,《独立评论》第 201 号,1936 年 5 月 17 日。

陈受颐《再谈中国的西洋文史学》,《独立评论》第 205 号,1936 年 6 月 14 日。

毛起鵕《乡村建设运动之检讨》,《东方杂志》第 33 卷第 13 号,1936 年 7 月 1 日。

黄省敏《读〈乡村建设运动的将来〉敬答陈序经先生》,《独立评论》第 216 号,1936 年 8 月 30 日。

王特夫《生物进化论之理论的批判》,《中山文化教育馆季刊》第 3 卷第 4 期,1936 年。

吴泽霖《"文化停滞"概念的新义》,《东方杂志》第 34 卷第 1 号,1937 年 1 月 1 日。

胡适《读经平议》,《独立评论》第 231 号,1937 年 4 月 25 日。

孙本文《中国文化在世界上之地位》,《政治季刊》第 2 卷第 1 期,1937 年 5 月 15 日。

曹康伯《推动乡村建设工作的一个新方式——青岛市的乡村建设》,《独立评论》第 238 号,1937 年 6 月 13 日。

黄文山《文化学的建筑线》,《新社会科学季刊》第 1 卷第 2 期,载陈高傭《中国文化问题研究》,商务印书馆 1937 年。

尚仲衣《论自由主义与今日中国的教育之前路》,《中山文化教育馆季刊》第 4 卷第 2 期,1937 年。

高显鉴《乡村建设的再检讨》,《现代读物》第 4 卷第 1 期,1939 年 1 月 1 日。

言心哲《我国乡村建设工作应努力的动向》,《现代读物》第 4 卷第 1 期,1939 年 1 月 1 日。

吕学海《论促进地方自治应自城市始》,《今日评论》第 1 卷第 20 期,1939 年 5 月 14 日。

秦一飞《社会学之史的综述》,《新中华》第 2 卷第 19 期,1934 年 10 月 10 日。

许杰《学术中国化问题》,《文理月刊》创刊号,1940 年 3 月 15 日。

陈乃文《现代社会学之成立及其派别》,《公余生活》第 2 卷第 4 期,1940 年 4 月 11 日。

祁致贤《谈谈学术中国化》,《中央日报》1940 年 4 月 16 日,第

5 版。

孙本文《如何研究社会学》,《读书通讯》第 12 期,1940 年 10 月 1 日。

伍启元《论"全盘西化"》,《今日评论》第 5 卷第 5 期,1941 年 2 月 9 日。

冯友兰《答陈序经先生》,《今日评论》第 5 卷第 6 期,1941 年 2 月 16 日。

吕学海《我们对于西化的态度》,《今日评论》第 5 卷第 9 期,1941 年 3 月 9 日。

孙本文《现代社会学上的几种重要趋向》,《中央日报》1941 年 3 月 11 日,第 4 版。

毛起鵁《主义学术化与学术主义化》,《时代精神》第 4 卷第 6 期,1941 年 9 月 20 日。

伯劳《所谓"学术中国化"的剖析》,《大路月刊》第 6 卷第 5 期,1942 年 1 月 31 日。

朱谦之《文化社会学发端》,《中山学报》第 1 卷第 8 期,1943 年 1 月。

胡笳《中国文化之特征》,《新中华》第 1 卷第 3 期,1943 年 3 月。

孙本文《社会学之近今趋势》,《国立中央大学社会科学季刊》,第 2 卷第 1 期,1944 年 12 月。

林耀华《社会研究四大学派的评判》,《现代知识》第 1 卷第 6 期,1947 年 7 月 16 日。

赵镇乾《"争取学术独立十年计划"的论战》,《时与文》第 2 卷第 3 号,1947 年 9 月 26 日。

胡适《争取学术独立的十年计划》,《中央日报》1947 年 9 月 28 日,第 2 版。

沙玉彦《学术如何方能独立》,《中央日报》1947年10月9日,第10版。

社论《争取学术独立的必要与可能》,《中央日报》1947年10月21日,第2版。

朱声绂《争取学术独立应有的警惕》,《时与文》第2卷第11期,1947年11月21日。

潘菽《申论学术独立》,《学识》第2卷第(4、5)期,1948年1月16日。

黄文山《文化学的建立》,《国立中山大学法学院社会科学论丛抽印本》,1948年2月1日。

张东荪《政治上的自由主义与文化上的自由主义》,《观察》第4卷第1期,1948年2月28日。

董祚楷《学术独立与研究自由》,《自由论坛》(原《湖北论坛》)第3卷第3期,1948年3月1日。

黄时枢《二十世纪社会学》,《学原》第1卷第12期,1948年5月。

《陈代校长八一莅校视事》,《岭南大学校报》康乐再版号第81期,1948年9月10日。

谢默依《"张建"不是中国的出路》,《时与文》第3卷第21期,1948年9月10日。

胡适《自由主义与中国》,天津《大公报》1948年10月7日,第2张第5版。

微熹《关于晏阳初的乡村建议》,《南风月刊》创刊号,1948年10月18日,

岑家梧《介绍一个文化学的体系——评陈序经〈文化学概观〉》,《南风月刊》第2期,1948年11月8日。

林耀华《现代人类学的趋势》,孙本文《现代社会科学趋势》,商

务印书馆 1948 年。

戴裔煊《民族学理论与方法的递演》,孙本文主编《现代社会科学趋势》,商务印书馆 1948 年。

黄文山《文化学方法论》,《广大学报》复刊第 1 卷第 1 期,1949 年 3 月 3 日。

岑家梧《关于暹罗华化问题》,陈序经《越南问题》,岭南大学西南社会经济研究所 1949 年。

王兴瑞《西南社会经济研究所概况》,《岭南大学校报》康乐再版号第 119 期,1950 年 10 月 31 日。

兆文钧《辜鸿铭先生对我讲述的往事》,《文史资料选辑》第 8 辑,合订本第 37 册,中国文史出版社 1989 年。

四、研究性论著

陈旭麓主编《五四以来政派及其思想》,上海人民出版社 1987 年。

姚蜀平《现代化与文化的变迁》,陕西科学技术出版社 1988 年。

殷海光《中国文化的展望》,中国和平出版社 1988 年。

龚书铎主编《中国近代文化探索》,北京师范大学 1988 年。

顾晓鸣《有形与无形:文化寻踪》,上海人民出版社 1989 年版。

龚书铎等著《民族文化虚无主义评析》,中国人民大学出版社 1990 年。

韦政通《中国思想传统的现代反思》,台湾桂冠图书股份有限公司 1990 年。

张岱年、程宜山著《中国文化与文化论争》,中国人民大学出版社 1990 年。

郭齐勇《文化学概论》,湖北人民出版社 1990 年。

许苏民《文化哲学》，上海人民出版社 1990 年。

龚鹏程《近代思想史散论》，台北东大图书股份有限公司 1991 年。

杨镜江编著《文化学引论》，北京师范大学出版社 1992 年。

曹锡仁《中西文化比较导论》，中国青年出版社 1992 年。

赵雅博《中国文化与现代化》上、下册，台北黎明文化事业股份有限公司 1992 年。

刘俐娜《中国民国思想史》，人民出版社 1994 年。

李中华《中国文化概论》，华文出版社 1994 年。

杨深编《走出东方——陈序经文化论著辑要》，中国广播电视出版社 1995 年。

王新婷《中国传统文化概论》，中国林业出版社 1997 年。

陈旭麓《陈旭麓文集》第 2 卷，华东师范大学出版社 1997 年。

傅佩荣《文化的视野》，台湾立绪文化事业有限公司 1997 年。

干春松《现代化与文化选择——国门开放后的文化冲突》，江西人民出版社 1998 年。

李泽厚《世纪新梦》，安徽文艺出版社 1998 年。

金耀基《从传统到现代》，中国人民大学 1999 年。

刘进田《文化哲学导论》，法律出版社 1999 年。

袁方主编《社会学百年》，北京出版社 1999 年。

李钢《社会转型代价论》，山西教育出版社 1999 年。

陈传汉、詹尊沂、陈赞日编《东方的觉醒——陈序经学术研讨会论文选集》，延边大学出版社 2000 年。

刘登阁、周云芳《西学东渐与东学西渐》，中国社会科学出版社 2000 年。

洪晓楠《文化哲学思潮简论》，上海三联书店 2000 年。

杨雅彬《近代中国社会学》上、下册，中国社会科学出版社

2001 年。

[英]爱德华·卡尔著,吴柱存译《历史是什么》,商务印书馆 1981 年。

[法]莫里斯·迪韦尔热著,杨祖功、王大东译《政治社会学——政治学要素》,华夏出版社 1987 年。

[美]戴维·波普诺著,刘云德、王戈译《社会学》上册,辽宁人民出版社 1987 年。

[美]布莱克著,段小光译《现代化的动力》,四川人民出版社 1988 年。

[美]克莱德·M. 伍兹《文化变迁》,河北人民出版社 1989 年。

[德]恩斯特·卡西勒著,甘阳译《人论——人类文化哲学导引》,台北桂冠图书股份有限公司 1991 年。

[德]康德著,何兆武译《历史理性批判文集》,商务印书馆 1991 年。

[德]柏克(Klauss Birk)著,马川译《现代化与西化——中国三十年代中期关于"全盘西化"问题的一场论战》,1991 年德文版,1992 年中文译稿。(陈其津教授提供)

[法]米歇尔·福柯著,谢强、马月译《知识考古学》,三联书店 1998 年。

五、研究性论文

许妙发《论孙本文在旧中国社会学界的作用和影响》,《社会》1984 年第 1 期。

陈树德《孙本文和〈社会学原理〉》,《读书》1984 年第 3 期。

陈定闳《孙本文社会学理论体系简论》,《江海学刊》1984 年第 6 期。

郑师渠《"中国本位"与"全盘西化"的论争》,《史学月刊》1988

年第 3 期。

秦一散《一种时空对应的文化寻绎——朱谦之文化思想探略》,《福建论坛》1990 年第 5 期。

陈崧《30 年代关于文化问题的论争》,《历史研究》1991 年第 2 期。

刘润东《陈序经全盘西化文化学的基础》,《新东方》1992 年第 12 期。

金观涛《唯物史观与中国近代传统》,《二十一世纪》1996 年 2 月号。

郭建宁《三十年代全盘西化与中国本位的文化论争探析》,《中州学刊》1996 年第 5 期。

吴汉全《陈序经文化理论概述》,《盐城教育学院学报》1997 年第 1 期。

王继平《论近代中国的文化虚无主义》,《湘潭大学学报》1997 年第 4 期。

张利民《胡适与"全盘西化"论》,《哲学动态》1997 年第 10 期。

李毅《"全盘西化"文化观的再认识》,《中国青年政治学院学报》1998 年第 2 期。

张允熠《胡适实用主义思想中的儒学情结》,《二十一世纪》1998 年第 2 号。

赵立彬《崇洋心理与全盘西化思潮》,《中山大学学报》1998 年第 3 期。

刘洪英《孙本文对社会学中国化的贡献》,《徐州师范大学学报》第 24 卷第 1 期,1998 年 3 月。

启良《重评陈序经》,《浙江社会科学》1998 年第 6 期。

邹广文、赵浩《个人主义与西方文化传统》,《求是学刊》1999 年第 2 期。

欧阳湘《孙本文构建的中国理论社会学体系》,《益阳师专学报》1999 年第 3 期。

张九辰《中国近代对"地理与文化关系"的讨论及其影响》,《自然辩证法通讯》1999 年第 6 期。

何卓恩《胡适与陈序经文化观之比较》,《武汉交通科技大学学报》1999 年第 8 期。

赵立彬《陈序经的文化学理论与全盘西化论》,《中山大学学报》2000 年第 3 期。

《陈序经学术研讨会综述》,《海南师范学院学报》2000 年第 3 期。

荆学民《文化哲学三形态检讨》,《求是学刊》2000 年第 4 期。

张太原《陈序经的文化"一致与和谐"理论》,《史学月刊》2000 年第 5 期。

郑杭生、李迎生《中国早期社会学中的乡村建设学派》,《社会学》2000 年第 9 期。

郑朝波《论陈序经的文化思想》,陈传汉等《东方的觉醒——陈序经学术研讨会论文选集》,延边大学出版社 2000 年。

张太原《试析陈序经"全盘西化"观的理论基础》,《东方的觉醒——陈序经学术研讨会论文选集》,延边大学出版社 2000 年。

黄保真《重评陈序经的"全盘西化"论"》,陈传汉等《东方的觉醒——陈序经学术研讨会论文选集》,延边大学出版社 2000 年。

寒山碧《陈序经外张的"西化"与内敛的传统》,陈传汉等《东方的觉醒——陈序经学术研讨会论文选集》,延边大学出版社 2000 年。

易继苍《对陈序经全盘西化思想的评价》,《贵州师范大学学报》2001 年第 2 期。

董林亭《"西化"梦的解析——陈序经文化思想研究》,《邯郸师专学报》2001 年第 3 期。

张太原《浅析陈序经的高等教育思想及实践》,《辽宁师范大学学报》第 24 卷第 3 期,2001 年 5 月。

张太原《论陈序经的文化概念》,《海南大学学报》2001 年第 3 期。

何星亮《人类学的研究与发展》,《光明日报》2001 年 10 月 23 日。

[美]陈少明《穿越理解的双重屏障——论史华兹的思想史观》,《开放时代》2001 年 5 期。

附录一:陈序经著作年表

20 世纪 20 年代

《进化程序》,《复旦学报》第 1 卷第 1 期,1925 年。

Recent Theories of Sovereignty(《现代主权论》,博士论文),Canton,China,1929 年。

《海夷氏教授》,《社会学刊》第 1 卷第 2 期,1929 年 10 月。

《孔夫子与孙中山——欧游杂感之一》,《岭南学报》第 1 卷第 2 期,1930 年 5 月。

20 世纪 30 年代

《东西文化观》,《社会学刊》第 2 卷第 3 期,1931 年 4 月。

《教育的中国化与现代化》,《独立评论》第 43 号,1933 年 3 月 26 日。

《人的文化与物的文化》,《独立评论》第 49 号,1933 年 5 月 7 日。

《沙南疍民调查报告》,《岭南学报》第 3 卷第 1 期专刊,1933 年 11 月。

《中国文化之出路》,广州《民国日报》1934 年 1 月 15 日。

《关于中国文化之出路答张磬先生》,广州《民国日报》1934 年 1 月 29 日。

《中国文化的出路》,商务印书馆 1934 年。

《乡村文化与都市文化》,《独立评论》第 126 号,1934 年 11 月 11 日。

《关于中国文化之出路再答张磬先生》,吕学海编《全盘西化言论集》,岭南大学青年会 1934 年。

《对于一般怀疑全盘西化者的一个浅说》,吕学海编《全盘西化言论集》,岭南大学青年会 1934 年。

《关于全盘西化答吴景超先生》,《独立评论》第 142 号,1935 年 3 月 17 日。

《再谈"全盘西化"》,《独立评论》第 147 号,1935 年 4 月 21 日。

《从西化问题的讨论里求得一个共同信仰》,《独立评论》第 149 号,1935 年 5 月 5 日。

《读十教授〈我们的总答复〉后》,天津《大公报》1935 年 5 月 20 日。

《南北文化观》,《岭南学报》第 3 卷第 3 期,1935 年 5 月。

《读十教授〈我们的总答复〉后》,《文化建设》第 1 卷第 10 期,1935 年 7 月 10 日。

《全盘西化的辩护》,《独立评论》第 160 号,1935 年 7 月 21 日。

《全盘西化的辩护》,《文化建设》第 1 卷第 11 期,1935 年 8 月 10 日。(转摘上文)

《评张东荪先生的中西文化观》,冯恩荣编《全盘西化言论续集》,岭南大学 1935 年。

《评〈中国本位的文化建设宣言〉》,冯恩荣编《全盘西化言论续集》,岭南大学 1935 年。

《一年来国人对于西化态度的变化》,《国闻周报》第 13 卷第 3 期,1936 年 1 月 13 日。

《乡村建设运动的将来》,《独立评论》第 196 号,1936 年 4 月 12 日。

《关于〈乡村建设运动的将来〉》,《独立评论》第 231 号,1937 年 4 月 25 日。

《乡村建设理论的检讨》,《独立评论》第 199 号,1936 年 5 月 3 日。

《进步的暹罗》,《独立评论》第 235 号,1937 年 5 月 23 日。

《东西文化观》,《岭南学报》第 5 卷第 1 期、第 2 期、第(3、4)期,1936 年 7 月、8 月、12 月。

《暹罗华化考》,《东方杂志》第 35 卷第 20 期,1938 年 10 月 16 日。

《暹罗华化考》,《东方杂志》第 35 卷第 21 期,1938 年 11 月 1 日。

《暹罗与汰族》,《今日评论》第 2 卷第 1 期,1939 年 6 月 25 日。

《暹罗与日本》,《今日评论》第 2 卷第 17 期,1939 年 10 月 15 日。

《暹罗与华侨》,《今日评论》第 3 卷第 2 期,1940 年 1 月 14 日。

《纪念五四运动感言》,昆明《中央日报》1940 年 5 月 5 日。

《越南与日本》,《今日评论》第 4 卷第 11 期,1940 年 9 月 15 日。

20 世纪 40 年代

《抗战时期的西化问题》,《今日评论》第 5 卷第 3 期,1941 年 1 月 26 日。

《广东与中国》,《民族文化》第 2 期,1941 年 5 月 31 日。

《暹罗与中国》,商务印书馆 1941 年。

《乡村建设的途径》,昆明《正义报》1943 年 10 月 31 日。

《我怎样研究文化学——跋〈文化论丛〉》,《社会学讯》第 3 期,1946 年 8 月 1 日。

《疍民的研究》,商务印书馆 1946 年。

《乡村建设运动》,上海大东书局 1946 年。

《文化学概观》第 1—4 册,商务印书馆 1947 年。

《陈序经严厉批评》,赵镇乾《"争取学术独立十年计划"的论战》,《时与文》第 2 卷第 3 期,1947 年 9 月 26 日。

《论发展学术的计划》,《观察》第 3 卷第 17 期,1947 年 12 月 20 日。

《研究西南文化的意义》,《社会学讯》第 7 期,1948 年 4 月 30 日。

《中国与南洋》,天津《大公报》1948 年 5 月 16 日,第 2 版。

《首次大学周会陈校长训词》,《岭南大学校报》,康乐再版号第 82 期,1948 年 9 月 20 日。

《悼卢观伟先生》,《岭南大学校报》康乐再版号第 86 期,1948 年 11 月 14 日,第 1—2 版。

《社会学与西南文化之研究》,《岭南大学校报》康乐再版号第 80 期,1948 年 12 月 20 日。

《南洋与中国》,岭南大学西南社会经济研究所 1948 年。

《越南问题》,岭南大学西南社会经济研究所 1949 年。

《社会学的起源》,岭南大学西南社会经济研究所 1949 年。

《大学教育论文集》,岭南大学 1949 年。

《中国问题与文化问题》,手抄稿,南开大学图书馆藏。

《文化基础与基础文化》,手抄稿,南开大学图书馆藏。

《全盘西化与皮毛西化》,手抄稿,南开大学图书馆藏。

《全盘西化与民族意识》,手抄稿,南开大学图书馆藏。

《全盘西化与五四运动》,手抄稿,南开大学图书馆藏。

《物质文化与精神文化》(以上六篇论文首尾相连而抄写在一起,却未冠以总名),手抄稿,南开大学图书馆藏。

《东西文化发展的比较》,手抄稿,南开大学图书馆藏。

《东西文化分析的比较》(以上两篇内容相关联),手抄稿,南开大学图书馆藏。

《东西文化观》跋,手抄稿,南开大学图书馆藏。

《中国文化观》,手抄稿(有复本),南开大学图书馆藏。

《中国西化观》(一),手抄稿,南开大学图书馆藏。

《中国西化观》(二),手抄稿,南开大学图书馆藏。

《东方文化观》,手抄稿,南开大学图书馆藏。

《南北文化观》(三),手抄稿,南开大学图书馆藏。

《西洋文化观》,手抄稿,南开大学图书馆藏。

《东西文化观》第一部《复古主张的批评》,手抄稿,南开大学图书馆藏。

《东西文化观》第二部《折衷办法的批评》,手抄稿,南开大学图书馆藏。

《东西文化观》第三部《西化态度的发展》,手抄稿,南开大学图书馆藏。

《东西文化观》第四部《西化态度的发展》,手抄稿,南开大学图书馆藏。

《东西文化观》第五部《全盘西化论史略》,手抄稿,南开大学图书馆藏。

《东西文化观》第六部《全盘西化的名词与意义》,手抄稿,南开大学图书馆藏。

《中国文化观》，手抄稿，南开大学图书馆藏。

《无名散稿》（从内容来看，应该是《东西文化观》第五部的"绪言"），手抄稿，南开大学图书馆藏。

《西南文化研究的意义》，《岭南大学西南社会经济研究所概况》附录，38—4—5，岭南大学陈序经材料，广东省档案馆藏。

20 世纪 50 年代

《华南水上居民需要特别加以照顾》，《人民日报》1957 年 3 月 14 日，第 2 版。

《我的几点意见》，《南方日报》1957 年 6 月 14 日，第 3 版。

20 世纪 60 年代

《有关岭大与钟荣光的几点回忆》，《广州文史资料》第 13 辑，1964 年 11 月。

20 世纪 80 年代

《匈奴史稿》，写于 1954—1956 年，天津古籍出版社 1989 年。

20 世纪 90 年代

《陈序经东南亚古史研究合集》上、下卷，著于 20 世纪 50 年代，商务印书馆（香港）有限公司 1992 年。

《泐史漫笔——西双版纳历史释补》，写于 1956 年，中山大学出版社 1994 年。

（按出版时序排列）

附录二:陈序经未刊手抄稿纲目

《南北文化观》三册

第一册

绪言

第一编

第一章 历史上的南北文化观

第二章 历史上的南北文化观

第三章 梁启超的南北文化观

第四章 最近以来的南北文化观

第二编

第五章 所谓南北文化的意义

第六章 南方与所谓固有文化

第七章 南方与所谓固有文化

第八章 西化始于南方的原因

第二册

第一编

第一章　南方与西化的宗教
第二章　南方与西化的宗教
第三章　南方与西化的政治
第四章　南方与西化的政治
第二编
第五章　南方与西化的都市
第六章　南方与西化的都市
第七章　南方与西化的经济
第八章　南方与其他的西化

第三册
第一编
第一章　容纯甫的中国西化观
第二章　梁启超的中国西化观
第三章　梁启超的中国西化观
第四章　梁启超的中国西化观
第二编
第五章　严几道的中国西化观
第六章　严几道的中国西化观
第七章　孙中山的中国西化观
第八章　孙中山的中国西化观

《东西文化观》第一部
《复古主张的批评》

绪言
第一编

《东西文化观》第二部
《折衷办法的批评》

第四章　精神文化与物质文化

第五章　静的文化与动的文化

第六章　植物文化与动物文化

第七章　人的文化与物的文化

第八章　科学方法的选择文化

第二编

第九章　十教授的本位文化

第十章　十教授的本位文化

第十一章　吴景超的折衷的文化

第十二章　吴景超的折衷的文化

第十三章　张申府的分合的文化

第十四章　冯友兰的共殊的文化

第十五章　张佛泉的根本的文化

第十六章　胡适的充分的西化

《东西文化观》第三部
《西化态度的发展》

绪言

第一编

引言

第一章　梁廷枏的西化态度

第二章　林则徐的西化态度

第三章　魏默深的西化态度

第四章　夏燮的西化态度

第二编

引言

《东西文化观》第四部
《西化态度的发展》

第五章　胡适之的西化态度

第六章　胡适之的西化态度

第三编

第七章　钱玄同的西化态度

第八章　吴稚晖的西化态度

第九章　张君劢的西化态度

结论

《东西文化观》第五部

《全盘西化史略》

绪言

第一编

第一章　卢观伟的全盘西化论

第二章　陈受颐的全盘西化论

第三章　我自己的全盘西化论

第二编

第四章　廿四前的全盘西化论

第五章　廿四前的全盘西化论

第六章　廿四前的全盘西化论

第三编

第七章　廿四年的全盘西化论

第八章　廿四年的全盘西化论

第九章　廿四年的全盘西化论

结论

《东西文化观》第六部

《全盘西化的名词与意义》

第一编　名词的说略
第二编　意义的解释

《东方文化观》

绪言
第一编　印度文化观
　　第一章　宗教文化的概略
　　第二章　政治文化的发展
　　第三章　经济文化的蠡测
第二编　暹罗文化观
　　第四章　宗教文化的基础
　　第五章　政治文化的发展
　　第六章　经济文化的建设
第三编　日本文化观
　　第七章　宗教文化的概略
　　第八章　政治文化的发展
　　第九章　经济文化的推动
结论

《中国文化观》

绪言
第一编
　　第一章　信仰对象的分析

《西洋文化观》

《中国西化观》（一）

结论

《中国西化观》(二)

绪言

第一编

　　第一章　教育与留学

　　第二章　科学与哲学

　　第三章　文学与艺术

第二编

　　第四章　家庭与婚姻

　　第五章　乡村与城市

　　第六章　礼俗与法律

第三编

　　第七章　卫生与娱乐

　　第八章　装饰与器具

　　第九章　衣食与居住

结论

后　　记

　　对陈序经先生的文化学的兴趣始于 1994 年底,攻读博士学位后,又接受导师罗福惠教授的建议,决定以此为博士学位论文的选题。但因参与国家教委和省社科课题的撰写工作,几年未能全身心投入有关文化学问题的思考,只是有意识地搜集相关资料,并记下点滴的偶感。直到 2001 年 6 月以后,才得以集中精力酝酿博士论文的整体构架。

　　在论文的酝酿与写作过程中,我得到本人所在单位华中师范大学中国近代史研究所章开沅教授、罗福惠教授、严昌洪教授、朱英教授、马敏教授、何建明教授的指点。特别是罗福惠教授、严昌洪教授花费大量精力认真审阅初稿,并提出宝贵的意见。尚需说明的是,后进如我者多年以来一直得到各位老师的不断勉励和提携。如果说我近年能稍窥史学门墙,那均得益于各位老师的扶持。他们善于引导,而又从不限定条条框框,为我营造出一个宽容、独立的思考空间。借此机会,我对各位老师的帮助表示诚挚的谢意。

　　感谢中山大学桑兵教授、中国社会科学院近代史所虞和平研究员、王奇生研究员为本人提出过中肯的建议。

　　我还要感谢下面一些单位与个人，没有他们的热情相助，本书是不可能完成的。广东省档案馆查阅处张杰勋副主任、许晓云、张泽伟老师，帮助检索岭南大学档案全宗。南开大学图书馆古籍特藏部江晓敏、夏春田老师，除帮助我查阅陈序经手抄稿外，还特许我翻检原南开大学经济研究所所藏图书。中山大学校史阅览室的老师，也慨允我自由查阅。本所资料室胡永弘老师，长期以来为笔者查阅资料提供诸多便利，这也是需要附识的。

　　还有许多深情厚谊不能忘怀。友人陈杰和王峰博士伉俪，帮助我从北美找到并复印陈序经先生的博士论文。天津古籍出版社张玮编辑、海南大学学报主编陈传汉教授，分别赠送《匈奴史稿》与《东方的觉醒》等书籍。海南师范学院黄保真教授、中山大学历史系赵立彬博士，也为我提供了重要的研究线索。

　　令人感动的是，陈序经先生的长女陈曼仙教授、长子陈其津教授，无私地为我提供许多有关陈序经先生的背景资料。陈其津教授在夫人许贻婴教授心脏手术住院期间，仍与我做过两次长谈，开诚布公地指出有关陈序经研究中所存在的问题，强调要对陈序经先生给予客观公正的评判，并向我所与我个人赠送《陈序经东南亚古史研究合集》等书籍。

　　我还要特别感谢父母，在我与妻子同时攻读博士学位期间，无怨无悔地承担了原本应由我们担负的抚养与教育孩子的全部义务，保证我们心无旁骛，安心学业。由于学习和工作的压力，我们疏忽了许多不应疏忽的细节，不仅未能孝敬父母、认真观察儿子由幼儿园到小学期间的成长变化，反而让他们与我们一道过着紧张不定的生活。尽管如此，我们依然得到父母的理解和无私支持，得到儿子最真纯的热爱。每当面对曾在科研、教育岗位辛劳几十年而日渐衰老的父母，每当面对分别时眼中留露着眷恋和无奈的儿子，心中的愧疚之情难于言表。我愿把这篇习作献给父母和儿子,作为那段特殊日子的纪念。妻子努力进取的精神,对我也是一种莫大的鼓舞。在论文的写作期间,岳父母及远在南方的弟弟、弟媳也经常打电话询问写作进度。这一切都鞭策我努力工作。

在中山大学、南开大学查阅资料及在暨南大学拜访陈其津教授的那些日子,对我来说是一次愉快的精神之旅。漫步在陈序经先生曾生活过的校园中,我总能感到一些往日的气息,也时常会处于莫名的感动之中。正是这份感动,才让我有勇气完成这篇习作,也正是这份感动,我内心才会深有惶恐,担心我对陈序经先生文化学的诠释失之偏颇。

"高山仰止,景行行止"。陈序经先生的独立品格与丰厚学养,将鼓舞我在今后的求学之路上,更加坚定前行。

田　彤

2002 年 5 月 1 日　武昌桂子山

又记:

拙作是在博士论文基础上修订而成,为了保持"史实",原有"后记"一仍其旧。

还需郑重说明的是,拙作的修改与定稿,还得益于博士论文评阅人与答辩委员郭齐勇教授、罗志田教授、姜义华教授、史革新教授、周积明教授、章开沅教授、严昌洪教授、朱英教授、罗福惠教授、何建明教授对论文的犀利与明确的点评,他们对我论文的肯定也是我决定出版拙作的重要精神动力。

章开沅先生伏天溽暑赐序,美刺中肯,鼓励有加,尤表谢忱。

值此,我还要向鼎力帮助出版拙作的中国社会科学院近代史所马勇教授,以及华中师范大学社科处石挺处长、何静副处长、王汇女士、李华中先生、张扬先生表示诚挚的谢意。责任编辑马燕女士为拙作的早日出版不辞劳苦,至为感念。

书中不足之处,尚祈方家见教。

文化学还很不成熟,其学科属性亦有非议。不过,这并不妨碍文化学研究的开展。哲学作为一门独立学科在现时仍然受到质疑①,然而,如果从先秦与古希腊时代算起,有关哲学具体问题的研究及体系的构建已经有二千多年的历史。因此,我们没有理由(忽视或)停止对文化学的研究。碍于学科性质及本人学识与视界所限,拙作中舛误势所难免,尚祈方家见教。

田　彤

2006 年 8 月

武昌桂子山

---

①　黄枏森《关于马克思主义哲学科学体系的构想》,《光明日报》2006 年 8 月 14 日,第 9 版。